现代汉语
反预期范畴及其表达

刘焱 著

广西师范大学出版社
·桂林·

本书得到国家社科基金项目"现代汉语反预期范畴研究"
（项目编号：15BYY148）的资助
本书由上海财经大学"中央高校双一流引导专项资金"、
"中央高校基本科研业务费"
和上海财经大学国际文化交流学院"学术著作出版资助"
资助出版

目　录

第一章 绪 论

第一节 选题依据、研究内容与研究理论、方法

一、选题依据

人不仅在认知，而且是在已有知识和根据这些知识对情境做出初步判断的基础上进行认知（心理学、阐释学都有论述，此处不再赘述），简言之，任何认知都在预期（expectation）中进行，人类是带着预期进行认知的。语言表达也是一个认知过程，语言表达的语义内容可是在预期中形成并受着预期的制约，因而预期成为语言不可或缺的一个范畴。既然有预期存在，在一个认知过程中就一定会有合乎预期（简单的术语就是合预期或预期）、不合乎预期两种情况。预期"是人类共有的一种心理和思维现象，是对未来事件的预测和心理期望，往往带有较强的主观性，由于语言与思维的密切关系，这一现象也就不可避免地在语言中留了深深的烙印"（谢心阳，2012：4）。预期和反预期（counter-expectation）在认知中具有重要作用，任何语言都拥有一定的形式手段将满足预期要求和不满足预期要求的情况加以编码而表达出来。

预期是普遍的。只有在绝大多数情形下认知与预期保持一致，我们所面对的世界才可能是稳定的、可控的，所以预期更倾向于采取无标记的形式，以至于往往会被人们忽视。只有在人际交互活动中需要强调预期与实际认知的一致——这种情况更多地发生在对特定事件的预估判断中，才会用有标记的形式去凸显它。相对而言，反预期是特殊的、非同寻常的，在言语交际中更容易也更需要引起人们的关注，所以有必要在

表达中加以凸显，语言的对策就是采取有标记的语言形式。

反预期因为信息量大、表现形式多而引起国内外学者的关注，但相对于反预期范畴的重要度而言，学界目前对该范畴的关注还远远不够，宏观和微观上尚存在如下不足：宏观理论方面，只提出了预期/反预期的概念和分类（基于个案研究需要的分类），尚未建立整体的范畴系统或已建立的系统还有待商榷；表达手段方面则主要集中于个案研究，未有系统的语义分类和解释框架以及横向关联性对比分析。微观方面，汉语并没有像西方语言为性、数、格、时体态设置专属的形态标记那样安排反预期的标记，而是利用副词、连词、助词、话语标记语、重音、语序等甚至还有一些我们尚未发现的语言形式来编码反预期信息。因而研究预期、反预期的标记形式是一个相当艰苦的过程，不仅需要理论上的探求与演绎，还需要我们对所有可能的语言形式做穷尽性的搜集、分析与归纳，以便与理论原则相验证。

二、研究内容

本书即是对上述两个方面缺憾的思考。本书立足现代汉语反预期范畴及其表达手段，从范畴界定、语义类型、系统建构、制约因素等角度对现代汉语预期尤其是反预期范畴进行多方位的考察，建立现代汉语反预期范畴系统模型，总结反预期的各种语言表现形式或手段。在此基础上，选取不同类型的反预期表达手段进行共时描写和历时解释：考察不同表达手段所独有的句法、语义、语用等特征，分析反预期表达手段的运行机制，总结反预期对语言表达形式的影响；部分章节还涉及对该表达手段演变过程的描写以及演变动因和机制的挖掘；最后，简要概括反预期语义范畴、语言表达形式与情感三者的关系。

三、研究理论与方法

本书采用自上而下的研究方法，先进行反预期系统的建立，然后选取四种不同类型的表达手段进行个案研究，主要运用的是语义语法理论。语法包括两个有机组成部分：语法意义和语法形式。语法意义和语法形式是一个统一体。语义语法理论可把语法界定为：语法是语法意义的性质、类别、组合和演变规律及其所决定的语法形式的性质、类别、组合和演变规律。（赵春利，2014：5）本书的重要组成部分是对四种不同类型的表达手段进行共时（句法分布、语义特点、语篇功能、语用功能）、历时（表达手段的演化历程以及演化原因）的描写与解释，语义语法理论尤为重要，始终贯穿于整个研究之中。

在对语言现象的描写与解释过程中，本书还运用了语用学、功能语言学、构式、互动语言学、语体理论等先进理论。如语体理论，作为主观性较强的范畴，反预期在互动使用过程中会受到语体等这样或那样的限制。本书同时考察了某些反预期表达手段在不同语体中的分布，初步形成了语体分类意识，以便更全面、更准确地考察语言形式的功能和意义。遗憾的是本书只在少数章节进行了尝试，没有贯穿始终。

第二节　国内文献研究综述

中国学者虽然没有率先明确提出预期范畴并建立预期相关系统，但很早就注意到"预期"现象的存在。[①]吕叔湘（1944/2014：340）就曾指出转折复句主要是"轶出预期"：凡是上下两事不谐和的，即所谓句意背决的，都属于转折句。所说不谐和或背决，多半是因为甲事在我们心中

---

① 考虑本书讨论的主要内容及篇幅，这里不介绍国外预期、反预期研究的现状。可以肯定的是，国外关于预期、反预期范畴以及反预期表达手段、非预期意外范畴的研究理论与研究方法都为国内的研究提供了思路和方法上的借鉴。

引起一种预期，而乙事却轶出这个预期。北京大学中文系 1955、1957 级语言班编的《现代汉语虚词例释》（1982）在解释词条"果然"时也使用了"预期"一词。①

有些学者虽然没有使用"预期"一词，也注意到了这一现象，并使用了近义词如"预料""意料""初意"等来解释相关语言现象，如赵元任（1979）在介绍用于形容词后面的"了"的用法时说，第二个用法表示超过预料中的某一标准。周兴志（1986）在对比"果然""竟然"时说："果然"表示"事与预料相合"，有"意料之中"的意思；"竟然"表示"有初意其不如此终乃如此的口气"，有"意料之外"的意思。陆俭明（1990）在谈"VA 了"述补结构的语义时，提到了"偏离预期"这一名词。侯学超（1998）在解释"果然"时指出："前文必有预料的或所说的成分。"张斌（2001）关于"果""忽然""竟然"等词条的解释也频繁使用"预期"一词，在使用"预期"一词的同时，也使用了"所想""意料"等词。

近二十年来，随着国内外学术的频繁交流，国内学界关于预期范畴尤其是反预期范畴的研究可谓花团锦簇、丰富多彩。大致可以分为三大方面，下面简要加以介绍。

一、关于预期范畴的研究

预期范畴②的研究相对较少，主要包括预期性质的界定、预期的分类、预期的语篇结构、预期表达手段、预期与邻近范畴的异同对比等方面。

关于预期性质的界定研究，学者们存在不同看法。吴福祥（2004b）

---

① 限于篇幅，这里及下文引用不再做出脚注，可参见后附参考文献。
② 这里的"预期"是上位范畴，下位范畴包括合预期、反预期等。有学者为了称说方便，会把"合预期"简称为"预期"。应注意二者的不同。

认为"预期是一种与人的认识、观念相联系的抽象世界,通常与一定的社会常规、言谈事件中说听双方的知识状态以及特定的话语语境(discourse context)密切相关"。周静、邵敬敏(2010)认为预期是"说话人对事件结果的一种预测和事先判断"。易正中(2013)认为预期是"对未知事物的推测和判断"。陆方喆(2017)关于"预期"的定义是"预先认定某事将要发生的信念"。赵敏(2021)的看法是:"预期"即预先期待,指话语者对一定语境中的人、物、事等相关问题所作的假设、臆断,具有主观性和可协商性。

关于预期的分类,吴福祥(2004b)从言谈事件参与者的角度,将话语中所传达的信息分为中性(neutral)信息、预期信息和反预期信息三类。袁毓林(2008)根据预期与语句命题的字面意义(焦点意义)的关系,将预期分为正预期、反预期与解反预期三类。单威(2017)则分为预期和偏离预期两种,认为反预期信息是方向性偏离预期的一种。陆方喆、朱斌(2019),赵敏(2021)则把预期分为正预期和违预期两种,违预期又分为方向上的反预期以及量上的超预期和未及预期等类型。陈振宇、王梦颖(2021)的预期分类有多重标准。根据产生预期的认识主体将预期分为自预期、他预期、常理预期、上文预期和行为主体预期五种;根据情态类型将预期分为强预期和弱预期两种,其中,能力预期、道义预期和认识预期为强预期,意愿预期为弱预期。根据条件(主体的知识状态)的性质又分为类指预期和个体预期两种类型。

关于预期的语篇结构研究。陈振宇、王梦颖(2021)概括了预期的语篇结构,指出一个完整的包含简单预期的语篇包括四个部分:条件O、预期P(M｜O)、当前信息P(M)和预期性。其中前三个是语篇中的句子或小句(在具体语篇中,它们可被省略,其中预期部分是最容易省略的),最后一个预期性则是语篇的整体性质。

二、关于合预期范畴的研究

关于合预期[①]范畴的研究较少，主要体现在合预期表达手段的关注上。邱闯仙（2010）认为"瞧"是个预期标记，是在表示"提请注意"意义的基础上产生的强调话语信息与说话人预期关系的语用功能。吕为光（2011a）认为责怪义话语标记"我说什么来着"也是一个预期标记，标记某一事件的消极结果与说话人的预期一样。张则顺（2014）指出副词"当然"既是确信标记，也是合预期标记，表达合乎预期的确信。陈振宇、王梦颖、姜毅宁（2022）指出"果然"是合预期标记（该文称为正预期），而且涉及个体条件下的预期。该文还指出这么一个事实：从新旧信息和正反预期信息的对比中，可以看到存在一个中间地带——新信息不但包括反预期信息，也包括无预期信息和部分正预期信息，只要这一正预期信息涉及的是小概率预期即可。

也有学者不赞成把"瞧""我说什么来着""当然"看作合预期标记。如谷峰（2014）认为"瞧"和"我说什么来着"的作用仍然是引导反预期信息，只不过它们标注的是违反听话者预期的信息。陈振宇、王梦颖、姜毅宁（2022）则指出汉语中的"当然"不是正预期标记，而是强断言（情态）标记。

相对而言，关于合预期表达手段的研究较少，这与标记的不对称规律有关：合预期是正向的，一般不需要使用特殊的标记来显示。

三、关于反预期范畴的研究

国内关于反预期[②]范畴的研究成果极为丰富，主要集中在六个方面：

[①] 学界存在不同名称：如"正预期"（袁毓林，2008；单威，2017；陈振宇、王梦颖，2021等）、"预期"（邱闯仙，2010等）、"合预期"（张则顺，2014；陆方喆、朱斌，2019等）。本文采用"合预期"这一名称。

[②] 与"合预期"相比，学界关于"反预期"定义、分类等分歧更大，为便于总结，这里以"反预期"统称。

反预期范畴理论研究，反预期表达手段的个案研究，反预期表达手段类别研究，相关表达手段对比研究，方言、古汉语中的反预期表达手段研究等方面，其他如反预期二语教学以及反预期综述研究等方面也有一些。

（一）反预期范畴理论研究

反预期范畴理论研究包括范畴界定、下位分类、表达手段的判断标准及类型、反预期与邻近范畴异同对比、其他理论等方面。

1. 反预期的范畴界定

吕叔湘（1944/2014）最早对反预期进行了界定："甲事在我们心中引起一种预期，而乙事却轶出这个预期。""轶出/背离说"一直为学界所接受，如吴福祥（2004b）的"传递的信息与听话人预期相背离"，强星娜（2020）的"当前命题（P）、预期命题（E）的偏反关系"，等等。

2. 反预期的下位分类

目前比较主流的分类有两种：一是两类说。如宗守云（2011b）先将反预期信息分为两类，即"和个人预期相反"与"和社会预期相反"。前者又细分为三个次类：和说话人预期相反、和听话人预期相反、和言谈之外的第三人预期相反。陆方喆、朱斌（2019）以及赵敏（2021）等都将违预期进一步分为反预期和偏离预期两大类，其中偏离预期又分为超预期和不及预期两类。单威（2017）将反预期信息分为完全悖反与部分悖反两种，其中部分悖反又分为超预期量信息与未足预期量信息在内的主观量类偏离预期性信息。陈振宇、姜毅宁（2019）提到了自反预期与他反预期两种类型。自反预期即说话者认为事实与自己对事物的预先知识或设想不符或相反。他反预期指说话者认为事实与其他参与会话活动的人（一般是听话者）的预先知识或设想不符或相反。强星娜（2020）则把反预期分为反无定预期和反特定预期两类，认为这种分类有助于观察不同标记间的选择与限制。

另一种是三类说。如吴福祥（2004b）将反预期信息分为三类：与说话者的预期相反、与听话人的预期相反、与包括说听双方在内的特定言语社会共享的预期相反。学界大多接受这一分类。管志斌（2011）也将反预期分为三种，但与吴福祥（2004b）有不同，分别是反期（跟说者的预期相反）、超期（超出了说者的预期）、未期（让说者感到意外）。

个别学者也有不同分类，如胡德明（2011）将反预期信息细分为五类：与说话者的预期相反、与听话人的预期相反、与包括说听双方在内的特定言语社会共享的预期相反、与事主的预期相反、与特定的人的预期相反。

3. 反预期表达手段的判断标准及类型

一些学者给出了反预期表达手段的判断标准。如吴福祥（2004b）总结了反预期表达手段的两种属性：（1）它们的使用隐含了被断言的情形，与特定语境里被预设、预期的情形或者被认为是常规的情形之间的一种对比；（2）是前者与后者相背离，反预期表达手段的主要功能是将这个断言与所预设或预期的世界以及常规联系起来。陆方喆（2014）提出的判断标准是：（1）该形式所在的断言是否与某个特定预期相反；（2）该形式不能是断言命题内容的一部分。并总结了反预期表达手段的性质特点：（1）语音上，反预期表达手段一般不重读；（2）句法上，反预期表达手段形式多样，有词、短语和结构式，但以副词和连词为主，主要出现于句首和句中；（3）语义上，反预期表达手段的概念意义很少或基本没有，不影响所在句子的真值条件，但具有程序意义。

学界也找出并研究了汉语反预期范畴的许多表达标记。如廖秋忠（1992）在探讨连接成分中的"逆接成分"时，指出"意外类"连接成分可以分为两类，其中一类表示"从上文所提供的情况或计划来看，下文所发生的事件出乎意料或出乎常理，如'岂料''谁知''哪里知道等'"。廖文虽然没有明确提出"预期"一词，但其表述中包含了类似的思想。李宇明（1999）总结主观量及其四类语表手段：数量词语、加在句末的标记词、充当状语的副词、由两个部分构成的固定格式。李文的主观量可以看作反预期量。齐沪扬、胡建锋（2006）对负预期量信息标记格式"X 是 X"进行了分析。曹秀玲、辛慧（2012）描写了超预期话语标记的三类实现形式：（1）否定副词（"不／没／未"）＋动词（"料／想／知〔道〕"）；（2）反诘副词（"岂"）＋动词（"料／知"）；（3）疑问代词（"谁／哪〔里〕"）＋动词（"料／想／知〔道〕"）。

陆方喆（2014）根据不同的标准对反预期表达手段进行了多种分类：按照形式特征分为副词类、连词类、语气词类、短语构式类、句式类等五种；按照意义的虚实分为概念性反预期表达手段和程序性反预期表达手段两类；按照"形式＋意义"标准则分为语气类、否定类、转折类和疑问类四种，并列举了 37 个反预期表达手段。陆方喆、朱斌（2019）扩大了反预期表达手段的范围：语音层面包括重音和语调，词汇层面包括词和短语，句法层面包括复杂动词结构、动词后缀、代词的屈折形式等。谷峰（2014）认为，汉语中公认的能够标注反预期信息的语言手段有六种：连词、插入语、副词、句式、语气词、语序。胡承佼（2018）总结了意外范畴的四种实现形式：附加特定语气、选取评注性副词、采用话语标记、依托具体构式。

4. 反预期与邻近范畴异同对比研究

反预期与言据、意外、惊异、否定、转折等有着千丝万缕的关系。范晓蕾（2019）总结出了"否定—反预期或意外—有界性"的语义关联规律：否定式往往有反预期性，还存在语义演变路径——否定→反预期或意外；反预期事态的无标记形式是有界 VP（尤其是结果义 VP），意外语气与完成体、结果体等有界性体貌义紧密关联。邓霞（2019）概括了预期、示证、情态和反事实之间的差异：预期强调说话人或者主语对句子表达的命题或者事件所表现出的意料之中或者意料之外的主观态度；示证强调说话人通过表明信息的来源所表现出的对命题确定性的态度；情态强调说话人对事件或者命题发生的可能性与必然性的态度；反事实关注现实世界和可能世界之间的矛盾，与反预期的思维过程正好相反。

尹洪波（2020）指出预期与转折也有一定的关系：当偏句引发某种预期，而正句与这一预期相互对立时，或偏句和正句都引起某种预期，而且这两种预期相互对立时，都会形成转折。即预期偏离会折断惯常的事件关联链条，使得本来相关的两种事件或状态不再相关，在人们心理上造成逆转，因而形成转折。

学界关于反预期与意外的关系讨论更多一些。如陈振宇、杜克华（2015）明确指出了预期与意外的关系：不论反预期还是（正）预期，都有可能产生意外。单威（2017）认为意外范畴主要是以反预期为主的偏离预期性信息。二者区别仅在于：意外范畴普遍被认为是语法范畴，主要是从说话人的角度而言的；而反预期范畴主要是一种语用范畴，包括与说话人、听话人、第三方在内的个人预期及社会预期偏离等多种情况。胡承佼（2018）认为反预期范畴为意外范畴的一个子类。强星娜（2017）则持不同看法：不是所有的反预期都表示意外；意外可以是反预期的，也可以是非预期的。陈禹（2021）认为解—反预期与反意外有相关性，但并不是同一性质的语气范畴。反意外与解—反预期的差别有两个：第一，反意外可以无须设定存在一个意外之事，因为说话者可以依据自身经验以及常理规约，认定此事不是意外之事；第二，反意外无须齐备二元对立的配置，解—反预期的实现需要借助二元的深浅对立，完成一个"深者已实现，浅者必然实现"的推理过程，反意外则不需要这样的语用推理。另外，解惑者认为某些因素让一件可能意外的事变为意料之中，而反意外在一些情况下在说话人看来是根本不可能意外的。而陈振宇、王梦颖（2021）则指出，在意外研究中通常所说的"非预期"，实际上是类指预期。

也有学者在具体研究中没有意识到或不明确区分反预期与意外。如陆方喆、朱斌（2019）把反预期和意外两个范畴整合起来，提出"违预期"这一概念，他们把言语交际中与主体预期不符的信息统称为"违预期"，即广义的反预期。

5. 反预期其他理论研究

其他理论方面的研究也有一些。万光荣、余承法（2016）借助经典信息论公式，对反预期程度进行了量化研究；指出反预期程度宏观上可分为低、中、高三个级别，同时，句类句式、反预期标记词、人称、时态、语态、体貌等在微观上可以影响反预期的程度。邵洪亮、谢文娟（2020）关注了预期与反预期评注在小句内的兼容模式与功能，认为预期与反预期双重评注既是交互主观性（intersubjectivity）的体现，也是言者自身矛盾心态的表现，但凸显的仍然是言者自身的反预期，这跟反预期评注性副词的焦点表述功能明显强于预期评注性副词有关。刘瑞、袁毓林（2022）探讨了"对话语体"和"叙述语体"中反预期信息类型的系统性差别：（1）在"对话语体"中，只有两种反预期信息（即"与说话人的预期相反"和"与听话人的预期相反"）；（2）在"叙述语体"中，有三种反预期信息（即"与叙述者的预期相反"、"与叙述对象的预期相反"和"与叙述者假定的读者的预期相反"三种）。

（二）反预期表达手段的个案研究

现有研究较多关注某个反预期表达手段的句法、语义、语用、语篇功能的描写以及演变过程、演变动因及机制的描写与解释。表达手段研究主要集中在话语标记、词类、构式 / 句式、复句表达、语序手段等几类。

1. 话语标记手段研究

随着话语标记研究的兴起，学界关于反预期话语标记的研究也越来越多。如"别说"（刘焱，2007b；尹海良，2009；唐善生、华丽亚，2011；周莉，2013；李宗江，2014 等）、别看（刘焱，2009；张金圈，2016 等）、"不是"（刘丽艳，2005b 等）、"倒好"（胡承佼，2016）、"谁知"（胡德明，2011）、"一不 X"（胡承佼，2017）、"怎么"（尹海良，2014；王志，2014；刘焱、黄丹丹，2015 等）、"怎么说呢"（刘焱，2014；曹秀玲，2014；吕为光，2015 等）、"那倒好"（彭水琴、郑娟曼，

2022）等。限于篇幅，这里不再一一点评。

2. 词类手段研究

表达反预期功能的词类有很多种，包括副词、叹词、语气词等。

反预期副词的研究最为突出。早期的研究如丁雪欢（1994），崔希亮（1990），刘丹青、徐烈炯（1998）分别从句法结构、语义以及焦点的角度来对"连"字句进行说明，认为这个句式具有逆反性，表达的句义与预设的内容不符。马真（1994）、邹哲承（2010）等对"反而"进行了专门研究。彭小川（1999a）认为"倒"的基本语法意义是"对比"，包括相反关系和相对关系，增强语气是由此派生出来的。此时，学界还没有明确提出"反预期"这一概念。

近二十年来，明确提及与反预期（含预期）相关的副词研究越来越多。如李宗江（2005）、周红（2006）则明确指出"倒"的使用有一个前提，即预期。牟世荣（2014）进一步指出：副词"倒"具有表对比和肯定两个基本语义，其中对比义分为凸显、反预期和转折三个方面。唐善生（2016）认为"不说"是从动词性偏正短语词汇化而来的副词，标志着一个反预期信息。陈鸿瑶（2015）指出副词"也"具有标记反预期信息的功能，信息类型表现为"反常理信息"、"反听话人预设"和"反说话人预设"三种。

此外，还有关于反预期副词"更"（周纯梅、李小军，2019等）、"可"（张旺熹、李慧敏，2009）、"还"（高增霞，2002；吴福祥，2004b；武果，2009等）、"偏偏"（石定栩、周蜜、姚瑶，2017；金蒙，2018）等的研究。

部分叹词、语气词也具有表达反预期的功能。金智妍（2011）指出语气词"啊"具有表达反预期功能，这一功能与疑问、陈述有互动关系。赵敏（2021）指出作为惊叹词的"啊"在实际话语应用中能标示预期性信息，用来提示新信息，凸显话语中信息的偏预期性。原苏荣（2008）认为汉语的句末语气词"哈"可以在感叹句中强调意外。汪敏锋（2018）

指出语气词"吧"两种语用功能：一是共享示证，用来表示言者依据；二是提示言者合预期信息，表示言语事件的结果与交际主体所预想的潜势一致。杨扬、俞理明（2018）分析了次生叹词"好"的反预期表达手段用法及衔接功能，指出次生叹词"好"可作应对、惊叹和提顿用法。其中，用于表达负面情绪的惊叹词"好"具有反预期表达手段的用法。赵敏（2022）指出应答标记"好啊₂"具有偏预期性，包括超预期和反预期两种类型。

3. 构式/句式手段研究

随着构式理论的兴起，学界对反预期构式或句式也越来越关注。现有的反预期构式研究包括：

"被"字句（颜力涛，2014 等）；

"差一点"（范晓蕾，2018a），"差一点没 VP"（鲁承发，2018 等）；

"给 VP"结构（袁毓林、寇鑫，2018）；

"还 NP 呢"（沈家煊，2001b；郑娟曼，2009 等）；

"还不是"（陈禹，2018）；

"亏＋VP"构式研究（王瑜，2012；易正中，2014；刘焱、冯峰、刘晓亮，2019 等）；

"哪里是 A，而是 B"（易正中，2013）；

"人称代词＋一个 NP"（李文浩，2016）；

"说好的 X/ 呢"（陈景元，2016；毕晋、肖奚强，2017；李元瑞，2018b；姜其文，2021 等）；

"我说呢"、"我说嘛"和"我说吧"（郑娟曼，2018a；张先亮、倪妙静，2015）；

"X 比 Y 还 W"（殷志平，1995；宗守云，2011b 等）；

"X 还来不及呢"（孙鹏飞，2017）；

"X 是 X"（齐沪扬、胡建锋，2006）；

"X 还来不及呢"和"X 比 Y 都 A"（孙鹏飞，2018）；

"一不 X 就 Y"（李元瑞，2019）；

"一不小心"构式（邵敬敏、王玲玲，2016）；

"应该 Φ 的"句式（乐耀，2013b；朱庆祥，2019 等）；

"早不 VP，晚不 VP"（管志斌，2011）

"应该 / 该 / 必须 XP"句（陈振宇、姜毅宁，2019）

......

限于篇幅，仅举一例介绍。陈振宇、姜毅宁（2019）指出："应该 / 该 / 必须 XP"类句子的事实性是语用上的倾向性，受语境影响很大。当条件和结果之间具有较大条件概率时，存在语义和谐关系。在回溯时，说话者倾向于按照不和谐的方向进行自反预期的解读，以获得高的信息价值，此时肯定情态下句子会得到反事实解读，否定情态下句子会得到事实解读。在特殊的"双重反预期"语篇中，说话者会按照和谐的方向进行回溯，其目的是纠正前面的一个意外，从而表示强调（他反预期）。

4. 复句表达手段研究

某些复句也可以表达反预期，如转折复句、反递复句等。周静、邵敬敏（2010）注意到反递复句可以表达反预期：反递的核心是主观预期与结果相反。张健军（2013）探讨了"虽然……，但是……"转折复句的反预期表达现象，认为转折复句在表达反预期时，反预期表达手段（转折标记）具有导引和明示作用，这些明示成分也在说话人和听话人之间建立了人际关联：提示听话人后续句中会出现反预期语义，引导听话人通过语用推理进一步探索话语含义。刘焱（2009）把"别看"当作反预期表达手段，并分析了其由单一否定祈使到转折复句连词化的句法、语义基础等。陆方喆（2014）则认为"虽然""别看"不应看作反预期表达手段，原因在于"反预期标记标示的应该是与某个特定预期相反的断言"。曾君、陆方喆（2016）指出"但是"是反预期标记，即标明连接后句表达的意义与前句的预期相反，具有语用制约和促进语篇连贯功能。

5. 语序手段研究

有学者注意到语序也可以表达预期的有无或预期类型的不同。陆俭明（1990）指出"VA了"述补结构具有偏离预期的特征。辛永芬（2006）认为："多＋V"表示动作实施前的预期，"多"概念的产生先于动作；"V＋多"表示动作完成后的结果是非预期的、非能动事件。俞咏梅（1999）则指出了"在＋处所＋VP"与"VP＋在＋处所"两种语序的对立表达的是预期与非预期的对立：前置"终点"表达了预期的、进行的语法特征。

（三）反预期表达手段类别研究

除单个表达手段研究或相近表达手段对比研究外，学界还就具有相同特点的某一类表达标记进行综合研究。该类研究更多集中在博士、硕士学位论文中。如苗浴光（2006）的研究对象是"意外"态语气副词，罗树林（2007）的分析对象是"竟然"类语气副词，辛慧（2010）的意外类篇章连接成分，文燕婷（2015）对知类、料类、想类反预期话语标记进行了研究，等等。单威（2017）考察了汉语主观意愿类反预期表达式，主体违逆类与主体容忍类两种，前者包括主观意愿类评注副词"偏／偏偏／就／非"与结构式"还就／不VP（了）"，后者以"宁／宁可／宁肯／宁愿"为标志。孙雅平（2020）对"否定词／疑问词＋心理动词"类反预期话语标记进行了探讨，指出这里反预期标记的演变与其所在环境变化密切相关，是语法化"扩展效应"的结果。限于篇幅，这里不再一一列举。

（四）相关表达手段对比研究

这部分研究主要集中在对近义反预期副词的辨析。如袁毓林（2008）对比分析了反预期的递进关系标记"甚至"和"反而"的区别。殷思源（2021）对反预期标记"硬""硬是"进行了语法化的共时推演和对比探究。陈振宇、王梦颖（2021）对比考察了汉语副词"竟然"和"偏偏"的区别。周韧（2022）指出了"恰好、恰恰、恰巧"三者在预期方面存在不同："恰恰"正逐渐演变为一个纯粹的反预期标记；"恰好"可以在"管控"性的语义环境中出现，带有"克服困难障碍"的意味；"恰巧"的使用基于无预期、无展望的环境，带有一定的"意外"因素，近期有朝"如意性"发展的倾向。刘焱、杨红（2022）则对比了"恰巧""偏巧""不巧"的异同，指出三者在语义辖域、预期的有无和预期类型、事件的积极与消极性质、当事人的评价等主观因素方面的异同。其他涉及反预期副词的对比研究还有"就"与"才"（陈立民，2005；金立鑫、杜家俊，2014 等），"还"和"更"（陆俭明，1980；宗守云，2011a等），"实际上"与"事实上、其实"（方清明，2013 等），"可好"与"倒好"（李洁、陈昌来，2017），"冷不防"和"冷不丁"（王思逸，2018），以及"大不了"与"充其量"（武钦青、刘德贝，2021）的对比研究等。

另有相近句式的对比分析，如吴福祥（2004b）的"X 没有 YZ"与"X 不比 YZ"对比分析，李秉震（2009）的"V 了一 NPR NPz"和"V 得满 NP（都）（是）NPz"的对比分析，以及宗守云（2011b）对"X 比 Y 还 W"与"X 比 Y 更 W"的差异分析等。

（五）方言、古汉语中的反预期表达手段研究

方言、古汉语中的反预期语法现象也引起了学者们的关注。Matthews（马修斯，1998）指出粤语的句末语气词"wo3"可以表示意外范畴。Chang（张，1998），陶寰、李佳樑（2009），王健（2013），宗守云（2015、2018a、2018b）等分别描写了粤语、台湾闽南语、新派上海话以及晋方言等方言中的"意外范畴"标记（即本书所说的反预期标记）及其演变路径。此外姚敏（2010）、杨开昌（2011）认为河南新蔡方言、内蒙古后套方言中的语气副词"半天"可以表达意外功能。饭田真纪（2017）认为粤语句末助词"嘅"（ge2）可以体现说话者反预期心理。宗守云（2021）分析了张家口方言涉预期句式"S，是正 V 么"，该句式具

体表现为和听话人预期相反，和说话人预期相合。盛益民（2022）指出绍兴方言体标记"上"可以寄生表达反预期语义。

关于古汉语反预期现象的研究已有不少。谷峰（2012）描写了上古汉语语气副词"一（壹）"偏离预期功能的演化轨迹。李宗江（2015）描写了近代汉语"意外"类语用标记及其演变。陈前瑞（2018）把"曾"的语气用法均归入反预期用法，认为其具有两种语用功能：一是违背说话人和听话人的预期，一般理解为"竟然"；二是违背特定社会共享的预期，在与否定词共现的情况下理解为加强否定的"简直、根本、完全"等。赵林晓、杨荣祥（2018）指出近代汉语"VOV 不 C"重动句是一种能够标注反预期信息的构式。

（六）其他研究

关于反预期的其他研究也有一些。如综述研究，谷峰（2014）就反预期标记的范围和分类、是否存在预期标记、"反预期"与词句辨析、反预期标记的源流等方面的研究成果进行了总结，并指出学界对反预期标记的界定存在五个误区和三个盲点。其他学者也在自己的研究中进行了不同程度的综述，如陆方喆（2017）、李元瑞（2019）、邓霞（2019）等。

关于预期表达手段的二语教学研究也有很多，多集中于博士、硕士学位论文。限于篇幅，这里不做介绍。

四、评价与探讨

随着预期理论的逐步深入探讨，预期范畴尤其是反预期范畴的研究广度和深度都有所拓展。但总体而言，现有研究仍存在不足之处：一是多为个案研究，自上至下的、系统的研究还远远不够，形成了个案描写之繁多与系统建构之稀缺这一显著对比；二是多为个案标记的描写与解释，缺少范畴视野下的理论探讨及系统的表达手段概括。具体表现为对反预期定义、性质、特征等基础理论认识模糊，对其范围和类型界定不清，缺少对反预期表达手段的总体描写，出现了将反预期范畴及表达手段主观扩大或缩小的情况；三是对于某些反预期表达手段的功能、演变过程以及演变原因尚不清楚或结论存在分歧。

反预期是人类语言中重要的范畴，更加凸显了言谈事件参与者的主观因素，属于语言主观性研究的一个重要内容。本书尝试对上述问题进行思考，将反预期范畴作为研究重点，尝试建立反预期的"形式—语义"模型系统，并考察反预期的语言表达手段及运行机制。希望这一研究范式能将反预期研究再向前推进一小步，并能够为其他相关范畴提供研究思路。

第三节　语料来源

本书语料包括现代汉语（书面语、口语）、古代汉语和偏误三个部分。

现代汉语语料来源：

1. 北京大学中国语言学研究中心（简称为 CCL）的现代汉语语料库；

2. 北京语言大学语料库中心（简称为 BCC）；

3. 语料库在线；

4. 自建影视剧本语料库：《我爱我家》《编辑部的故事》《东北一家人》《家有儿女》《武林外传》《小舍得》《小欢喜》等；

5. 互联网（百度、360 搜索等）；

6. 个别例句为自拟语料。

口语语料库来源：

1.《当代北京口语语料库》文本；

2. LDC 电话会话语料库（Canavan，Alexandra and Zipperlen，1996），

其中的 CallHome 语料库收集了 100 篇共计 23 万词的电话会话。①

古代汉语语料来源：

1. 北京大学中国语言学研究中心的古代汉语语料库；

2. BCC 语料库以及"语料库在线"中约一亿字的古代汉语语料。

偏误语料来源：

HSK 动态作文语料库；

笔者在对外汉语教学过程中收集的相关偏误资料。

---

① 相关语料由陶红印教授提供，在此表示衷心的感谢!

第二章 信息与预期

第一节 语言的信息传递功能

语言的基本功能是传递信息。从这个意义上说，说话人和听话人之间的言语交往实际上就是信息交流的过程。在信息交流过程中，说话人总是试图向听话人传递更多的信息，而听话人的兴趣也是捕捉这些信息。因而，一句话所包含的信息（尤其是新信息）是会话交际双方的共同关心所在。

一、信息传递的三要素

所谓"信息"，《现代汉语词典》（第 7 版，2016：1462）给出的定义是：用符号传送的报道，报道的内容是接收符号者预先不知道的。根据这一定义，可以看出信息交流包含三个基本要素：信息发出者（交际主体）、信息接收者（交际客体）、信息本身（交际内容）。这三者在语言表达中有明显的外化形式：

（1）亚里士多德告诉我们说，地球居宇宙的中心，那是由组成它的物质的本性决定的。（吴国盛《人与自然的千年对话》）

（2）李敖告诉我们，怎样让自己的人生意气风发，生机勃勃。（李晓娜《走近名人》）

上述两个例句中，信息发出者分别为"亚里士多德"和"李敖"，信息接收者都是"我们"。例（1）的信息是"地球居宇宙的中心，那是由组成它的物质的本性决定的"，例（2）的信息是"怎样让自己的人生意气风发，生机勃勃"。

在信息交流的三个基本要素中，前两者（信息的发出者和接收者）比较容易理解：在人际交流中，信息的交际主体主要体现说话者／作者（人）和听话者／读者（人）。有时，信息主体不仅限于有生命的人，还包括无生命的电视、报纸、网络等各种信息传播手段以及其他信息载体。例如：

（3）有两口子，下了班吃完了饭就看电视，俩人一句话不说，嗑着瓜子儿，到了电视说再见时，便熄灯睡觉。（百度网页《组词大全——两口子》）

（4）春秋航空在上海宣布，其将于 2012 年 1 月 18 日开通上海至日本佐贺的首航。（《网易财经》）

（5）《月令》告诉我们："孟春之月，……东风解冻，蛰虫始振，……是月也，天气下降，地气上腾，天地和同，草木萌动。"（冯友兰《中国哲学简史》）

（6）本书系统地介绍了计算机辅助教育研究的理论、方法、环境和手段，着重阐述了在计算机辅助教学环境中适合不同对象学习的各种教学模式和教学策略、课件设计与制作方法、教学信息数据库及其管理、计算机辅助教学中的教学法研究以及教育管理和教育评价。（刘厚俊《现代西方经济学原理》）

上述例句中，信息交际主体其实是认知语言学的"转喻"用法，例（3）是用话语的传播媒介"电视"来转喻话语的传播者"电视里的主持人"，例（4）是用机构"春秋航空"来转喻在该机构工作的人，即"春秋航空公司的领导者"，例（5）至例（6）则是用文字的载体——著作来转喻"作者"。

信息交流中比较复杂的是信息本身。交际主体（言者）向交际客体（听者）传达的信息包含了哪些内容呢？下面即探讨这一问题。

二、信息的构成

语言可以客观地表达命题式的思想，这一观点早已深入人心。近年来，随着功能语言学、语用学、认知语法的兴起，语言学家们开始质疑结构语言学关于"语言只是表达客观命题的工具"这一说法，"语言必然带有自我表现的印记"这一观点也逐渐被接受。所谓"自我表现的印记"即"主观性"：语言具有这样一种特性，即在话语中多多少少总是含有说话人"自我"的表现成分。也就是说，说话人在说出一段话的同时表明自己对这段话的立场、态度和感情，从而在话语中留下自我的印记。（转引自沈家煊，2001a）作为信息的传递方式之一，语言不仅传递命题信息，同时也传递说话人附加于其上的立场、态度和感情等主观信息。因此，信息自然而然地包含两个部分：一是基础信息，说话人向听话人传递其"预先不知道的"的客观命题信息，这是相对客观的信息；二是附加信息，即表现说话人的立场、态度、感情等带有个体倾向性的信息，这是相对主观的信息。

（一）基础信息

语言所传递的基础信息为理性意义，也叫逻辑意义，基本等同于命题意义或真值条件。理性意义是语义的基础要素。理性意义是相对稳定的概念，不会因言者改变而改变。例如：

（1）小王结婚了。（自拟）

（2）1994年7月中旬，贝尔实验室总裁梅毅强博士在上海宣布，贝尔实验室将在中国建立它的第16家海外分支机构。（1995年《人民日报》）

（3）台灯下，冯都边啃馒头边写作业，奶奶戴着老花镜，坐在旁边做针线。（庸人《我们的四十年》）

以上三例传递的基本是客观的理性意义。如例（1）中，"小王结婚了"为交际信息，这一信息反映的是纯客观的事实，是可以判断真假的：如果现实中小王真的结婚了，该信息则为真；现实生活中"小王没有结婚"，则该信息为假。其他例句也是如此。

（二）附加信息

附加信息主要指理性意义之外的部分。说话人在传达某一主体信息时，除了表述命题意义外，还会夹杂着说话人对于命题的主观信念、认识、态度或评判等主观色彩。例如：

（1）小王竟然结婚了。
（2）小王果然结婚了。
（3）他看到小王结婚了。
（4）小王终于结婚了。
（5）小王一定结婚了。
（6）小王确实结婚了。
（7）连小王都结婚了。
（8）小王还是结婚了。
（9）那个小王结婚了。

以上例句中，主体信息都是"小王结婚了"这一客观事实，但除了主体信息外，每个例句所体现的说话人的情感、对"小王结婚了"的态度等都有所不同：例（1）反映了说话人对"小王结婚了"这一事件"出乎意料"的主观心理；例（2）则相反，反映的是说话人对"小王结婚了"在意料之中的心理；例（3）说话人除了告知"小王结婚了"这一新信息之外，还同时传递了该信息的"来源"：亲眼所见，以增加信息的确定性；例（4）反映的是说话人对"小王结婚了""期盼已久"的心态；例（5）是说话人对"小王结婚"相对肯定的猜测；例（6）则是说话人对"小王结婚了"的确认态度；例（7）反映了说话人对"小王"结婚可能性的低估和意外；例（8）反映了说话人对"小王结婚了"的惋惜或意料之中的得意；例（9）用指示代词"那个"指代小王，或是暗含了"他"对"小王"的不满，或是区别于自己身边的言者熟悉的"这个小王"。

由此可以看出，一个信息除了包含客观的命题信息外，还可以包含信息传达者自身的立场、态度和感情等主观信息。

三、信息的主观构成

信息的主观构成包括以下两个方面。第一，说话人对自我的关注。为了保证交际的顺利进行，说话人会根据交际对象、交际场景、交际目的、交际内容的难度等因素对所传递的信息进行加工。第二，说话人对听话人"自我"的关注。同样为了保证交际的顺利进行，说话人会关注听话人认识状态、交际过程、面子等因素。

（一）说话人对自我的关注

说话人对自我的关注主要体现为视角、认识、情感等几个方面。

1. 说话人的视角

"视角"（perspective）是指描写事件的角度，也就是"说话人对客观情状的观察角度，或是对客观情状加以叙说的出发点"。（转引自沈家煊，2001a：268）例如：

（1）a. 小杨坐在我的对面。

b. 小杨坐在对面。

例（1）a 句是说话人从自己的视角出发对小杨座位的客观叙述；例

（1）b 句中，说话人虽然没有出现，但对小杨座位的描述依然是从自己的视角出发的。

不同的视角所看到的事物可能是不同的，古诗所谓的"横看成岭侧成峰"即是因观察视角不同而形成的不同影像。同一命题意义的不同语言表达形式可以说是说话人不同观察视角的体现。例如：

（2）a. 下课后到我办公室来一下。
    b. 下课后到我办公室去一下。

例（2）的 a 句和 b 句反映了说话人不同的视角：a 例中使用了趋向动词"来"，说话人使用的是将然视角——以说话人下课后在办公室为基准；b 例中使用了趋向动词"去"，说话人使用的是当时视角——以交谈时的地点为基准。再如"早着呢"的用法，汉语里对于晚发生的事件为什么用"早着呢"表示而不用"晚着呢"？

（3）本家兄弟过来打趣道：老五啊，什么时候开坛喝女儿红呀？他笑着答：还早着呢。（2002 年 9 月 23 日《人民日报》海外版）
（4）唷！温奶奶！买月饼了？离月饼节可还早着呢。（毕淑敏《月饼的故事》）

这也是由言者主观视角决定的。田津贺、梁晓玲（2022）认为：当说"早着呢"的时候，说话人是用参照时间比较事件时间，"早着呢"是指参照时间比事件时间早。而"晚着呢"情况则相反，是用事件时间来比较参照时间，指事件时间比参照时间晚，在方向上和时间流向相反。其实，"早着呢"并非指"事件时间比参照时间晚"，恰恰相反，是"事件时间比参照时间早"：相对于参照时间，在言谈时间谈及某一事件的实际发生是早的，且早得很；而"晚着呢"（虽然没有这一说法）的言者视

25

角才是参照时间。如例（3）意思是"现在"离"开坛喝女儿红"的时间还早得很。

2. 说话人的认识

"认识"（episteme）来自希腊语，原意为"知识"。最初是模态逻辑术语，主要关心的是一些陈述句的逻辑结构，它们断定或蕴含相关命题是已知的或信念中的，后来语言学家用来建构语言中情态动词和相关结构的理论框架。"认识"包括三个方面：说话人对于句子命题真值的确信程度（the degree of a speaker's commitent），或者关注的是句子命题为真的可能性评估，抑或是表达说话者对命题真值的主观估价。（转引自冯军伟，2012：43）例如：

（1）a. 小王应该结婚了。（我觉得）

b. 小王应该结婚了。（都老大不小了）

c. 小王应该结婚了。（你看他戴着戒指呢）

例（1）中，a 句为认识情态，表明说话人对"小王结婚了"这一命题不太确认的心态（对比"小王一定结婚了"）；b 句为道义情态，表达了说话人对"小王结婚了"在道义上的评判；c 句是说话人对"小王结婚了"这一事实的推断。说话人的主观认识可以通过各种形式明示出来。再如：

（2）但是，在一定的程度上来说，产品的质量问题其实是个人的道德水平问题，它突出地表现着从事产品生产的人的道德水平。（崔蕊，2008 例）

上例中，"其实"所在的命题可以"直接表达说话者对某件事情或某个现象的主观性认识"而"不需要对比性语境"。（崔蕊，2008：506）

3．说话人的情感

说话人对信息的主观态度表现为情感。"情感"一词应作宽泛的理解，包括感情、情绪、意向、态度等。（沈家煊，2001：270）情感可以通过韵律、词汇等多种语言手段来传递。例如：

（1）a. 小王差点结婚了。

　　　b. 小王差点没结婚。

例（1）a句"小王差点结婚了"表达了说话人对"小王没结婚"的庆幸（说话人不希望小王结婚）或惋惜（说话人希望小王结婚），b句则只表达了说话人对"小王结婚了"的庆幸。

再以称呼语为例，称呼语不仅可以体现交际双方的角色关系、社会地位和亲疏程度，还可以传递说话者对听话者的情感倾向等信息。例如：

（2）死脑筋！这种事全省剧团哪年不出几桩，拿小菲开什么刀！你就是不人道！告诉你，出了人命你负责！就是不看老战友面子上，看孩子的面子，你也该高抬贵手吧？人家把孩子带来一块向你求情了，大局长！（佚名《一个女人的史诗》）

（3）亲爱的小蔡，我的蔡根花宝贝，我回来了，嫁给我吧！（电视剧《都挺好》）

（4）四婶一步跨出门洞，与迎面冲进来的黑子撞了个满怀。二人同时跌倒，四婶惨叫：哎哟！你个小嘎本儿的你谁呀你？

……

四婶捂着腰坐在门槛上：你个小兔崽子你就知道看电视，电视比你祖宗都亲！哎哟！要钱，不给，就不给！哎哟！你们等着，有地方收拾你们！（庸人《我们的四十年》）

例（2）中，"大局长"这一称呼体现了说话人对被称呼者的讽刺、挖苦的情感。如果这一称呼改成"局长"，那么说话人的讽刺、挖苦的情感就不复存在了。例（3）中六十多岁的苏大强对保姆喊出了非常热烈的话语，也反映了他对保姆蔡根花的深情。例（4）中，"你个小嘎本儿""你个小兔崽子"这两个称呼可以反映出四婶对黑子的不满、恼怒等情感。

同时，正是因为不同情感表达手段的存在，人们才可以获取不同的情感信息。因此，"情感表达"也可以看作一种"社会指称"（social referencing），即人们从周围交往的人和社会环境中获取情感信息来帮助理解不确定的信息，并作出相应的反应。（转引自沈家煊，2001a：270）同样以称呼语为例：

（5）开了门，他说，<u>孟副馆长</u>，这贵的脚，怎么来了？……孟保田说，庄馆长，你别挖苦我，早知老孔用的是离间计，还不如和你一道当个助理算了。（刘醒龙《菩提醉了》）

例（5）中"孟副馆长"这一称呼语明显带有讽刺、调侃的负向情感，因为汉民族文化中，对于副职官员的称呼一般会省掉"副"字。听话人也正确识别出了说话人这一称呼语中所传递的情感信息，故作出了"你别挖苦我"的回应。

除了上述主观性内容之外，说话人还会交代所说信息的来源、信息与心理倾向等主观信息。

4. 信息的来源

信息的来源被称为言据或传信。它关注的是说话人知识的来源（sources of knowledge）以及对知识的态度或介入程度（attitudes towards knowledge commitment to knowledge）。（房红梅、马玉蕾，2008：96）理论上说，任何信息都有其客观存在的来源，比如是自己亲身经历，或者是传闻，或者是有证据推测等。（乐耀，2014：28）不同的信息来源在语言形式上有不同的体现。例如：

（1）a. <u>我看到</u>小王结婚了。

　　　b. <u>报纸上说</u>小王结婚了。

　　　c. <u>据我所知</u>小王结婚了。

　　　d. <u>听说</u>小王结婚了。

　　　e. <u>我认为</u>小王结婚了。

信息来源表明"说话人对所表达的信息的肯定或不肯定的态度，因此都不可避免地、或多或少地带有主观性的成分"。（房红梅、马玉蕾，2008：97）例（1）中，各例句的确信度呈递减趋势：a 句的确信度最高，e 句的确信度最低。

5. 信息与心理倾向（预期）

人们在接受某一新信息前，一般会对该信息有一个先期了解和基本判断，并会对该主体的近期发展有一个预判，即围绕着该信息主体的过去、现在、将来（近期）会有一种相对稳定的心理倾向性，这一心理倾向性心理学上称之为预期。神经心理学认为，预期注意是为了让相应的脑结构提前做好准备，或者是降低脑活动的门槛以确保快速的加工，让主体（原文为"被试"——引者注）获取当前形势的有效信息。（朱丽萍，2011：1）当该信息主体有了新的变化时，新信息与接受者的心理倾向会产生不同的结果：新信息与预判一致、新信息与预判相反、新信息与预判无关（没有预判）。可以说，许多语言表达都是在预期中形成并受着预期的制约。例如：

（1）a. 小王结婚了。

　　　b. 小王竟然结婚了。

　　　c. 小王果然结婚了。

例（1）中，a 句的说话人对"小王结婚了"这一信息没有事前预判（心理倾向），该信息只是一个新信息。b 句的说话人对"小王结婚"存在预判：小王不会结婚，至少不会短时间内结婚。但事实是"小王结婚了"，事实与说话人的心理倾向性（预判）相反，说话人在传递事实信息的同时，同时使用副词"竟然"把自己"意料之外"的主观心理倾向传递出来。c 句的说话人对"小王结婚"存在预判：小王会结婚的，事实也是"小王结婚了"，事实与说话人的心理倾向性（预判）一致，说话人在传递事实信息的同时，使用副词"果然"把自己的"意料之中"的主观心理倾向也传递出来。关于信息的心理倾向性（预期）将在下一节详细论述。

（二）说话人对听话人"自我"的关注

说话人对听话人"自我"的关注也称交互主观化。特劳戈特（Traugott,1999）曾指出：语言不仅能表达主观性，而且还常常表达交互主观性。交互主观性指的是说 / 写者用明确的语言形式表达对听 / 读者"自我"的关注，这种关注可以体现在认识意义上，即关注听 / 读者对命题内容的态度；但更多的是体现在社会意义上，即关注听 / 读者的"面子"或"形象需要"。（转引自吴福祥，2004a：22）说话人对听话人"自我"的关注主要体现在以下几个方面。

1. 关注听 / 读者对命题内容的态度

交际是交际对象双方合作的过程，而不是说话人单方面的独白。说话人在运用语言进行交流时，除了时刻监控自己的语言表达之外，还会时刻关注听话人，或者关注对方对自己所表达的命题内容的态度、立场等，或关注对方的面子需要，或者留意对方交际的同步性反应等。这一关注可以以不同方式投射在交际中。例如：

（1）"最初，"老人把声音更放低一些，"我想借着已有的组织，从新组织起来，作成个抗敌的团体。战斗，你知道，不是一个人能搞成功的。我不是关公，不想唱《单刀会》；况且，关公若生在今天，也准保不敢单刀赴会。你知道，我是被一个在帮的人救出狱来的？好，我一想，就想到了他们。……"（老舍《四世同堂》）

（2）夏：哎，我也就是泛泛地说了，真说深了我也不懂，这么跟您说得了。这太阳比地球大你知道吧？可是满天的小星星哪个都比太阳大，……有一挺大个儿一星星，正瞄准咱地球撞过来了……（王朔《编辑部的故事》）

（3）霓喜道："路上有巡警，还怕什么？"姑子们笑道："奶奶你不知道，为了防强盗，驻扎了些印度巡捕，这现在我们又得防着印度巡捕了！"（张爱玲《连环套》）

例（1）中"你知道"的主要功能在于：说话人通过"你知道"把理解话语内容的背景信息假设并确认为听说双方共同拥有并接受的信息，从而使听话人能更容易理解并接受说话人的观点。（刘丽艳，2006：429）例（2）中"你知道吧"的主要作用是"在监查听话人对背景信息拥有情况的过程中，把说话人认为对听话人来说可及性较高（较为熟悉的、容易想象、理解的信息），但可能处于听话人当前认知语境休眠状态的背景信息提示给听话人，使之转换为当前激活状态，从而更好地理解说话人的话语内容"（刘丽艳，2006：428）。例（3）否定形式的"你不知道"的作用则不同：说话人在监查听话人的背景信息的过程中，把听话人不知道的新信息提示给听话人，从而提醒听话人注意，并接受其后的新信息。

2. 关注听/读者的"面子"需要

布朗和列文森（Brown & Levinson，1987：61）曾提出面子理论（The Face Theory）："面子"是"每一个社会成员意欲为自己挣得的一种在公众中的个人形象"。在话语交际活动中，人们需求的面子可以分为两种：

积极面子（positive face）和消极面子（negative face）。积极面子是每个社会成员希望自己的愿望如意，他的自我形象或个性被人认同。消极面子是每个社会成员希望他的行动不被人妨碍，即私人所有和行动自由等不受侵犯。[①] 在信息传递中，说话者也非常关注对方的面子需要。

以批评言语行为为例，批评是损伤对方积极面子的行为。为了减少批评对面子损伤的力度，说话人在传递信息的同时，会使用一定的语用策略，如使用"话语标记"来减弱批评力度。例如：

（1）书记说："小卢呀小卢，不是我说你，你这么吵也没有用，关键是上面不同意你上。"（方方《一波三折》）

（2）乙：你那叫聪明？你那叫拆。说句不好听的，你是败家子儿。（刘英男《中国传统相声大全》）

（3）"这里电梯运行状况如何？""怎么说呢，三二天它就闹毛病，害得我这么大岁数还得爬楼梯。"（刘焱，2014 例）

（4）杜逢时点头："这个人有点儿迂腐，死心眼儿。"徐伯贤也笑："这么说吧，有真才实学的人大都有点死心眼儿。心眼儿大活泛，做学问就钻不进去……"（陈建功、赵大年《皇城根》）

上面 4 例中，话语标记"不是我说你""说句不好听的""怎么说呢""这么说吧"都是为了减弱批评力度而使用的。

说话人也可以通过其他方式来实现对听话人面子的关注。例如：

（5）哟，这儿还有一个大鸡腿儿呢。爸怕生痰，不吃。得，全义，你吃了得了！（陈建功、赵大年《皇城根》）

[①] 也有将"positive face"和"negative face"分别译作"正面面子"和"负面面子"的。本书统一采用"积极面子"和"消极面子"的译法。

（6）"碰见合适的人，不妨交交朋友。"（张爱玲《半生缘》）

（7）"去嘛，边听那种很吵很吵的音乐边疯狂跳舞，可以把压力都变不见喔。""可是，那好像有点吵过头了。"（安小乐《女巫日记》）

例（5）用不用"得了"会让句子具有"明显的建议语气"和"稍带轻微的命令语气"的区别。（管志斌，2012：110）例（6）的"不妨"也使得建议更加委婉。例（7）说话人使用"好像""有点"来减弱拒绝语力，减少负面评价"吵过头了"的冒犯性和双方不一致的立场。这三例都是说话人更多地顾及了听话人面子的体现。

3. 提醒交际过程

耶夫·维索尔伦（Jef Verschueren，2003：231）曾指出：语言使用者总是监督着自己产出或解释话语的方式，并同时都意识到意义协商的永恒必要性，也意识到阻塞这种协商的障碍在哪儿……然而，从我们迄今为止对意识凸显性的讨论中应该清楚地看出，说话人和释话人永远都不可能在同一个时候而且以同样的精神贯注对选择活动的每一个层面进行监控。为了使交际过程顺利进行，说话人会借助一些手段来提示听话人交际的进程。例如：

（1）我说，老李，你得注意身体呀。那么瘦还行？（老舍《赶集》）

（2）讲完以后呢，他很激动，他就把这个都写下来，写下来以后呢，然后，我舅舅从美国回来，回来以后呢，然后他就把家谱寄来了，寄到北京……（高增霞，2008 例）

（3）周炳用两手捂住脸说："好了，好了，不谈这个了。"（欧阳山《三家巷》）

（4）老胡：这东西，和平时期想买这个可不大容易，这样，我帮您先慢慢打听着。——不是，您要手榴弹干什么呀？（《我爱我家》）

（5）……我也该买样东西送你父亲，给我出点主意，该送什

33

么？哦，对了，你看我会不会穿得太随便了？我是不是该穿西装打领带……（琼瑶《梦的衣裳》）

（6）福利，谈谈我们单位吧，是吧，现在这福利是提高了。（李咸菊，2008 例）

（7）好多国画画月亮都是用这个方法，是不是？烘云托月的方法就是负的方法。（余敦康《哲学导论》）

例（1）话语标记"我说"提示交际的开始，例（2）话语标记"然后"提示交际的进行，例（3）话语标记"好了"提示交际的结束，例（4）话语标记"不是"和例（5）的话语标记"对了"有提示话题转换的功能，例（6）、例（7）的话语标记"是吧""是不是"则体现了言者对交际本身的关注，主要用来确定听话人是否处在倾听的状态中。

（三）小结

语言是交际的工具，交际的过程也是信息传递的过程。言语交际过程中，言语传递的不仅是客观的命题信息，同时还传递着主观信息。主观情感信息包括说话人对自我的关注（如说话人对某命题信息的视角、认识、情感以及信息与心理倾向的预期等），说话人对听话人"自我"的关注（如关注听话人对命题内容的态度、听话人的"面子"需要等，以及对交际进程的关注、提示交际进程等。

第二节　信息的心理倾向——预期

一、预期的定义

什么是"预期"？目前学界对此认识不一，主要有如下几种：

预期：预先期待。（《现代汉语词典》〔第 7 版，2016：1604〕）

预期是指一般认为很可能发生的，聚焦于未来，不一定成为现实，却被人相信的现象。（维基百科；转引自谢心阳，2012）

预期是一种与人的认识、观念相联系的抽象世界，通常与一定的社会常规、言谈事件中说听双方的知识状态以及特定的话语语境（discourse context）密切相关。（Heine et al.，1991；吴福祥，2004b 等）

预期是"说话人对事件结果的一种预测和事先判断"。（周静、邵敬敏，2010）

预期是"对未知事物的推测和判断"。（易正中，2013）

预期是"预先认定某事将要发生的信念"。（陆方喆，2017）

预期即预先期待，是语义范畴，指话语者对一定语境中的人、物、事等相关问题所作的假设、臆断，具有主观性和可协商性。（赵敏，2021）

综合学者们的看法及个人认识，我们尝试对预期进行界定：

> 预期，指在百科知识等背景知识系统的支持下，说话人对某一信息主体形成的一种先时判断。该信息以一种相对稳定的形式存在于说话人的记忆中，也会随着语境的改变而改变。预期同时也影响着交际双方的交际行为、情感和评价。

二、预期的特征

综合现有研究成果以及语言事实，可以知道"预期"具有如下的几个特征：

第一，预期反映的是话语参与者对某一言谈信息的事先判断，即先时性。

第二，预期具有一定的参照标准。

第三，预期受到语境的影响。

第四，预期同时也影响着交际。

（一）先时性

预期实际上是对不确定情景形成的判断，从时间上来说是先于行动的，这一判断的形成虽然在很大程度上是知识的问题（信息的问题），但同时也是一个心理的过程。（王君柏，2012：7）例如：

（1）我们准备建造这个厂子时，想动员这里的房东让出房子，当时还顾虑怕房东不肯搬；可是后来跟他一讲，没想到他那么高高兴兴地很快就让出来了，并且还说："只要有电灯，搬搬家算得了什么！"（杠煦《一幅美丽的图画》）

（2）见到的不是遗体，而是"像牛一样地健壮"的父亲，这怎能不使我喜出望外呢？（高炜宾《心脏停止跳动以后》）

例（1）的预期（也就是文中的"顾虑"）"房东不肯搬"是先于"跟他讲"这一动作的，例（2）的预期是"父亲已经去世了，过去的话会见到父亲的遗体"，这一预期也是先于"见到像牛一样地健壮"的父亲的。正是预期的先时性特点，使得它可以作为背景信息出现，如例（1）；也使得事件的真实结果有合预期和反预期之分。例如：

（3）阿珍在厨房做饭，让妞妞坐在卧室的地毯上，说："妞妞，不要动。"她立即答应："妞妞坐好不动。"直到阿珍做完饭回屋，她果然一动不动地等着。（周国平《妞妞》）

（4）自己的妻子竟然瞒着自己走得这么远！竟然任着两个副董事长和一个董事，自己竟然一无所知！（张平《抉择》）

例（3）现实结果与预期一致，例（4）现实结果与预期相反。

（二）客观性与主观性

预期是建立在一定的基础之上的，受到特定的政治、经济、文化环境和个体等因素的制约。"预期可以是言者双方都了然于心的共识，可以是符合公众信念和社会常规的一般事理或事实等，这一类是标记客观的。"（方梅、乐耀，2017：121）当预期建立在个人的认识、观念、态度、动机甚至情绪等基础之上时，那就不可避免地带有主观色彩。以"倒是"为例：

（1）自然言谈：X和Y两个好朋友正在谈论公共场合禁烟条例的话题。

（略）

19 我倒是觉得有一个问题，

20 就是某一明确说关于禁烟

21 这个是由谁管理去执行对吧？（方梅、乐耀，2017例）

（2）（前略）

33R：　　　　［不过那姐姐特好］，

34 倒是每次都给我一本新出的杂志。（方梅、乐耀，2017例）

例（1）的预期是客观标准：一般来说，不同的法规法则有不同的执行单位，而公共场合张贴的"禁止吸烟，违者罚款"公告并没有说明由谁来负责罚款。该预期的依据是相对客观的。例（2）的预期是说话人主观认识，说话人"那姐姐特好"的评价是基于预期"姐姐不会每次都给我一本新出的杂志"而得出的，这一预期是建立在说话人的主观认识之上的。可见，预期具有一定的客观性，也具有相对的主观性。

（三）变化性

预期是建立在百科知识、个人认识等系统性背景知识基础之上的心理设想，"主要通过表达主体对语境和接受者的观察、思考，从而内化为自己的精神意识内容，并对自己内化的接受者有一个整体的把握，对语义表达的情境、对接受者的接受水平以及接受范围在自己的精神意识中都有一个整体的设想，然后选择恰当的表达方式，选择相关的表达内容，并扮演合适的表达角色进行表达"（王雁，2009：329）。观察和经验在修正他人或自己的预期中起到重要的作用，而所有的预期都担当了后期言行"参照框架"的角色。因此，背景知识的变化、接收对象的不同反应会引起表达主体的预期的相应变化。例如我们想打听"南京路怎么走"时，我们会选择一个"看起来像是"（预期）知道南京路怎么走的人。当然也会出现这样的情况：远远看到一个人过来，我们做好了问路的准备，但当他走近时我们会放弃了问路的打算，因为这个人"看起来不像是"（不合预期）知道南京路怎么走的人（如拖着很多行李且东张西望）。再如，当向一个人发出"把书给我"的指令时，说话人有这样的事先判断：他知道是哪本书，并且他有"拿给我"的能力。而当发现对方并不清楚"哪本书"时，说话人会修正预期，并改变话语模式，会使用"桌子上的""那本红色的""语法书"等一些限定性的词语重新组织话语发出指令。下面这个网络上颇为流行的段子可以说明预期的变化性特征：

> 大学毕业的时候，老妈说找对象要找个漂亮的。去年的时候，老妈说找对象漂不漂亮不重要，关键是要踏实能过日子。今年过年回家，老妈说找个下雨知道往屋里跑的就行……（网络段子）

预期会随着说话人所掌握信息的变化而变化，表达者也会不断地调整自己的预期以适应新的情况。

（四）双向性

在言语交际过程中，交际是否能够顺利进行，除了遵循合作原则外，交际双方是否拥有以及拥有多大程度的共享预期内容也非常关键。很多言语交际的失败源于交际双方预期内容的不一致。如下例（1）：

（1）早上老板找我：文章的事怎么样了？

我：……您还关心这个？

导师：废话，我问你结果到底如何？

我：大家都觉得文章不行，这事估计要歇菜。

导师：你是说已经被拒了？

我：还没有，得看马伊琍的态度。

导师：马伊琍是哪个审稿人？这么厉害？（网络段子）

上例的交际失败主要是交际双方对于预期内容的不一致造成的。同一个语音形式——文章，但所指是不同的：导师的所指是"学术论文"，学生的所指是"男演员文章"。不同的所指带来了不同的心理预期和联想：导师由于心理预期是论文，因此由"不行、歇菜"联想到"被拒"再联想到"审稿人"；学生由于心理预期是演员文章，因此先是疑问（您还关心这个？），再回答老师的"结果"（不行、歇菜），再由"被拒"引出"马伊琍"。这段对话中，导师和学生虽然暂时交流得很顺利，但因预期不同而导致交流过程"鸡同鸭讲"。

对于说话人而言，交际场合、交际对象、气氛、地点、民族、身份等环境因素决定着自己"该说什么"和"以什么样的方式说"。再以林黛玉初进贾府时关于读书的两段描写为例：

（2）贾母因问黛玉念何书。黛玉道："只刚念了'四书'。"黛玉又问姊妹们读何书。贾母道："读的是什么书，不过是认得两个字，不是睁眼的瞎子罢了！"（清·曹雪芹《红楼梦》）

（3）宝玉便走近黛玉身边坐下，又细细打量一番，因问："妹妹可曾读书？"黛玉道："不曾读，只上了一年学，些须认得几个字。"（清·曹雪芹《红楼梦》）

上两例是说话人受交际对象影响而改变自己话语内容的典型例子。受交际对象贾母的预期影响，黛玉在第二次回答"可曾读书"这一问题时，马上改变了自己话语内容——"不曾读，只上了一年学，些须认得几个字"这一回答不符合事实，但更符合参与人贾母的预期。

三、预期的依据

既然预期是对未来情景所做的一种预先判断，那么预期的来源依据是什么呢？或者说影响预期的因素是什么呢？社会心理学认为影响预期的因素是综合性的，包括如下四种：（1）经济状况；（2）经历；（3）认知品质；（4）社会文化、知识系统。（王君柏，2012：86）而经济学认为，预期的形成，"主要依据的是过去的经验，已有的知识和在此基础上对未来的分析、预测"（樊纲，2013：153）。语言学认为，作为语境中存在的某种隐含信息，预期存在如下四个来源依据或参照点：百科知识、惯常经验、社会固有模式以及人们（个人）对特定事件的认识。这些要素对特定情境的依赖程度依次递增，它们共同的作用就是为预期判断提供基础。

（一）百科知识

百科知识，包括"经验常识、经验范畴、认知模型、科学观念等在内"（陈保亚，2015：80）。以"轿车"为例，与"轿车"相关的百科知识包括以下内容：

范畴：一种可以载人的交通工具；

车型：三厢、两厢、运动、商务、家用等；

级别：微型轿车、普通级轿车、中级轿车、中高级轿车、高级轿车等；

车身结构：车身、车门、车灯、车窗、附件、座椅、空调装置等；

外部装饰件：装饰条、浮雕式文字等，散热器面罩、保险杠、灯具以及后视镜等附件；

品牌：宝马、奥迪、林肯、玛莎拉蒂、丰田、本田等；

感受：舒适、有钱、自由等；

下一例句中，构成转折关系的两个部分即是基于百科知识形成的预期与现实的反差：

（1）扎克伯格身家千亿，却开着一辆破本田飞度轿车。（百度搜索）

例（1）中，说话人的预期依据是：扎克伯格有千亿美元的身家，开的应该是豪车，而现实是"破本田飞度轿车"，说话人基于汽车的"品牌"知识（本田飞度）、"外部装饰"知识（破）、"级别"知识（飞度为小型车）等信息可以知道"破本田飞度"大概一万美元左右，这与扎克伯格的"千亿"身家完全不匹配，故形成了"却"字转折复句。

再以"去饭店吃饭"为例，该行为包含着人物（服务员、厨师、顾客、饭店老板等）、道具（餐馆、餐桌、台布、碗筷酒具、菜单、食物、酒水饮料、饭钱等）、事件（进饭店、等座、点菜、上菜、吃饭、付款、打包、离开等）等三项主要程式及默认值（default values）类知识。依据上述知识，可以产生如下话语：

（2）这小饭店真有意思，老板又兼厨师，又兼服务员。（自拟）

（3）说是请客，他竟然吃了一顿霸王餐。（自拟）

（4）这家饭店竟然不提供菜单。（自拟）

（5）这家饭店竟然不提供酒水。（自拟）

上面几例的预期依据都是"去饭店吃饭"这一事件形成的百科知识。又如"单身汉"一词，不只是要符合"男性"、"成年"与"未婚"三个语义特征，还要考虑到婚姻制度、婚姻习惯、社会习俗等社会文化因素，包括人们对"单身汉"形成的刻板印象，如"不喜欢孩子""脏乱""有钱 / 贫穷"等。只有这样，才可以理解下列话语：

（6）他是个单身汉，但是房间里收拾得干干净净的。

　? 他是个单身汉，但是房间里乱七八糟的。

（7）他是个单身汉，但是很喜欢孩子。

　? 他是个单身汉，但是不喜欢孩子。

认知语言学认为，人们对词义、话语的理解、描写与解释等都离不开词的百科知识结构。百科知识可以为信息理解提供关联、保持期望、发现异常。例如：

（8）a.上海最近天气怎么样?

　b.鸡蛋放地上十分钟都可以烤熟了。

（9）三亚果然很美!

（10）小王考试考了 100 分，他竟然一点也不高兴。

例（8）"鸡蛋在高温情况下可以烤熟"为百科知识，听话人根据百科知识可以推理出"上海天气很热"。例（9）"三亚是美丽的"、例（10）"考试得 100 分是值得高兴的"也属于百科知识。现实与百科知识是否一致影响着说话人的情感：例（8）百科知识与现实一致，说话人的预期达成，所以感到高兴而赞叹（果然很美）；例（9）百科知识与相关人的具体表现不一致，说话人的预期未能实现，故感到异常（竟然）。

语言艺术之一的相声以"抖包袱"为特色，有些包袱就是建立在百科知识基础之上的。例如：

（11）郭：唉呀，先去买点儿东西吧。

于：有啥好货？

郭：古玩字画，真买着好东西了。

于：有吗？

郭：买几张唐伯虎的画儿。

于：嚯，那您可抄上了。

郭：明朝正德年间大才子唐寅唐伯虎的画。

于：很珍贵呀！

郭：哎呀，美人。

于：哎对，他画这个。

郭：山水。

于：他擅长。

郭：福娃。

于：啊？唐伯虎画福娃？

郭：五张一套。

于：嘿，真能蒙人哪！

郭：我还买着了王羲之的字儿。

于：那也不错呀！

郭：大书法家王羲之亲笔所写。

于：写的什么？

郭：同一个世界，同一个梦想。

于：哎呀，全跟去年有关系。

郭：我很欣赏。

于：你呀？

郭：我还买了一把好扇子，乾隆皇帝写的。

于：好。

郭：乾隆御笔。

于：写什么？

郭：四个大字？

于：啊？

郭：藏密排油。

于：呵，别端着了。

郭：底下还写上：

于：啊？

郭：乾隆赠郭德纲先生共勉。

于：他老人家都知道这事儿了？（郭德纲、于谦《你压力大吗》）

相声的关键在于"包袱"，所谓的"包袱"是逗笑观众的主要部分。上面所引的相声中存在四个"包袱"：唐伯虎画的福娃、王羲之写的"同一个世界，同一个梦想"以及乾隆皇帝写的"藏密排油"和"赠郭德纲先生共勉"。这四个"包袱"主要是利用郭德纲的话语与百科知识的反差形成的。众所周知：唐伯虎是明朝的著名画家，而"福娃"是2008年北京奥运会的吉祥物；王羲之是东晋著名的书法家，而"同一个世界，同一个梦想"是2008年北京奥运会中文主题口号；乾隆皇帝是清朝的皇帝，而郭德纲是生于1973年的现代人。这一段"包袱"使用的方法是反常法。反常法是组成"包袱"的十大方法之一：两个完全不可能产生交集的、不同历史时代的人或事强行联系在一起。根据百科知识，观众很轻易地推断出郭德纲所买的这些古玩字画都是赝品。

（二）惯常经验

所谓经验，是指从已发生的事件中获取的知识。惯常经验也就是因某一事件经常地、有规律地发生而形成的一种稳定的知识，具体表现为规律性的行为、俗语等。惯常经验决定话语预期的方向。例如：

规律性的行为：

（1）牛顿每天4:30都会准时出来散步，今天竟然5点出来了。

（2）牛顿每天 4:30 都会准时出来散步，现在都 4:50 了，<u>怎么</u>还没出来呢？

（3）牛顿每天 4:30 都会准时出来散步，现在 4:30 了，<u>瞧</u>，他出来了。

（4）牛顿每天 4:30 都会准时出来散步，<u>这不</u>，他出来了。

以上例子都说明了惯常经验对说话人预期的影响，新信息与预期的一致与否直接影响了说话人的话语表达。

俗语：

（5）某种意义上来说，打孩子不一定合适，但中国老话也有"棍棒底下出孝子"，<u>还真是</u>，我爸爸妈妈都健在，也都很健康。妈妈因为小时候天天打我，相比之下更健康，而且我反而跟妈妈的感情胜过跟爸爸的。（《鲁豫有约·开心果》）

（6）俗话说"无巧不成书"。<u>恰恰</u>在审计师出完审计报告几个月以后，那一个应付账款的债权人找到这家企业，要求付款，金额还比这家企业自己会计账上的大很多。（百度搜索）

（7）俗话说女大十八变，<u>但</u>武则天早熟，十四就变了，变成了出色大美人。（倪方六《中国人盗墓史》）

以上三例中的"还真是""恰恰""但"分别说明了俗语对说话人预期的影响，新信息与俗语的一致与否也直接影响了说话人的话语模式。

（三）社会固有模式

"固有模式"（stereotype）也称为"社会固有模式"（social stereotype）或"定型"或"刻板印象"。认知语言学称之为理想化认知模型（idealized cognitive model，简称 ICM）。所谓理想化认知模型，就是指说话人在特定的文化背景中、对某领域中的经验和知识所做出的抽象的、统一的、理想化的理解，是已储存于人们头脑中、为人们所广泛接受的、常规性的认知模式，其中包括语言规则等。莱考夫（Lakoff，1987：81）指出："社会固有模式"不仅导致了原型效应，而且还反映了社会的"正常期望"（normal expectation）。在认知领域中，"正常期望"起着重要作用，凡符合正常期望的，可以用无标记手段来表现；反之，违背正常期望的，往往用转折标记、特定结构等来表现。（宗守云、张素玲，2014：23）例如：

（1）许多去桂林的外国游客，放着豪华舒适的酒店不住，却要去江边寻个"土"味十足的农舍小居。（宗守云、张素玲，2014例）

（2）大礼拜天的，起那么早干吗？（自拟）

（3）还教授呢，连这个都不会。（自拟）

（4）这个外国人比中国人还中国人。（自拟）

上述例句中，"豪华酒店比农舍好""礼拜天应该睡懒觉""教授知识丰富""外国人不可能比中国人更懂中国"，这些都是社会固有认识，四个例句都说明社会固有模式是预期依据之一。

（四）人们对特定事件的认识

人们对特定事件的认识如个人对背景知识的了解程度等也是预期产生的依据之一。例如：

（1）"要说也是，你们单位什么都不管，管顿饭还不行？"他帮王敏的腔了。

"家福，你不知道，'凤华'不比从前那个小馆了，这是中外合资的饭店。"

"合资怎么了，是不是在中国开的？还不许中国人吃怎么的？咱们又不是不给钱，就是让照顾一下。"老婆说。

"照顾不了，八个人四百块一分不能少，这还是最低标准的。"

"你不是经理吗？一点权没有？"家福问他。

"我们那儿是按国际标准管理，违反制度根本没门。就是我这个副经理，有了过失，照样炒你的鱿鱼。"（孙力、余小惠《都市风流》）

（2）"司机同志，为什么要绕到这儿来，应该直行。"她发现司机拐了个不应拐的弯儿。"前面正在修环线，不通。"司机通过头上方的镜子睨了一眼坐在后面的漂亮姑娘。（孙力、余小惠《都市风流》）

例（1）中，"老婆"的个人认识是"丈夫是这家饭店的经理，经理是有权利安排一顿饭的"，另外，"是在中国开的饭店，哪怕是合资公司，中国人都可以在里面吃饭的，只要付钱就行"；而"丈夫"的个人认识是"合资公司按照国家标准管理，有最低消费标准，即使是副经理也不能违反制度"，双方的个人认识不一致，预期也不同，因而导致冲突的发生。例（2）也是如此。

交际主体的个人特点（个人的价值观、受教育程度、职业等）也是预期的参照标准之一。以个人价值观为例，对于某一事件，人们会根据自己的个人价值观预先进行判断。例如：

（3）由于女儿是在我家附近的斯福维超市工作，站在柜台上，经常可以遇见一些邻居和同学，我还以为她会不好意思。谁知她却说："没有什么难为情的，劳动是对社会的一种奉献，光荣得很呢！"（土一族《从普通女孩到银行家》）

（4）殷副院长说："我们没有明显的过失，没有明显违反医疗常规，要承担什么样的责任，就很难说了。我们已经经过讨论分析，马肖馨的整形手术，不属于医疗事故。"……对此有关专家则认为，美容是在医院里做的，既然进了医院就是医疗，是医疗就得承担医疗事故责任。（1994 年《报刊精选》）

（5）大学毕业后，我幸运地考取了机关公务员，可是到镇政府报到后，却又被晾在家里等通知。一晃小半年过去，我们家实在等不及了。那天父亲准备了一万元血汗钱，领着我去镇长办公室。进门后，父亲把门在里面插上，从口袋里掏出那钱，毕恭毕敬地放在桌上，就让我给镇长跪下磕头。这一下可把镇长给震住了："你们这是……"父亲说："镇长大人，从今往后，你又多了一个干儿子。"还真别说，父亲这招挺管用，没半个月时间，镇长就给父亲打电话说："叫我干儿子快来报到吧！"（2005 年《故事会》）

例（3）"我"对女儿的预估判断是"不好意思"，实际上女儿却说"没有什么难为情的"，与"我"的预期相反。例（4）中，作为负责人，"殷副院长"认为"马肖馨的整形手术，不属于医疗事故"，而有些专家则认为"美容是在医院里做的，既然进了医院就是医疗，是医疗就得承担医疗事故责任"。例（5）父亲给镇长送礼，并让"我"给镇长磕头当"干儿子"，这些做法都是不在"我"的预期内的，或者"我"的预期是"即使这么做了，这么说了，也不会起作用的"，事实与"我"的预期相反——"父亲这招挺管用"。

预期的产生依据是多样的。不同的参照依据可以通过不同的标记或结构来体现，如上面所举的例句；也可以使用同一种标记。例如：

（6）她苦笑地在日记本子上揶揄地写："谁说一个人不可以选择父母。"（亦舒《绮色佳》）

（7）张然羽手指他脑袋，强忍笑意，道："你是神仙？"话音未落，他便再也忍耐不住，"扑哧"一声笑了出来。百晓散人脸涨得通红，怒道："不许笑！谁说……说神仙就不能秃顶了？"（朗镜悬空《尘缘仙踪》）

（8）秦炜感慨："这个小伙子真是难得，谁说'久病床前无故人'呢。"（梦尽芳菲落《如失如来》）

（9）吃了枣子又是梨，梨子酸得我们打牙战，谁说不是顶好消夏方法呢？（沈从文《喽罗》）

（10）一乐说："我刚才说到我最恨的，我还有最爱的，我最爱的当然是伟大领袖毛主席，第二爱的……"一乐看着许三观说："就是你。"许三观听到一乐这么说，眼睛一动不动地看着一乐，看了一会；他眼泪流出来了，他对许玉兰说："谁说一乐不是我的亲生儿子？"（余华《许三观卖血记》）

"谁说"都是回声反问，回声直接体现否定态度。（李宇凤，2011：51）以上四例的"谁说"否定的都是预期，且预期依据类型都是不同的：例（6）预期的依据是百科知识，例（7）预期的依据可以看作惯常经验，例（8）和例（9）预期的依据是社会固有模式，例（8）"久病床前无故人"是社会固有模式，例（9）按照文中的背景，当时"消夏"的社会固有模式是冰块，消夏水果是西瓜等水果，"梨子酸得我们打牙战"是"顶好消夏办法"显然是对社会固有模式的违反。例（10）预期的依据则是群体（邻居们）的看法："他们说一乐长得不像我，不是我的儿子。"

四、预期的作用

（一）预期与行为选择

预期体现的是人的预先判断，是一种心理现象，因此会对人们的行事方式起到一定的支配作用。只不过不同的学科中，预期对行为的影响作用是不同的。在经济学中，预期是一个基本的理论前提，对人们经济行为有着重要的影响，人们会根据预期而选择下一步的行为内容及行为方式。以"通货膨胀"为例，人们对通货膨胀的预期会导致通货膨胀具有惯性，如人们预期的通胀率为10%，在订立有关合同时，厂商会要求价格上涨10%，而工人与厂商签订合同中也会要求增加10%的工资。可见，经济学的预期更多地表现为人们对"未来经济变量"做出一种事前估计。（王君柏，2012：79）

在心理学中，预期是心理过程的结果，行为是经由预期而产生的反应。"从行事者自身的立场来看，他们的行为选择都是有他们的理由的，甚至是深思熟虑的结果，至少在行为选择之前，他们都认为自己的行为是合理的，也就是说是与他们的预期相一致的，行为后果的出乎意料从而产生失望或惊喜，就正说明结果与预期的不一致。"（王君柏，2012：5）"预期是行为选择的必要条件（本能的行为除外），预期除了起到刺激与行为的中介作用之外，其本身还具有生成作用。"（王君柏，2012：79）格式塔心理学家考夫卡所讲述的"风雪夜的旅客"故事就体现了预期的这一重要作用：

（1）一个冬天晚上，在暴风雪中有一人骑马来到了一个旅店，暗自庆幸经过几个小时的奔驰，骑过冰天雪地的平原，居然能够找到暂时安身的地方。旅店主人开门迎接，惊问客从何方来。客遥指他所由来的方向。旅店主人用惊奇的语调说："你不知道你已经骑过康士坦丁湖了吗？"客听他一问，就惊毙在他的脚下了。（搜狐文化《大师小事》）

该旅客把康士坦丁湖的湖面当作"冰天雪地的平原"时，受"平原是可以骑马经过的"预期的影响，他骑马经过了湖面，顺利经过后的心理活动是"暗自庆幸"；当他得知这个平原其实是大湖时，受"湖水上是不可以骑马经过的，会掉下去淹死的"这一预期的影响，即使是他已经顺利经过了，仍"惊毙"了。这个故事表明：相对于物理环境，人的行为完全受制于他在认知上所接收的行为环境。而行为环境实际上就是心理环境。（王君柏，2012：66–67）

预期"作为人们活动的主要表现形式、前提、特征，支配着当事人的某些行为"（马爽、李菲，2014：37）。在第二语言教学中，预期对学习者行为的影响尤为显著。当学习者的预期与现实吻合度比较高时，他会较快地融入学习环境中去，学习态度会相对积极一些，学习成绩也会提高很快；而当现实与预期差距较大时，学习者会产生失望、焦虑等不良情绪，学习态度则会相对消极一些，甚至出现回避学习等现象；而预期与现实反差特大时，学习者会产生愤怒情绪，甚至出现退学现象。潘汝莘（2014：71）通过实验证明了预期差异等对小学生元记忆监控的影响。结论是：个体在感知到反馈与预期的差异后，能自发调整后续学习步调，包括学习内容选择、学习时间分配、学习方式选择等。比如，被试在学习中会将更多的时间投入未激活的学习项目，会更注意那些高自信但实际上错误的内容，在提取失败反馈后调整后续学习中的学习时间或编码类型。

由此可见，预期的有无、预期的性质对行为选择、行为方式甚至行为结果都有着很大的影响。使用语言进行信息交流时，同样也会受到预期的影响。预期决定了语言表达内容及表达方式。以词语的使用为例，说话人会基于不同预期而选择不同的词语对同一行为结果进行描述或评价。例如：

（2）a. 他 8 点就起床了。

b. 他 8 点才起床。

上例中，预期的不同使得说话人选择了不同的副词"就"与"才"：a 句，说话人的预期起床时间是晚于 8 点的，"他 8 点起床"，早于预期时间，故选用了副词"就"；b 句，说话人的预期起床时间是早于 8 点的，"他 8 点起床"是晚于预期时间的，因而选用了副词"才"。总体上，"就"和"才"对"量"范畴敏感，如果它们前面出现带有"量"的语言单位，"就"将指向该单位并表达该单位低于预期的低量，"才"同样指向该单位并表达该单位高于预期的高量。（金立鑫、杜家俊，2014：150）

再以"甚至"与"反而"为例：

（3）在当今社会里，有那么一部分人，（其）中既有青年，也有中年、老年，甚至还有未成年的孩子，他们完全抛弃了我国修身做人的优良传统，其人品境界早已远在古人杨朱之下。（袁毓林，2008 例）

（4）冷天午后下了一场雷阵雨，原以为可以凉快一些，可是并没有凉下来，天气反而更闷热了。（马真，2004 例）

上述两例的"甚至"与"反而"是不能互换使用的，虽然二者都可以表递进关系，表示反预期，但二者也存在不同："甚至"表示逐层递进，最不可能出现的情况也出人意料地出现了；而"反而"则表示对立递进，即按照常理应该实现的 P 没有实现、倒是出乎意料地实现了与之相反的 R，在某种条件下出现了跟预期相反的结果。（袁毓林，2008：119–120）

除了影响说话人的词汇选择外，预期还影响着说话人的话语构成。不同的预期影响说话人选择不同的话语形式。例如：

（5）太子拿着宝玉对着亮处看了看，对坐在一侧的庞葱道："的确是一块罕见的宝玉……这礼是不是太重了？"一仆从接过谋士手中捧着的宝玉递给太子。

庞葱："那要看怎么说了……若一块宝玉能促使韩、魏结盟，共

同对付秦国，这礼太轻了；若只是为了结识大将军，这礼就太重了……"（电视剧《孙子兵法与三十六计》）

——B1：什么呀，相对于它起的作用来说，一点都不贵重。（自拟）

——B2：倒也是。（自拟）

——B3：还真是。（自拟）

——B4：可不是吗？（自拟）

上例中，对于"这礼是不是太重了"的看法，"庞葱"的回答就体现了预期的影响：若预期是"促使韩、魏结盟，共同对付秦国"，这礼太轻了；若预期"只是为了结识大将军"，这礼就太重了。同样，B1 至 B4 的不同回答方式也反映了说话人的预期的不同。

事实上，现实与说话人的预期可能形成不同的匹配结果：与预期一致、与预期相反、与预期无关。不同的匹配结果会对行为主体的心理状态产生不同的影响。当现实与预期一致时，听话人会实施从附和到支持甚至赞叹等言语行为。例如：

（6）两人欣赏了一会儿，拉拉忽然说："这歌手很老实。"陈丰赞同说："那倒是。这些人应该是真的喜欢音乐。"（李可《杜拉拉升职记》）

（7）毛遂这一番话，真像一把锥子一样，一句句戳痛楚王的心。他不由得脸红了，接连说："说的是，说的是。"（崔钟雷《中华上下五千年》）

（8）"忧国忧民难写。"于观说，"哥儿们写了七篇'正气歌'看着都跟骂人似的。""可不。"刘会元盯着牌说，"倒霉事一写一串串的。都知道有病，缺的是药方子，给国家开药那可不是玩的。"（王朔《顽主》）

（9）甲：那个老师看起来笑眯眯的，其实可厉害了。

乙：<u>你算是说着了</u>，他批评人的时候能把人批评哭了。（刘德联、刘晓雨，2005 例）

例（6）至例（9），听话人因预期一致而附和、支持甚至赞叹。当现实与预期不一致时，说话人会实施不置可否、质疑、反对甚至批评、抱怨等言语行为。例如：

（10）"就是说马锐和那个铁军关系特密切？""<u>这看怎么说——</u>他们是哥们儿，这么说您懂了吗？"（王朔《我是你爸爸》）

（11）甲：冬天下雪那雪花儿，有叶儿吗？……

乙：这……<u>这也叫花儿啊</u>？（《中国传统相声大全》）

（12）A：没想到天气这么冷，早知道多带些衣服了。

B：<u>我说什么来着</u>？

（13）"玉英，金秀倒想得开，可我们是怕老爷子受刺激。你没瞧这几天老爷子跟他孙子那叫亲哪！"张全义给陈玉英倒上了一杯水。"什么什么什么？"陈玉英高声喊起来，"那不是和先前一样了吗？<u>早知这样</u>，咱们又何必把这事捅破？……"（陈建功、赵大年《皇城根》）

（14）萧金哎了一声说："都怨我太大意了。刚才我们看着就像是你跳下沟来，好歹总算把你救出来了。"……秀芬嗯了一声说："<u>还说呢</u>，你就不应该让李铁同志在后边掩护！"（雪克《战斗的青春》）

（15）虞允文看到队伍这样涣散，十分吃惊，觉得等李显忠来已经来不及了，就立刻召集宋军将士，告诉他们说："我是奉朝廷的命令到这里来劳军的。你们只要为国家立功，我一定报告朝廷，论功行赏。"虞允文气愤地说："<u>这算什么话</u>！现在国家遭到危急，我怎么能考虑自己的得失，逃避责任。"（崔钟雷《中华上下五千年》）

例（10）说话人用"这看怎么说"不置可否，避免直接回答听话人的问题；例（11）说话人表达了质疑；例（12）"我说什么来着"，提醒听话人注意现实与说话人的预期一致；例（13）至例（15）说话人表达了批评或抱怨。

综上，预期直接影响着主体的社会行为和言语行为。

（二）预期与情感表达

决策影响理论（decision affect theory）认为，人们对事件的感受某种程度上取决于结果与预期的比较。如果预期与结果一致，负性事件会导致较少的负性体验，正性事件会导致更少的正性体验。如果预期与结果不一致，那么，没有预料到的负性结果会让人感觉更糟糕，而没有预料到的正性结果则会增强人们的愉悦度。（朱丽萍，2011：1）一致性理论（consisitency theories）也认为，预期与结果的一致性决定了个体的情绪体验。不管是好的结果还是坏的结果，在没有预料到的情况下，个体都会感觉更糟糕，因为这暗示着个体没有能力去预测。相反，如果预期与结果一致的话，个体则会产生积极的情绪体验。（朱丽萍，2011：1–2）由此可知，现实与预期契合方向的不同会产生不同的情绪波动，继而引发说话人不同的情感变化。汉语中有很多成语反映了预期的存在以及预期对话语主体情感的影响。所谓的"喜出望外""大失所望"描写的即是现实与预期的不一致所带来的"惊喜"与"失望"这两种不同情感，"不出所料""意料之中"描写的则是现实与预期契合时的平静。例如：

（1）a. 张三昨天到上海了。

　　　b. 张三昨天就到上海了。

　　　c. 张三昨天才到上海。

例（1）a 句和 b 句在没有语境的情况下，可以理解为单纯的客观事实陈述，都有"新闻报道"的色彩，差别在于 a 句并没有预期时间，而 b 句则有个预期时间（昨天之后的某一天）。（金立鑫、于秀金，2013：5）c 句是在陈述客观事实，没有了新闻报道的意味，相反带有了说话人的主观态度：张三到上海的时间晚了或者不早，即说话人预期"张三到上海"的时间应该早于"昨天"，但事件真实发生的时间却晚于预期时间，晚于说话人预定的时间。故 c 句很容易解读到埋怨的意味，这个埋怨的意味是根据该句中"才"对事件发生时间的预期（时间）与事件真实发生的时间对比得到的。（金立鑫、于秀金，2013：9）b 句和 c 句若分别加上称赞和埋怨的评价，一点也不违和。例如：

> （2）b. 张三昨天就到上海了，真快。
>
> c. 张三昨天才到上海，真是磨蹭。

预期影响情感，在上一小节"预期与行为选择"中，不同的言语行为其实已经蕴含着不同的情感了。类似的例子还有很多。例如：

> （3）他从于大夫肩膀上望过去，认出果真是庞其杉后，不禁惊喜交加地说："啊，是其杉耶！我听声音像你，果然是你！请进请进！"（刘心武《钟鼓楼》）
>
> （4）下午我的热度是三十九度六分，又吃了药，这次每种只吃两片。妈妈坐在我床边，陪我，一面给爸爸写信。幸亏今天是星期，不然妈妈就不能在家了。（冰心《冰心全集》第四卷）
>
> （5）还大学生呢！连个请假条都不会写。（自拟）
>
> （6）早不来，晚不来，偏偏这个时候来！（自拟）
>
> （7）（他）老老实实回答说："我爹不要他的钱，他一定要送两百块钱来。"队长听了一惊，"怎么，两百块钱？"（沈从文《长河》）
>
> （8）这花家舍好好的一个桃花源，如今已变作了腥气熏天的妓

院，不仅抢女人，连尼姑也敢抢。（格非《江南三部曲》）

（9）儿子<u>竟然</u>不用人督促，自己就去洗了个澡。（格非《江南三部曲》）

不同的预期引发了说话人的不同的情感：符合预期会引发惊喜（如例3）、庆幸（例4）等积极情感，偏离预期则会引发批评（例5）、抱怨（例6）、吃惊（例7）、恼怒（例8）等负面情感，当然也会引发惊喜或称赞（例9）等积极情感。这一现象也得到了心理学的实验证明：反馈与预期的差异程度越大，能诱发出的情绪变化越大。当反馈与预期的差异小，被试情绪趋于中性；当反馈与预期差异大，且好于预期，被试情绪趋于积极；当反馈与预期差异大，且低于预期，被试情绪趋于消极。（潘汝莘，2014：49）

（三）预期与评价

预期与评价有一定关系。亨斯顿、汤普森（Hunston & Thompson，2000）认为，评价有四个参数：好与坏（good or bad）、肯定与否定、必然性（certainty）、期望（expectedness）、重要性或关联性（importance or relevance）。（马伟林，2011：94）预期的有无以及与现实的相合与否都影响着评价的性质。例如：

（1）《黄河东流去》不愧是史，更不愧是诗，而且有着浓郁的诗意。（李準《黄河东流去》）

（2）虽是初冬时节，夜里也寒，这时风更大了。好在两人车上带着被褥，两人各抽了一支烟，躲在煤车后背风处。（刘震云《一句顶一万句》）

（3）今天我就逼着你帮我儿子看病，……医生就是医生，医术再高也是医生一个。（一念《都市奇门医圣》）

（4）她看到自己姑娘打扮得不中不西，不男不女的样子，远远

地就瞪了双眼。(张恨水《美人恩》)

（5）我嫁你马伯乐没有吃过香的，没有喝过辣的。动不动你就跑了，跑北京，跑上海……（萧红《马伯乐》)

例（1）说话人因《黄河东流去》符合"史""诗"的预期标准而对之进行积极评价。例（2）"好在"是对客观存在的"事实"进行主观评价，进而产生出庆幸义。(方梅、乐耀，2017：55) 例（3）"医生就是医生"表明了说话人对医生的预期是"医生地位不高"，"医术再高也是医生一个"则是说话人对医生的负面评价。例（4）"不中不西，不男不女"是说话人基于对中西、男女衣着打扮的预期而做出的负面评价。例（5）"动不动你就跑了"是基于常规预期对马伯乐离家出走的频率过高而做出的负面评价。

五、预期的分类

（一）现有观点

关于预期范畴的下位语义类型，学界存在不同的看法，代表的观点大致有如下几种。

齐沪扬、胡建锋（2006）指出学界较为公认的中性信息、预期信息、反预期信息三分法不能解释所有的现象，如某些新信息对预期信息来说存在大体一致又不完全一致的情况。故该文从信息量的角度，区分出了负预期量信息（under-expected information）、超预期量信息（above-expected information）两种类型。

袁毓林（2008），陈振宇、邱明波（2010）没有明确指出预期的下位成员，但从他们对反预期的界定中可以看出，预期的下位成员至少包括了预期及跟一般的预期相悖的情况——反预期两种。

史金生、孙慧妍（2010）没有使用"预期"这一概念，而是提出"心理期待"这一术语，并将"心理期待"分为正向期待、负向期待和零期待三种。

曹秀玲、辛慧（2012）提出"超预期"概念。由于该文只孤立地谈论超预期类型，其对预期范畴的整体分类不得而知。

管志斌（2011）则根据跟预期相悖的具体情况的不同，将反预期信息分为反期（跟说者的预期相反）、超期（超出了说者的预期）、未期-惊奇（让说者感到意外）三种。

戚文君（2013）提出非预期（unexpectation）信息的概念，用它囊括反预期、超预期、负预期、预期外（未预期）这四种信息，并区别了四种信息的不同。

颜力涛（2014）对"预期偏离"进行了下位分类，共分出了"目的预期偏离、情理预期偏离、背景预期偏离、心理倾向性预期偏离、满足性预期偏离、无关性预期否定、间接预期偏离、超预期量信息、负预期量信息"九个小类。

祁峰（2014）从预期的主体出发，把预期分为自预期（即预期的主体为说话者）和他预期（即预期的主体为说话者的对立面）两种。

汪敏锋（2018）认为预期是一个具有量度差异的概念，实际量度与预期量度两者间存在"不及"、"超过"、"一致"和"意外"四种关系。

陈振宇、王梦颖（2021）从认识主体角度把预期分为自预期、他预期、常理预期、前文预期和（行为）主体预期五种；根据情态表达角度分为强预期（能力预期、道义预期和认识预期）和弱预期（意愿预期）两大类；根据条件的性质分为类指预期和个体预期两大类。

（二）存在问题

从上面的观点可以看出，学界关于预期范畴的语义分类尚存在分歧。产生分歧的原因主要有如下几点。

第一，简称导致了混淆。预期其实有两种含义：一种是总称，即预期范畴，包括符合预期、违反预期等下位小类。另一种是其下位范畴——符合预期的简称。符合预期的语言手段较少，故人们习惯将之简称为合预期，如张则顺（2014）；再进一步简称为预期，如邱闯仙（2010）。总称和简称使用同一个术语容易造成误解。

第二，分类标准的多重性。目前，对于预期范畴的分类，学者们执行的标准各不相同。有的是从预期的方向性来分的，如吴福祥（2004b）等；有的是根据预期量的标准来分的，如齐沪扬、胡建锋（2006），曹秀玲、辛慧（2012）等；还有的是根据预期的用法来分的，如韩蕾（2009）。这些分类都有一定的道理，但没有系统地整合在一起，缺乏基于预期范畴的整体性、层次性的分类标准，因此也没能产生整体的、系统的、层次性的语义分类。

第三，预期次类层次不清楚。目前学界所提到的预期类型有反预期（吴福祥，2004b 等）、超预期（齐沪扬、胡建锋，2006；曹秀玲、辛慧，2012 等）、负预期（齐沪扬、胡建锋，2006）、未期 / 预期外（管志斌，2011；戚文君，2013 等）、违预期（陆方喆、朱斌，2019）等。这些类型的层次关系是怎样的？学界尚缺乏系统考量。以负预期为例，齐沪扬、胡建锋（2006）没有明确负预期的上位范畴所属，只强调反预期与负预期是不同的，同时又强调"负预期量信息可能是预期信息，也可能是反预期信息"：这容易造成误解。戚文君（2013）则认为负预期、超预期与反预期是同一层次上的不同范畴次类；而管志斌（2011）却把超预期处理为反预期的下位小类。另外一些学者只关注某一小类，看不出其对预期范畴的系统分类是什么，如曹秀玲、辛慧（2012）等。

第四，中性信息的干扰。文献关于中性信息的解释是这样的：中性信息既不与听话人的预期一致，也不与听话人的预期相反。这一论断存在着逻辑上的矛盾，"不与听话人的预期一致，也不与听话人的预期相反"，说明听话人还是有预期的。就交际对象来说，一个新信息，要么有预期，要么没有预期，不存在所谓中性信息这一中间状态。试模仿达尔（Dahl，2000）例子为证：

（1）a. 我在一个卖苹果、梨子和橘子的水果摊前。我说："我要买 5 个苹果。"

　　　b. 摊主在卖苹果、梨子和橘子的水果摊前。一个行人突然摔倒了。

　　　c. 摊主在卖苹果、梨子和橘子的水果摊前。一个行人来到跟前问他："请问第五大街怎么走？"

吴福祥（2004b：223）认为，"苹果"传递的信息"既不能由摊主预期到，也没有与摊主的预期相反"，因此是一个中性信息。我们认为，虽然摊主不能准确识别我的意图是"买苹果"，但摊主还是有预期的——"我"要买一种水果，可能是苹果，可能是梨子，也可能是橘子。因此"买苹果"还是与摊主预期的方向是一致的。

如果是 b "一个行人突然摔倒了"这种情况，摊主则是完全没有预期的。如果是 c 情况，则是与摊主的预期相反的，"一个行人在水果摊前停下来"，常规预期是"要买水果"，实际上行人是问路。行人的实际做法与摊主的预期是相反的。

综上，所谓的"中性信息"严格来说是不自洽的，至少与预期和反预期并列而论是不严谨的。

（三）预期的下位分类

预期是个多层次的语义系统，对这个多层次的语义系统进行分类时，应依据逻辑学的分类标准。首先要确定语义的有无。有无的对立属于逻辑学的不相容选言判断。"不相容的选言判断就是断定若干种可能的事物情况有一种并且只有一种存在的判断。……不相容的选言判断一般用'要么 P 要么 q'这样的选择复句来表达。也可在表达相容的选言判断的语句后加上'二者不可得兼'以强调不相容。……不相容的选言判断的逻辑形式可以写作：要么 P 要么 q。"（杨树森，2012：159）逻辑学根据概念所指称的对象是否具有某种属性，首先划分为正概念和负概念两种。

那么，对信息进行预期属性分类时，首先也应是属性有无的分类：按照不相容的选言判断标准，一个信息要么"有预期"，要么"无预期"，这两种情况不可能同时存在。

首先，按照预期的有无，可以把信息一分为二：有预期信息和无预期信息。所谓"有预期"是指说话人对某一信息有先时判断，所谓"无预期"是指说话人对某一信息没有先时判断。从这个层面上来看，所谓的中性信息其实就是无预期信息，是预期范畴的下位成员。例如：

（1）a：张明去哪儿了？

　　b：人家陪夫人逛商场去了。

　　a_1：知道了，等他回来时告诉我一声。

　　a_2：怪不得他俩一上午通了这么多次电话。

　　a_3：我还以为他干正事儿去了。（张健军，2013例）

上例中，a_1是无预期的，a_2、a_3则是有预期的。再如：

（2）童霜威进去，向天骥先看到，一拱双手，说："啊！啸天兄，哪阵风将你吹来了？"（王火《战争和人》）

（3）刚走到垂华门外头，就瞅见了"堵施蛮"，仇人相见，分外眼红，猛地想起家破人亡的往事，心里的一股血涌到脸上，脱口说："哟，太阳打西边儿出来了，这不是蒲老板吗？少见啊！我记得，自打我爸爸'无常'那年，十几年都没瞅见您登过我们家的门儿了，横不是您走错了地方了吧？"（霍达《穆斯林的葬礼》）

上面两例说话人对所发生的事情都是没有预先判断的，即无预期的。

其次，"有预期"信息按照预期的方向分为合预期和反预期两种。那么，与说话人预期方向一致的则为合预期，与说话人预期相反的则为反预期。例（1）的 a_2 中，新信息与说话人的预测一致，则为合预期；a_3 中，新信息与说话人的预测相反，则为反预期。至此，预期范畴的类型可以总结为图 2.1。

图 2.1 信息的预期分类

至于现有研究中提到的超预期、负预期，与预期的方向性无关，而与预期的符合程度有关。当新信息大大超出或不及预期的程度时，不管是与预期方向一致还是与预期方向相反，则都属于超预期。例如：

（4）a：他很高啊。

　　b_1：他太高了，都快赶上姚明了。（合预期，超出）

　　b_2：还行吧，一般。（合预期，不及）

上例的 b_1 属于合预期的超出；b_2 则属于合预期的不及。

（5）a：他很高啊。

　　b_1：这还叫高？这身高在北方算矮的。（反预期，不及）

　　b_2：拉倒吧，他这样只能叫侏儒。（反预期，超出）

上例的 b_1 属于反预期的不及，b_2 则属于反预期的超出。综合来说明四者的关系：

（6）他一米八呢。

　　a. 真的一米八呢。（合预期）

b. 不止一米八呢，至少一米八五。（合预期，超出）

c. 没有，也就一米七八吧。（合预期，不及）

d. 哪里啊，最多一米七。（反预期，不及）

e. 拉倒吧，那是网上宣传的身高，一米七都不到。（反预期，超出）

合预期和反预期的超出与不及在句法形式和语义关系上都有明显的不同。比如在复句层面，合预期的超出一般表现为递进，如下例（7）的a句；反预期的超出一般表现为转折——反递，如例（7）b句。

（7）a. 他不但给父母钱，而且经常陪父母出国旅游。（合预期，超出）

b. 他不但不给父母一分钱，反而从父母那儿偷钱。（反预期，超出）

其次，二者的否定形式不同。例如：

（8）a：他很高。

b_1：他哪里是"很高"，分明是非常高。（合预期，超出：语用否定）

b_2：他哪里是"很高"，就是"高"而已。（合预期，不及：语义否定）

b_3：他哪里是"很高"，分明是很矮。（反预期，超出：语义否定）

b_4：他哪里是"很高"，还有点矮好吧。（反预期，不及：语义否定）

综上，超预期是从现实与预期标准的贴合程度而言的，因而不能与合预期、反预期并列，而应属于预期和反预期的下位小类。这也是齐沪扬、胡建锋（2006：33）所说"负预期量信息可能是预期信息，也可能是反预期信息"的主要原因。预期范畴的内部语义分类图如图2.2。

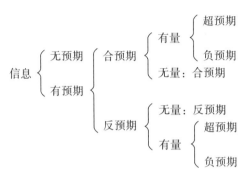

图2.2　预期范畴语义分类

六、结语

预期是指在百科知识等背景知识系统的支持下，说话人对某一信息主体形成的一种先时判断。作为话语参与者的事先判断，预期具有先时性、客观性与主观性特点；由于受到背景知识、接受对象的影响，预期还具有变化性特点；在言语交际过程中，预期对交际双方的互动交际也会产生一定的影响，即具有双向性特点。

预期实际上是对不确定情景所形成的一个判断，通常与一定的社会常规、言谈事件中说听双方的知识状态以及特定的话语语境（discourse context）密切相关。故预期产生的依据可以是百科知识、惯常经验、社会固有模式以及人们（个人）对特定事件的认识。

预期会对人们的行事方式起到一定的支配作用，对言语行为也会产生很大的影响，预期影响着人们的情感表达和评价性质。

依照逻辑学不相容的选言判断标准，信息首先可以分为"有预期"（简称"预期"）和"无预期"两大类。按照预期实现方向一致与否，"有预期"又可分为合预期和反预期两种。其中，与说话人预期方向一致的则为合预期，与说话人预期方向相反的则为反预期。根据量的实现程度，合预期和反预期内部又可以分为超预期和负预期两种。

第三节　预期与临近范畴

预期与传信、预设等范畴经常纠缠不清，预期和传信之间存在着交叉的关系，预期与预设也因共有语素"预"而经常被混为一谈。学者们对上述现象都有所关注，但看法不一，陆方喆（2017）也曾介绍预期与预设的区别，但陆文介绍稍嫌单薄。这里有必要再说明一下。

一、预期与传信

（一）关于传信

自 1986 年切夫和尼科尔斯（Chafe & Nichols）主编的论文集《言据性：认知的语言编码》（*Evidentiality: The Linguistic Coding of Epistemology*）出版以来，言据问题越来越引起语言学界的关注。言据，也译作传信，其"最典型的语义表现反映出人们对一句话现实依据的关心"（张伯江，1997：15）。世界上大约四分之一的语言里，每个陈述都必须标注出具体的信息来源类别，即标明信息是说话人亲眼所见的、听说的还是从间接证据推理得到的。而将这种关乎信息来源的语法意义归为一个语法范畴，那就是言据（传信）范畴。（A.Aikhenvald，2010：365）

国内较早关注传信范畴（evidentiality）的是张伯江先生。张伯江（1997：15）指出：汉语里的传信表达主要有三种形式：（1）表示信息来源的形式，多是用一些习用的插入语来表达；（2）表示说话人对事实真实性的态度，往往用一些副词来表达；（3）说话人传达确信的程度，可以用句末语气词表示。从张文总结的表达形式可以看出，传信包括三个方面：信息来源的形式，说话人对事实真实性的态度，说话人传达确信的程度。乐耀（2014：28）持类似看法："说话人使用传信范畴要向听话人传达的是所言信息的来源和信息获取的方式，其中也会暗含说话人对信息可信度的态度（the attitudes towards knowledge）。"关于传信范畴，详见胡壮麟（1994a、1995）、张伯江（1997）、房红梅（2005、2006）、陈颖（2008）、乐耀（2011、2014）等。

传信语存在着一定的判断标准，乐耀（2014：31）从语义和句法角度概括了三条标准：

（1）传信范畴表达的是说话人为所言信息提供依据，这一依据就是指明所言信息的来源或获取方式。而信息来源和信息获取方式的类型很多，可以是亲历的、传闻引述的或者是推测而来的等。该范畴可以有表示信息可靠性的外延意义。

（2）一般来说，传信语本身不是小句的主要谓语，它是为小句承载的信息指明信息来源和信息获取方式的一个标记语。

（3）一般来说，传信语本身不能被否定，也不能被强调。只能对说话人所要表述的信息本身进行句法上的否定和强调。

（二）传信与预期的关系

传信范畴与预期范畴有系连关系。切夫和尼科尔斯（1986）把传信范畴分为五种：可靠程度（degree of reliability）、信念（belief）、推论（inference）、传言（hearsay）和一般预期（general expectations）。（陈颖，2008：16）他们把预期也纳入了传信范畴。例如：

（1）Actually/Of course/In fact，it's raining.

艾亨瓦尔德（Aikhenvald，2004：195）也指出了传信与预期尤其是反预期的关系：表示亲历的（firsthand）或者亲眼所见（visual）的"传信范畴"很难发展出"意外范畴"的意思；而表示"非亲历（non-firsthand）"、"推知（inferred evidential）"和"引述（reported evidential）"的"传信范畴"比较容易发展成为"意外范畴"。比如土耳其语的 -mis 既可以表示"推知"或"引述"，也可以表示"出乎意料"。（王健，2013：116）其他语言中也有类似的现象，如羌语的"-k"原本是表示非亲见的传信成分，但后来衍生出"出乎意料"的意思。（谷峰，2005：84）某些汉语方言中表示传闻的传信成分也可以演变成反预期标记，如闽南语的"讲"（Chang，1998）、粤语的"吗"（谷峰，2007）、网络语言的"的说"（秦岭，2010）等。（谷峰，2005：84）

关于传信标记也存在不同观点。切夫和尼科尔斯（1986）把 actually、of course、in fact 等看作传信标记，而其他学者看法不同，有学者把它们称作对比（contrastive）标记，如舍芙琳（Schiffrin，1987）；有的称作反预期标记（counter-expectation marker），如海涅等（Heine et al.，1991），也有的称为反意标记（adversative），如特劳戈特和达舍（Traugott & Dasher，2002）等。（陆方喆，2014：53）汉语学界也存在类似现象。以认证义动词①为例：

（2）本来我觉得我已经基本忘掉了吴迪，并克服了由内疚带来的烦恼产生的想去找她的冲动。（王朔《一半是火焰，一半是海水》）

（3）我以为他回国了，但实际上他却没走。（张健军，2013 例）

陈颖（2008：50）认为"认识动词"的"以为、以为₁（认为）、看₁（认为）、觉得₁（认为）"等属于传信标记，并把"以为"类动词称作

---

① 方梅把表示认识和见证义的动词（epistemic and evidential verbs）统称为"认证义动词"。详见方梅，2005。

"反叙实"（contra factive）动词。而张健军（2013：462）认为"以为"可以当作预期标记。理由是"在转折前句中处于谓语核心地位，同时也参与了反预期表达过程，可视为明示反预期信息的明示成分"。

（三）我们的看法

实际上，陈颖（2008）和张健军（2013）看法并不矛盾。这说明传信和预期是有关联的：传信可以是预期的依据，特别是反映说话人个人认识的传信。仍以"以为"为例：

（1）a. 我以为你错了。（自拟）

b. 我以为你错了，所以我骂了你，实际上你没错，你是对的。（自拟）

例（1）a 句中的"以为"表达功能是传递信息"你错了"的来源方式——说话人的主观认定，属于传信范畴。b 句"我以为你错了"性质没变，依然是传信，该句中也是预期。其预期身份是由后续句带来的，"实际上你没错，你是对的"是现实，"我以为你错了"是先于现实的预先判断，由此产生了"预期"的身份。也就是说，"以为"本身是个传信范畴，其（反）预期功能是在语境中浮现的。这在语篇模式上也有所体现：认证义动词在表达传信功能时，可以采用单句模式；而在表达预期功能时，较多采用复句形式，如例（1）b 句。即便都是单句形式，二者的重音也有所不同。试比较：

（2）a. 我以为′你错了。

b. 我′以为你错了。

传信的重音在结论"你错了"上，而预期的重音在认证义动词本身。此外，二者的否定性也有不同：传信的"以为"因是主观认定而能被事实肯定，预期的"以为"因表达反事实事件而只能被否定。试比较：

（3）a. 我以为你错了，事实证明你真的错了。（传信）

b. 我以为你错了，实际上你没错，你是对的。（反预期）

仿照乐耀（2014）关于传信范畴的判断标准，我们可以给出预期范畴的判断标准：

a. 预期范畴表达的是说话人对所言信息的现实情况与某一特定标准的契合方向与契合程度的相对主观的认识，依据的标准可以是一定的社会常规、言谈事件中说听双方的知识状态以及特定的话语语境。该范畴可以有表示信息对比性的外延意义。

b. 一般来说，预期标记本身不是小句的主要谓语，它是向受话人指明现实信息与对比标准是否契合以及契合程度的一个标记语。

综上，传信范畴中只有"表示非亲见"的传信成分可能与预期建立联系，"非亲见"可以是与现实一致，也可能不一致，不一致则导致反预期，反预期则产生意外情感。因此，预期与传信在功能、表达特点及表现形式等各方面都不相同，不宜纳入传信范畴，而应独立出来。

二、预期与预设

（一）对比缘起

"预期"与"预设"都与信息表达有关，都涉及人的认识、言谈事件中说听双方的知识状态等因素，因此有学者将二者互相替代或互相解释。二者互文解释的也有一些。如张旺熹、李慧敏（2009：6）就指出"从语用角度来看，预设是指说话人在说某一句话时所持有的一系列设想和假设。即预设就是言者的某种期望"。陆方喆、朱斌（2019：15）则明确说明"预期是一种语用预设",因为它符合语用预设的主观性、单向性、合适性、共知性等特点。

也有学者将二者区分开来,如吴福祥(2004b:224)在介绍反预期的属性时就同时使用了这两个术语:

① 它们的使用隐含了被断言的情形与特定语境里被预设、预期的情形或者被认为是常规的情形之间的一种对比。

② 前者与后者相背离,反预期标记的主要功能是将这个断言与所预设或预期的世界以及常规联系起来。

面对同一语言现象,学者的看法存在分歧。例如:

(1)你跟你男朋友何时结婚啊?——还男朋友呢,我们是大学同学。(郑娟曼,2009例)

上例的"还……呢"构式,郑娟曼(2009)认为属于反预期否定,而颜力涛(2014)则认为是预设偏离否定。

上述现象让人困惑:预期等于预设?预期不等于预设?针对这一困惑,强星娜(2020:677)给出了解答:预期与预设是不同的。第一,预设常有,而预期是有标记状况;第二,预设是默认为真、不能在本句被否定的命题,而预期则多用来进行反向对比、逻辑偏反;第三,预设符合演绎闭合原则(principle of deductive closure),而预期(尤其是无定预期)则存在一定的不透明性,无法完全推知;第四,即使预设在本句之外被否定,但对标记也有选择。该总结非常到位,这里我们再从其他方面补充说明二者的关系。

(二)关于预设

预设,也称先设,德国哲学家和逻辑学家弗雷格(Frege)于1892

年首先提出这一概念。弗雷格认为，专用名词一定是所指的。例如：

（1）Kepler died in misery.

这句话中的预设是 "Kepler existed."。预设问题引起了语言学家的重视。20 世纪 50 年代开始，预设被引入语言学的研究，并成为语义学、语用学及其后认知语言学研究的基本概念。语义学关于预设的定义是：预设指某一事态成立所必须满足的条件，或（与语言有关）指说话人说某一句子时持有的假设，与"断言"相对立。（戴维·克里斯特尔，2002：283）

预设可分为语义预设和语用预设两种。语义预设把预设当作句子与句子之间的一种真值关系，把预设看成语义系统中稳定不变的部分，不受语境制约，可以用真值表的形式来表示语义预设，含有预设关系的两个命题之间存在如下关系：当 a 有真值时，b 必然为真，那么 a 预设 b。例如：

（2）a. 老张的女儿很漂亮。

　　　b. 老张有个女儿。

　　　c. 女儿很漂亮。

b 句为 a 句的预设，c 句为断言。

由于预设与说话人及听话人的背景知识、语用意图以及其他语言外因素的密切关系，预设进入了语用学研究的视野之中，于是"语用预设"应运而生。语用预设是指"那些对语境敏感的，与说话人（有时还包括说话对象）的信念、态度、意图有关的前提关系"（何自然，1997：68）。关于语用预设，学界主要有三种观点：一是从说话人的态度出发，把预设定义为认为某事物自然为真的一种命题态度；二是从言语交际功能出发，把预设看作交际双方的共有知识，或话语的背景信息；三是从言语行为的角度出发，把预设看作实施有效言语行为的适切性条件。这些定义都体现了语用预设的两个特性：共知性（common ground）和适宜性（appropriateness or felicity）。（季安锋，2009：10）

此后，语用预设又有了新发展，"从信息传递的角度而言，语用预设在功能上可分为两类：一类是说话人所假定的基本常识；另一类是说话人的意图，这是说话人希望听话人能从断言中推论出来的信息，它往往是新信息。……前者称为常规预设，后者称为意图预设"（黄华新、徐以中，2007：39）。例如：

（3）A：Where is the cake？

B：Well，the dog looks happy.（黄华新、徐以中，2007例）

在上面的对话中，B 的回答目的不是让 A 理解其断言信息，而是希望 A 能理解其意图 "the dog has eaten the cake"。这个意图实际上也就是 A 在说话时的预设。"意图预设"是非共知的新信息，更接近预期而非预设。

预设具有如下特点：

① 预设在否定句中仍然保留。如例（3）的否定形式为：

（4）老张的女儿不漂亮。

但"老张有个女儿"这一预设依然存在。

② 预设在特定语境里可被消除。

（5）老张的女儿很漂亮。——什么老张的女儿，老张根本没女儿，那是他的老婆。

③ 预设跟表层结构的某些方面有关。（Levinson S.C.，1986：33）

预设可以跟某些特定的词相联系，即预设触发语。例如：

（6）约翰停止打老婆了。

动词"停止"为预设触发语，触发预设"约翰过去一直打老婆"。

（三）预设与预期的关系

根据上面的介绍，可以看出预设和预期存在如下共同之处。

第一，二者都是依附于命题信息的附加信息，可以同时存在。例如：

（1）妈妈问夜归的儿子：没和女朋友出去玩儿啊？（自拟）

上例同时包含着预设和预期，"女朋友"成为预设和预期的共同的触发语，虽然仍存在着不同之处：妈妈的预设是"儿子有女朋友"；预期则是"儿子出去玩了，是和女朋友一起出去的，儿子不回家过夜"。

我们以表格形式对比二者的区别，见表2.1。

表 2.1　预设与预期的异同

例句	老张的女儿竟然这么漂亮
命题意义	老张的女儿很漂亮
预设	老张有女儿
预期	老张的女儿不漂亮，或者不太漂亮

第二，二者都具有隐含性，但可以通过某种手段传递并可以被识解。例如：

（2）她后悔去了北京。（预设［她去了北京］。词汇手段：后悔）

"她后悔去了北京"的预设是"她去了北京"，预设的触发标记是"后悔"，因为"后悔"的"后"，说明事情已经做过了。该句也有预期，预期是"北京值得去"，预期的触发语也是"后悔"，因为"后悔"的"悔"说明所做的事情不对或不值得。说明现实（去了北京）与预期相反，可以推出预期是"不应该去北京/北京不值得去"。

第三，都带有一定的主观性。

作为交际的背景信息，预设应是相对客观的。但也不排除预设信息是说话人自己假定存在的，或者说话人主观认为自然成立的，因此也可能具备主观性。预期的判断基础之一是说话人"对特定事件的预估判断"，因此也具有主观性特点。二者可以用同一形式来否定。例如：

（3）a. 小王女朋友没来看他？（预设：小王有女朋友）

　　　b. 他哪有女朋友啊！（否定预设）

（4）a. 小王女朋友没来看他？（预期：小王女朋友应该来看他）

　　　b. 他哪有女朋友啊！（所以不可能来看他。)（否定预期）

预设与预期还存在如下不同点：

第一，构成要素不同。预设的构成要素有两个，即背景信息与现实。例如：

（5）a. 老张的女儿很漂亮。

　　　b_1. 是的。

　　　b_2. 老张哪有女儿呀，只有一个儿子。

说话人所预设的背景信息与事实或命题存在真与假的区别，在语言形式上体现为肯定和否定。

预期的构成要素有两个，即预期与现实。说话人的预期与现实的方向一致，那就是合预期；说话人的预期与现实的方向相反，则为反预期。预期的两个要素之间的一致或相反的关系，在语言形式上体现为并列或转折关系。例如：

（6）a.我猜他能通过考试，他果然通过了。

b.他学习那么差，竟然通过考试了。

第二，说话人的主观情感不同。预设属于背景性信息，一般不影响说话人的情感、态度及评价等；而预期包含现实与说话人预先判断的对比，预期的达成或落空直接影响说话人的情感、态度及评价，故主观性更强。

综上，"预期和预设是两个不同的语用概念，前者指话语主体的心理倾向性，后者则是交际双方共知的话语前提"（季安锋，2009：9）。预设与预期的对比综合为表2.2。

表 2.2　预设与预期的异同

	预设	预期
例句	又下雨了！	又下雨了！
标记形式	词汇标记：又	词汇标记：又
构成要素	2个（背景知识与现实）	2个（预期与现实）
内容	之前下过雨	不希望下雨
主观性程度	弱	强
情感	高兴（雨水少）/抱怨（雨水多）	抱怨

三、结语

预期与传信、预设等范畴有一定的联系。跨语言事实证明：非亲见的传信成分比较容易发展成为"意外范畴",而意外的产生途径之一则是信息与交际者的预期不符或相反。传信和预期二者在功能、表达特点及表现形式等各方面都不相同,宜区分开来。

预设与预期有依附于命题信息、可识解、带有主观性等共同特点,但也存在区别。构成要素不同、对说话人的主观情感影响程度也有不同,应准确界定。

第三章　反预期范畴的语义-形式系统

反预期是预期范畴的下位范畴，反预期包含的信息量最大，表现形式最多、最为复杂。本章采用自上而下的研究方法，首先分析反预期范畴的语义基础和类型，然后对反预期的各种表达手段进行尽可能全面的总结，最后简单说明反预期与邻近范畴如意外和惊讶、转折、否定等的关系。

第一节　反预期范畴的语义基础与类型

一、反预期范畴的语义构成基础

学界多位学者对反预期进行了定义或说明，如吕叔湘（1944/2014），吴福祥（2004b），陆方喆（2017），陈振宇、姜毅宁（2019），强星娜（2020）等。尽管学者们的说法不尽相同，但依然可以从中概括出反预期的三个构成条件：第一，存在一个预期，这一预期可以是特定语境里被预设、预期的情形或者被认为是常规的情形；第二，存在一种被断言的情形，一个新信息（现实）；第三，存在反差，新信息（现实）与预期不一致。这三条是构成反预期的必要语义条件，缺一不可。例如：

（1）我本来想刀对刀、枪对枪和他们干上一仗，却赶上人家不耐烦了，要用炮轰了。（阿来《尘埃落定》）

　　a.预期：刀对刀、枪对枪和他们干上一仗

　　b. 现实：用炮轰

　　c. 反差：刀、枪＜炮

预期的这三个语义条件可以同时出现在句子中。例如：

　　（2）后来，终于到了，才发现陈水桥镇并不如他们想的大和店铺密集，只是一条直街，街上亮了几盏昏昏的路灯，其中一盏底下便架了油条锅。（王安忆《桃之夭夭》）

　　（3）我品尝豆腐乳的时候，希望所有人都能看到，但路上竟然一时没人，我就往楼上望去，十层，十一层，十二层……十五层上有人。（贾平凹《高兴》）

　　（4）（三三）心里想："你要我嫁你，我偏不嫁你！我家里的鸡纵成天下二十个蛋，我也不会给你一个蛋吃。"（沈从文《三三》）

　　例（2）中，言者预期是陈水桥镇"很大，店铺密集"，现实则"只是一条直街，街上亮了几盏昏昏的路灯"；例（3）中，"我"的预期是"所有人都能看到"，现实是"一时没人"；例（4）中，"你"的预期是"嫁给你"，三三的想法是"偏不嫁你"，现实和预期形成反差。

　　预期的这三个语义条件并不需要同时出现。一般来说，预期可不直接出现，可以通过各种途径衍推出来。一是通过背景句衍推。例如：

　　（5）所以他的面貌身量看着很体面魁梧，其实一些力气没有。（老舍《老张的哲学》）

　　（6）大家一面闲谈，一面候菜。不料一候不来，再候不来，一直候过去一个钟头，伙计才端了一壶酒，一盘酱牛肉来。（张恨水《春明外史》）

　　（7）我记得在夜半时分，肚子曾经饥饿难忍，但早晨醒来，竟

然一点也不感到饿了。(莫言《四十一炮》)

例(5)至例(7)中,预期都没有直接出现,但可以根据背景句提供的信息推衍出来:例(5)前一分句"面貌身量很体面魁梧"一般意味着"有力气";例(6)饭店里候菜的时间一般是几分钟到十几分钟;例(7)"夜半时分,肚子曾经饥饿难忍"可以衍推出"早晨醒来会很饿"。

二是通过现实句衍推。例如:

(8)我觉得这人好奇怪,竟然把自己身上所有的钱都给了我,弄得自己连坐车回家的路费都没有了。(卞庆奎《中国北漂艺人生活实录》)

(9)当然,为了让自己能吃上一口好点的,董小宛竟然不惜剪掉她平日钟爱异常的头发。(刘斯奋《白门柳》)

(10)柳生止住脚步,抬头仰视,居然又见绣楼,再环顾左右,居然与他首次赴京一模一样。(余华《古典爱情》)

以上例句中的预期都是通过现实句衍推出来的:例(8)通过现实句"竟然把自己身上所有的钱都给了我"可以推知"我"的预期是"他不会把自己身上所有的钱都给我";例(9)通过现实句"竟然不惜剪掉她平日钟爱异常的头发"可以推知,说话人的预期是"她不会剪掉她平日钟爱异常的头发";例(10)也可推知柳生的预期是"不可能见到绣楼""更不可能与他首次赴京一模一样"。

二、反预期的类型

(一)按预期的性质分类

从哲学的角度来看,现实世界是由"质"和"量"这两种现象组成的。(石毓智,2020:13)据此,我们把反预期分为两大类:质的反预期和量的反预期。

1. 质的反预期

特劳戈特（1999：179）指出质的反预期是指现实与预期的方向相反，即语句 U2 非给定的语句 U1 所预期。（吴福祥，2004：225）这种反预期现象最为常见。例如：

（1）王荆公因此叹息，说本欲变学究为秀才，不料转变秀才为学究。（钱穆《中国历代政治得失》）

（2）于是两人四处去找，找至一座有人开的电梯，总算到了咖啡厅，不巧那天咖啡厅休息。（李敖《快意恩仇记》）

（3）刘升不敢出城，就住在城里头，一面想方设计托人带口信给各处佃客，要他们到城里头来，等了好几天，连一个佃客的影子都没有见到。（巴金《春》）

（4）钱九那把子人，原想跟四判官合伙，在万家楼分笔肥的，谁知一开头就折了人，贴了老本，早就嚷着散伙了，钱九带人入盐市，一去就没了消息。（司马中原《狂风沙》）

（5）觉英的声音得意地响着："三姐，亏你们还是两个人划，船好像动都不动。你看我一个人划得多快。你敢跟我比赛吗?"（巴金《秋》）

以上例句都属于方向的反预期：现实与预期完全相反。如例（1）的预期是"变学究为秀才"，现实却是"变秀才为学究"；例（2）两人的预期是"咖啡店是营业的"，现实却是"那天休息"。其他两例也是如此，不再赘述。

2. 量的反预期

量（quantity）是人对事物、事件或者性状的大小、范围、程度等认知的结果，投射到语言中即实现量范畴的语言化，就形成语言中的量范畴。量范畴是语言中的基本范畴之一，是语言表达中必不可少的信息。

（赵国军，2015：137）含有主观评价的量被称为主观量，很多学者都注意到了主观量的问题，如陈小荷（1994）、李宇明（1997/2000）、李善熙（2003）、刘承峰（2014）等。主观量与反预期有一定的联系，如李宇明（1997/2000）谈论到主观量问题，将主观量分为异态型、直附型、夸张型、感染型。李文所说的"异态量"其实就是反预期主观量。更难能可贵的是，李文已经很敏锐地注意到主观量的两个评价标准——"社会常态量"和"个人常态量"："可以把常识性的常态量称为'社会常态量'，把说话人特殊的不同于社会常态量的量认识，称为'个人常态量'。与常态量（包括社会常态量和个人常态量）不相符的是异态量。"（李宇明，1997：4）李文举例如下：

（1）刚五岁就上学了。

（2）我们已经有了好几个工厂。

（3）离上课还有十分钟呢，急什么？

（4）一个年级才三十人。

李文所举的例子，不管是哪一种类型，都是量的反预期类型。如例（1）一般儿童的上学年龄是六岁，"刚五岁就上学了"说明实际入学年龄早于社会常规预期量；例（2）"已经有了好几个工厂"说明现实超出了听话人的预期量；例（3）"还有十分钟呢"说话人认为时间长，超出预期量；例（4）"才三十人"说明一个年级的实际人数远远不及社会常规预期量或个人预期量。

"主观量的本质应是当前信息对量的表述（实际量）与说话人预期中的量（预期量）二者之间的比较"，"任何主观量表达的语义解读，都涉及实际量与预期量的比较"。（张耕，2022：219）例如：

（5）他一口气奔出十余丈，回头再望，只见小龙女仍然不即不

离地跟随在后，相距三四丈远近。(金庸《神雕侠侣》)

（6）明明需要1500万元，预算只报900万元，甚至更少，以便减少项目报批的手续。(1994年《报刊精选》)

（7）18世纪中叶，英国的国债承受力也远比法国高，前者的人均国债高于法国，但那种高负债不仅没拖垮英国，反而是英国的国债利息只有法国的一半左右，让英国不断强盛。(陈志武《金融的逻辑》)

（8）历史如果是夸夸其谈，就连欣赏的价值也没有了。(《百家讲坛——豆腐渣工程》)

（9）都9点了，还不开门。(自拟)

以上例句分别体现了现实量与预期量的不同，如例（5）他的预期是把小龙女远远地甩在后面，实际小龙女"不即不离地跟随在后，相距三四丈远近"。例（6）预期量是"1500万元"，实际是"预算只报900万元，甚至更少"。

量的反预期有两种情况：超出（高于）预期量和不及（低于）预期量。现实量超出预期量的例如：

（10）本来应该是一篇短序，没想到写了这么长。(CCL语料库)

（11）王涛让了5个球，但不料想县长很有那么两下子，左右开弓与王涛拼杀起来。(曹秀玲、辛慧，2012例)

（12）我以为这本书只有我一个人看，没想到豆瓣上还有很多人在看，这种感觉就像左手找到了右手，兴奋感也非常强烈。(张向东、林郁《创业者对话创业者》)

现实量低于预期量的例如：

（13）那次比赛，原以为在中长跑上可以拿一两枚金牌，哪知奥运会突然取消中长跑，小冷被迫参加短跑，只夺得了两个第六名。（曹秀玲、辛慧，2012 例）

（14）回到关上，纪升向纪文华覆命后，再三又嘱咐他不能说出去。谁知没过三天，纪升与侍卫们一起喝酒，在酒桌上便吐露了真言，把他回京城的前前后后，一古脑全说了出来。（李文澄《努尔哈赤》）

（15）看完这本书以后我就特想写这个电影，但是我写得太快了，没想到一个星期就写完了。（《鲁豫有约·沉浮》）

（二）按预期所属的对象分类

除了可以按反预期的性质分类，还可以根据所反预期的领属者来分类。预期有不同的领属者：可以是说话人，可以是听话人，还可以是特定言语社会。这是继吴福祥（2004b）以后大多数学者遵从的分类。陈振宇、王梦颖（2021：51–52）把"预期所属的对象"称作"产生预期的认识主体"，并把认识主体分为五种：自预期（说话者对事物的预期）、他预期（说话者之外的参与会话活动的人的预期，可能是听话者，也可能是第三方）、常理预期、上文预期和（行为）主体预期。该文的分类虽然存在正如作者所承认的"逻辑上的交叉"，如自预期有时与（行为）主体预期是一致的，但确实是把预期所有的认知主体都涵盖到了。我们尽量避开交叉类型，按预期所属的对象分类如下。

1. 反说话人的预期

说话人有预期，但现实与说话人的预期相反。例如：

（1）那天我当然不能躺下，而且还得举着酒杯，整整地站了一个下午。谁知从那时起，我居然不再吐血了。（冰心《冰心全集》第

八卷）

（2）这件事现在回想起来仍感到非常惊讶，我竟然一个月就把上海话学地道了，而上海话又恰恰是特别难学的。（余秋雨《山居笔记》）

（3）我们看到，那些狗的眼睛在月光照耀下，放出了绿色的幽光，好似许多的小灯笼在闪烁。我们看到，有的狗在扬头长嗥，有的狗在跷着后腿往栏杆上撒尿，有的狗在月光下奔跑、蹿跳，它们矫健的身体在跳跃中舒展开，画出一道道明亮的弧线，它们的皮毛在月光下闪烁着上等的绸缎才能发出的光芒。这哪里是一群狗？分明就是一群狼。（莫言《四十一炮》）

（4）正在这个时候，上课铃响了起来。"啊呀，怎么那么快啊。"大家匆匆忙忙地向教室走去。（岛津出水《手心里的太阳》）

说话人分两种：一是行为主体，二是言者（事件叙述者）。上面四例中，说话人同时也是动作行为主体。例（1）"我"预期是"举着酒杯，整整地站了一个下午"会累得"吐血"，现实是"不再吐血了"。例（2）因为上海话特别难学，"我"的预期是"要花很长时间学会上海话"，现实是"一个月就把上海话学地道了"。其他两例也是现实与说话人的预期相反：例（3）"我们"最初以为是"狗"，但后来发现是"狼"，例（4）大家以为还有很长时间可以休息，现实是"上课铃响了起来"。

说话人可以与行为主体不同，"有时说话者将自己'移情'到行为主体的立场时，主体预期＝说话者预期"（陈振宇、王梦颖，2021：53）。试比较：

（5）a.老王天天虔诚烧香，祈求生个女孩，但老婆竟然／偏偏生了个男孩。

b.老王天天虔诚烧香，祈求生个女孩，但老婆竟然／偏偏生了个女孩。（陈振宇、王梦颖，2021 例）

例（5）a 句的转折后句是"生了个男孩"，b 的转折后句是"生了个女孩"，但两个句子使用了相同的副词"竟然／偏偏"。原因在于：a 句的预期所属者是老王，现实与老王的预期相反；b 句的预期所属者是隐藏的"言者"，言者认为"烧香祈求"不一定能实现愿望，现实却是真的实现了，现实与行为主体的预期一致，但与言者预期是相反的。

2. 反听话人的预期

现实与听话人的预期不同，常见于对话语境。例如：

（1）圆圆：爷爷我先声明一下，您干什么我都不反对，您可千万别上我们学校来当辅导员啊！我们学校辅导员都 120 多位了！

傅老：啊，你这话倒是提醒了我，教育下一代我是责无旁贷嘛……再说，他们总会自然减员的。（《我爱我家》）

（2）妻子急了给杨士平打电话："你明天上班第一件事，必须去借点油毡苫布什么的，起码把这个夏天对付过去！"杨士平却说："亏你想得出来，我们所里那么多事，怎么排第一件事也轮不着借油毡！"（1993 年《人民日报》）

（3）甲：父母说的话，子女应该服从。

乙：这看怎么说，要是父母的话不对，你也听吗？（刘德联、刘晓雨，2004 例）

（4）"大伯，我给你写申请书！"郭祥把袖子一挽。"不，不，"大伯连忙摇摇手，"侄子，你不知道，我 60 多岁的人啦，递上去，支部一讨论不准，我脸上挂不住！"（魏巍《东方》）

例（1）圆圆的预期是"您可千万别上我们学校来当辅导员啊"，可爷爷傅老的想法却是"教育下一代我是责无旁贷嘛"，现实与听话人的预期相反。例（2）妻子的预期是丈夫去借油毡苫布，但丈夫的回答是否定的："我们所里那么多事，怎么排第一件事也轮不着借油毡！"例（3）中，"这看怎么说"表示一件事情如果从不同角度看会有不同结论（刘德联、刘晓雨，2004：32），其实也就是反听话人的预期，表明与听话人不一致的立场。例（4）大伯的反应与听话人郭祥的预期也是相反的。

3. 反第三方的预期

有时候，预期属于非交际听说双方的第三方，现实与第三方预期相反。例如：

（1）"新月，"他望着妹妹，笨拙地启动他那金口难开的厚嘴唇，"我给你准备了生日礼物……"新月吃了一惊："哥，你也记着我的生日？"……韩子奇和韩太太不约而同地对看了一眼，又立即闪开了，他们都没想到这个蔫儿子还会这么留心月亮，惦记着他妹妹的生日。（霍达《穆斯林的葬礼》）

（2）刁德一：（向阿庆嫂）抽烟。

　　阿庆嫂：（摆手拒绝）

　　胡传魁：人家不会，你干什么呀。（汪曾祺等《沙家浜》）

第三方虽然不是正在交际的听说两方，但也是与交际有关联的，或在现场，如例（1）的"韩子奇和韩太太"是交际双方的父母，也在交际现场；或是虽然不在本次交谈话轮中，但也一直参与交际的，如例（2）中的"胡传魁"。

4. 反特定言语社会共享的预期

现实与特定言语社会共享的预期相反。例如：

（1）做旧，这旧货比那新的还卖钱。（宗守云，2011 例）

（2）别看是刚足月的孩子，挪了窝儿可瞒不了他，得些日子才扳得过来呢。（陈建功、赵大年《皇城根》）

（3）还大学生呢，连这个字都不认识。（自拟）

（4）徐锡芳义正辞严："亏你还是什么律师，这也叫懂法律？这个案子有什么问题，我负责！"（《报刊精选》1994 年）

"新的货物"比"旧的货物"值钱，"刚满月的孩子啥也不懂"，"大学生有知识"，"律师懂法律"，这些都是特定言语社会共享的预期，但事实与这些社会共享的预期是相反的。

三、结语

反预期有三个语义构成条件：第一，存在一个预期；第二，存在一个新信息（现实）；第三，新信息（现实）与预期存在反差。根据不同的标准，可以对反预期进行不同的界定：按预期的性质，可以将反预期分为质的反预期和量的反预期两大类；量的反预期可以根据量的程度分为超预期和负预期两种。按预期所属的对象，反预期可分为四种类型：反说话人的预期、反听话人的预期、反第三方的预期，及反特定言语社会共享的预期。

第二节　反预期表达手段

很多语言常常用一些专门的语法手段来明示反预期信息，学者们把这种语法手段叫作反预期标记，我们统称为反预期表达手段。

一、判断标准

语言的反预期表达手段类型复杂多样，成员众多。综合性语言常常利用形态屈折变化或形态标记来表现反预期范畴，故反预期范畴有着特定的形态，比较容易判断。例如车臣语：

（1）① Zaara j-ie-na.

Zara J-come. PRF

Zara 已经来了。（Zara 还在言谈现场，Zara 的到来在说话人的预料之中）

② Zaara j-iena-q.

Zara J-come. PRF-MIR

Zara 已经来了。（说话人没想到 Zara 会来）

在上例中，②句比①句多了一个意外范畴标记——q，全句除了表示"Zara 已经来了"这个信息外，还表达了说话人的主观感受：Zara 的到来是出乎说话人意料的，所以说话人感到"吃惊"。①没有意外范畴标记，是一个中性的陈述。（王健，2013：112）

具有明显的形态标记的反预期表达手段比较好辨识，但是对分析性语言——汉语而言，如何确定汉语的反预期表达手段呢？海涅等（Heine et al.，1991：192）曾归纳出反预期标记的两种属性。这两种属性分别为：

（i）它们的使用隐含了被断言的情形与特定语境里被预设、预期的情形或者认为是常规的情形之间的一种对比；

（ii）前者与后者相背离，反预期标记的主要功能是将这个断言与所预设或预期的世界以及常规联系起来。

上述属性特点成为汉语学界一些学者判断反预期表达手段的标准。如吴福祥（2004b：225）据此标准列举了汉语中的反预期表达手段，包括"其实、实际上、事实上、还、并、居然、竟然、却、倒、但（是）、可（是）、不过、然而、而"等共14个。陆方喆（2014：56）则概括了三种共34个反预期表达手段。

我们拟采取宽泛的标准，只要具有"引导和制约听话人"注意反预期话语意义的手段都可以看作反预期表达手段，即把具有引导和制约听话人关注预期的触发语和标记统称为"反预期表达手段"。

二、反预期表达手段

反预期的实现形式有很多种。海涅等（Heine et al., 1991）指出副词、连词、重音、语序、助词等各种语言手段都可以标注反预期信息。这给了我们一些启发，我们总结出现代汉语反预期表达手段主要有两大类八小类：一类是非语法手段，包括重音、语调、语气等；另一类是语法手段，包括语序、词、短语、构式、复句、话语标记/语用标记等形式。

（一）非语法手段

反预期可以不使用标记词而在话语中实现。主要有重音、语调、语气等方式。

1. 重音

反预期可以通过重音来体现。例如：

（1）他也来上海了？
（2）他也来'上海了？
（3）'他也来上海了？

句子的重音部分也是焦点所在。重音的位置不同，反预期的内容也不同。当说话人的重音落在"上海"上时，反预期的信息是"上海"，

"来上海"不在说话人的预期内。而说话人的重音落在"他"上时，反预期的信息是"他"，"他"来上海不在说话人的预期内。

2. 语调

句末升调可以表达反预期。例如：

（4）"……等我回船的时候，我才晓得他跳了水。""什么？跳了水？"我吃惊地反问了一声。（郭沫若《残春》）

（5）"我可怜的老肯尼斯。准备让我带你出去休一次长假吧。"他吃惊地仰头看着她，"休假？""是的。"（伊迪丝·华顿《石榴籽》）

例（4）应答语"什么"和例（5）应答语"休假"都是升调，语调上扬为特殊标记，表明说话人的特别情感——意外，意外的引发诱因之一是反预期。

3. 语气

汉语中，反预期经常借助疑问和惊讶性感叹等语气来传达。

疑问

A. 回声问

回声问（echo question）指用疑问形式或语气重复对方所说的全部或部分话语。（陈治安、文旭，2001：24）施佩贝尔、威尔逊（Sperber & Wilson，1986）在研究反语问题时提出了回声话语，他们认为回声话语不只是回应某人的言语，还可以回应一类人的观点、格言、社会标准、规范和对事物的普遍预期，并表达说话人的态度和情感。（田娅丽、王磊、高山，2014：40）回声问有特殊的语用功能，如具有表示惊讶、要求解释等功能；追问未听清的话语、表达对话语真值意义的怀疑和对非真值条件意义的怀疑等功能；"表示质疑、否定，要求修正话语"的功能等。（罗桂花、廖美珍，2012：372）

可见，与一般疑问句不同，回声问传达说话人的疑问／质疑、惊异，疑问／质疑、惊异的原因是新信息与说话人的预期相反，或者不在说话人的预期内。因此，回声问的基本功能之一是对反预期信息进行确认。例如：

（1）A：今天是星期一。

　　B：今天是星期一？（自拟）

（2）鲁四凤：嗯，妈，都很好。周家人人都很和气的。

　　鲁侍萍：周？这家姓周？（曹禺《雷雨》）

（3）余：这个呀，看看吧，矿泉壶。

　　牛：矿泉壶？（王朔《编辑部的故事》）

B. 反问

反预期信息还可以通过反问语气体现出来。这在学界已经得到公认。如齐沪扬、胡建锋（2010：105）指出，"不是……吗"反问句表示疑问的条件就是"句子中的命题一般是预期信息，说话时出现了新信息，而且新信息是反预期信息"。陆方喆（2014：58）则明确指出"什么""不……吗"等属于疑问类反预期表达手段。除了纯粹由心理与语境决定的反问句，大多数反问句都具有某种形式特征表达了说话者对相关事实的"惊讶"。（陈振宇、杜克华，2015：74）例如：

（1）这样一种说法也许会使常识或一般的理智感到困惑：难道看到现实还需要有人来教导吗？难道现实不就是事实或诸事实的集合吗？（吴晓明《作为历史科学方法论的历史唯物主义》）

（2）傅老：哎呀……你们是怎么搞得嘛！

　　志新：什么叫我们怎么搞得？您是怎么搞得嘛！今亏了我在家，七个打我一个……（《我爱我家》）

（3）肖飞又问田春成："你们谁的枪打得最好？"田春成没有回

答。田有来说话了："嘀！你不知道吗？俺们中队长就是神枪手！他打了半辈子兔子，没有打过一个'死卧儿'，还是尽打甩枪儿，别人谁也比不了。"（刘流《烈火金刚》）

以"难道"类反问句最为典型。"难道"表示意外的语气和情态。它可以用在反诘句中，也可用于测度句中。在反诘句中可以加强反诘的语气，在测度疑问句中，可以加强意外的情态。（袁劲，1986：109）

如果是否定形式，这样的反问语气就更加强烈，惊讶、不可思议的意味更加浓郁。（邵敬敏，2012b：354）例如：

（4）傅老：可是现在还不能做。现在咱们家的当务之急，是有几个重点工程要立刻上马。比如说，安一个太阳能热水器……

　　　和平：咱们不是有一个煤气热水器吗？用起来很方便呀。（《我爱我家》）

（5）"为什么不拆开看看？""你不是说过，不让我动吗？"朱端阳纳闷儿地问。（齐沪扬、胡建锋，2010例）

（6）（（同学之间谈论其他同学））

　　　1A：你们那还有什么好消息啊？还要谁的？令人吃惊的消息。（（笑））

　　　2B1：（（XXX））吃惊的消息，罗玉啊。

　　→3A：罗玉怎么了？罗玉不就多了个男朋友吗？（（笑））

　　　4B1：啊＜X罗玉现在都快认不出来了X＞罗玉说跳舞跳（刘娅琼、陶红印，2011例）

据刘娅琼、陶红印（2011：116）考察，否定反问句可以表达说话人"意外"等负面事理立场，"当对方所述之事或所持立场不是说话人期待的那样且与说话人无直接关系，此时说话人用反问（请对方激活某应知信息）表示自己的意外或不理解"。

惊讶性感叹

感叹是言者表达强烈情感或情绪时使用的方式之一。感叹可以表达意外，或者说，意外可以引发言者的感叹。例如：

（1）什么？你还没来！什么？你还没来啊！

什么？你怎么还没来呢！什么？你还没来么？！（陈振宇、杜克华，2015 例）

（2）这可把所有从开田手里买除草剂的人家惊呆了：天哪！好好的绿豆全毁了！（周大新《湖光山色》）

（3）马背上的姑娘掀起了头巾。"天哪！"我听见自己叫了一声。天哪，马背上的姑娘多么漂亮！（阿来《尘埃落定》）

其他语言中也有类似现象。如日语里也存在表达反预期的语气。如放在动词后的しまう -shimau，如果放在非自主动词后就表示说话者对事件的一种感叹语气，即表示"不如意"或"意外"等情态范畴的意义。（柯理思，2003）

（二）语法手段

反预期更多地采用语法手段来标记，语法手段多样而丰富。

1. 语序

有些语言可利用语序或结构式等语法手段来表达反预期信息。例如德语也可以利用语序的不同来表达反预期信息：德语无标记的疑问句语序是"动词＋主语"，而反预期的疑问句语序则相反，是"主语＋动词"。（Heine et al.，1991：193-194。参见吴福祥，2004b：225）。例如：

（1）Er raucht？他抽烟吗？（我还以为他不抽烟呢）

Raucht er？他抽烟吗？

Er raucht。他抽烟。（吴福祥 2004b 例）

汉语也可以利用语序来表达反预期信息。例如：

（2）a. 他已经做完功课了。（中性的，一般的陈述）

b. 他功课已经做完了。（特定的目的，回答"为什么在看电视"）

在汉语中，用 SVO 语序表达的事情，是中性的，而用 SOV 语序表达的是跟预期相反的情况。（Charles N. Li and Sandra A.Thompson，1989：161）

2. 词

不同词类中的某些词语可以表达反预期。主要有如下几种。

部分认证义动词

认证义动词是指"表示认识和见证义动词（epistemic and evidential verbs）"（方梅，2005：495）。部分认证义动词可以充当反预期表达手段，如"以为""（我）觉得"等。例如：

（1）淳朴粗野的人们相信了富人的话，建立了国家，制定了法律，以为可以保障自己的自由，其实是使不平等进一步加剧了，由财富上的不平等变成了政治上的不平等。（卢梭《论人类不平等的起源和基础》）

（2）龙永图：……但是我觉得，只要做好预防，这种灾难性的影响，可以降低到嗯，啊，最小的这样一个危害。（姚双云，2012 例）

上文已谈及"以为"具有表达反预期的功能，这里只谈"觉得"。在互动交际中，"我觉得"可以表达否定，对对方反预期话语进行委婉否定。

实际上不止上述两种反预期类型，还有其他类型。例如：

（3）"怎么？"江部长盯着赵大明的眼睛说，"我写得不对吗？""不，不是。"赵大明结结巴巴地说，"我是……我觉得……我自己没有那样好，我……我不配，我不配这样的夸奖。"（莫应丰《将军吟》）

（4）他相信这是全世界最精彩的故事！我觉得"精彩"这个词刺耳。我的父亲自杀了，他沉入河底的时候感到"精彩"么？（韩少功《马桥词典》）

（5）我觉得"滑竿""架子车"都比飞机有趣。"御风而行，冷然善也"那是神仙生涯。在尘世旅行，还是以脚能着地为原则。（梁实秋《雅舍菁华》）

（6）床是我的床，房间是我的房间。可我觉得一切都与以前多少有些异样，活像照我记忆复制出来的场景。天花板的污迹也好，石灰墙的伤痕也好，无一例外。（村上春树《世界尽头与冷酷仙境》）

"我觉得"所反的预期主体可以是听话人，如例（3）；也可以是第三方他人，如例（4）；也可以是社会常规知识，如例（5）和例（6）。形式上，"我觉得"前面可以出现"可"（如例6）等转折连词；也可以不出现转折连词，如例（3）至例（5）。

陈振宇、姜毅宁（2019：298）认为，"你觉得"可以表达自反预期（即反说话人预期）和他反预期（即反听话人或第三方）的功能。例如：

（7）你觉得他是你朋友，我原来不以为然，没想到你还真找了个这么好的朋友！（自反预期）

（8）你觉得他是你朋友，其实不是。（他反预期）

部分情态动词

某些情态动词可以表达反预期。例如"应该"：

（1）甲：怎么没看见你家孩子？乙：哎、哎，不好意思，他应该来帮忙的！（陈振宇、姜毅宁，2019 例）

（2）那宪兵说："你既是个军人，你就该投军，就应该上前方去，而不应该到后方来。现在我们中华民族已经到了最危险的关头。"（萧红《马伯乐》）

"应该"的前面可以出现"根本、早、就、就是、真的、的确"等副词，大多数格式有极强的自反预期倾向，但有一些格式肯定句会有他反预期倾向。（陈振宇、姜毅宁，2019：301）

在某些方言中，情态动词也具有表达反预期功能。如晋方言的情态动词"待"：

（3）我不待做饭。（我懒得做饭。）（宗守云，2015 例）

（4）A：你去摘苹果吧。B：我不待摘它。（宗守云，2015 例）

（5）A：我问问我爹。B：你别待问你爹了。（宗守云，2015 例）

"待"有几种不同的意义，可以分别用于和特定言语社会共享预期相反的情境、和听话人相反的语境以及和说话人相反的情境中。（宗守云，2015：341–351）

疑问代词

疑问代词"怎么"可以表达反预期语气。例如：

（1）吴吓了一跳。昨天胡在这里大吵大闹时还劲头十足，怎么

一下就发了高烧？（张洁《无字》）

（2）豫瑾走进房来，四面看看，便道："你怎么一个人住在这儿？老太太他们都好吧？"（张爱玲《半生缘》）

（3）万没想到彭总忽然问到这个，一时觉得很难回答。就红着脸慌慌张张地说了真话："我，我不准备结婚了……""怎么？"彭总对他的回答颇感诧异，又笑着问，"结婚晚一点可以，怎么不结婚了？"（魏巍《东方》）

相对于询问原因的特殊疑问词"为什么"来说，"怎么"更倾向于表达反预期的语气。（刘焱、黄丹丹，2015：188）李强（2021：34）也有类似看法：询问原因的"怎么"体现了说话人的心理预期；导致"怎么"句表示言者意外体验的原因类型有两种——"质预期"和"量预期"；"怎么"句中往往还会交代构成一种正常的社会常规预期的背景知识。

部分副词

充当反预期表达手段的副词有很多，张谊生（2000b：60）指出部分"评注性"副词可以表达意外态。意外态是一种主观意愿同客观事实相反的，出乎意料或略感惊讶的情态，包括"竟、偏、竟然、竟至、居然、偏偏、偏生"等。陆方喆（2014：56）将此类副词范围扩大到了13个：并、还、也、反而、甚至、倒、反倒、竟然、居然、偏、偏偏、其实、却。寇鑫、袁毓林（2018：43）列举了9个反预期副词：倒、才、真、还（是）、楞、可、非、连、都等。

结合现有文献以及个人调查，标记反预期的副词主要包括以下几类：A.大部分语气副词，如才、还、倒、并、就、居然、竟然、连、偏偏、明明等；B.少数程度副词，如"更、太"等；C.时间、频率副词，如已经、动不动（动辄）等；D.关联副词"也"等。

A. 大部分语气副词

从语气副词的交际功能看，语气副词可以传递说话人一些或强或弱的主观性的信息成分，同样可以传递反预期信息。可以传递反预期语气的副词主要有并、就、才、倒、到底^①、都₂^②、还、竟然、居然、偏、偏偏、偏巧、其实、明明、原来₂、恰巧等。下面一一作简略说明。

并

（1）众所周知，在中国，一个毕业大学生，即使是一本大学毕业的，找工作也并不简单，其他的就更不用说了。（《应试教育》）

（2）他也讲"开卷有益"，并不像后来的什么权威那样，规定青年只许看什么书，不许看什么书，遍设禁区。（张林岚《青少年时代的赵超构》）

彭小川（1999），吴中伟（1999），马真（2001），王明华（2001），温锁林（2009），刘丹青、唐正大（2001）等讨论过"并"的语法语义，他们的看法主要有两种：否定预设，表申辩意味/口气。我们比较赞成李劲荣（2014：15）的看法："并"有"标示说话人预期的主观性用法"……语气副词"并"只能出现在转折句中就是这样一种体现，说话者对某事有一种心理预期但实际出现的情况与这种心理预期不符（不B），于是形成转折句，"并"标示这一心理预期。"并"的语法意义可以概括为说话人对与自己预期相反的信息进行更正。

就/才

副词"就""才"包含主观性成分，很多学者都注意到了这一现象。

---

① 张秀松（2008a）认为"到底"句同时具有"反预期"和"解—反预期"功能。

② 张谊生（2005）认为有两个"都"：一个是客观性的范围副词，一个是主观性的语气副词。按照张文的分类，我们把语气副词的"都"记作"都₂"。

王还（1956）的"说话人认为"①、王还（1992：30）的"主观的看法"②、陈小荷（1994：19）"主观量标记"③等，这些都说明"就"、"才"与说话人的主观认识有关。多位学者更是直接指出"就"、"才"与"预期"相关，如周守晋（2004：129–130）的"还可以指涉与特定上下文有关的心理预期"④，陈立民（2005：16）的"实际偏离预期"⑤，齐沪扬、李文浩（2009：24）认为"'才'字句（包括小句）处于前景地位时，'才'在表示短时义的基础上兼表'比预期时间晚'"等。综上，可以确认副词"就""才"可以表示反预期，为反预期表达手段。例如：

（1）这加湿器才一百多块钱。比之那个水晶便宜多了，算来自己是占了大便宜了！（鱼人二代《很纯很暧昧》）

（2）黄天虎一听，这是个初上跳板的，就说："你是吃生米的吧？"程咬金说："我才不吃生米呢，那不硌牙？"（单田芳《瓦岗英雄》）

---

① 王还（1956）认为"就"和"才"：1.表示时间，"就"表示说话人认为时间早或者快、少，而"才"表示说话人认为时间晚或者慢、多；2.表示数量，"就"表示说话人心理上觉得少，而"才"表示说话人心理上觉得多。

② 王还（1992）认为"就"和"才"有时可以对处于前面的数目表示主观的看法。这时二者的意思是对立的："我看十天就/才能完成这项任务。"

③ 陈小荷（1994）认为仅靠句重音尚不能分辨主观大量和主观小量。分辨主观大量和主观小量时，副词起着重要的作用。例如，"好""足""足足""整整"等副词是帮助表示主观大量的，"只""仅""仅仅""就"等副词是帮助表示主观小量的。

④ 周守晋（2004）认为"就""才"表达结构的发展经历了两个主要过程：a.两个语义上具有某种关联，句法上各自独立的句子融合为一个句法上完整、语义上包含外向关联成分的句子；b.在关联成分的构成上，由时空、范围，发展到数量、程度、方式、对象、原因、条件等，在关联对象上，不但可以与前后句子形成关联，还可以指涉与特定上下文有关的心理预期。

⑤ 陈立民（2005）认为"就"和"才"共同的语义特征是表示实际偏离预期，但二者显示的方向刚好相反。"就"表示实际在时间上先于预期，或者数量上少于预期。"才"表示实际在时间上后于预期，或者在数量上多于预期。

（3）他 30 岁就结婚了。（自拟）

（4）火线上烟雾大，呛得人喘不上气来，温度极高，水供应不上，随身携带的一背壶水不一会儿就喝光了。（1994 年《报刊精选》）

倒

"倒"表达反预期已成定论。如吕叔湘（1980/1999：129–130）曾指出"倒"表示"跟一般情理相反、跟事实相反、出乎意料"。"跟一般情理相反、跟事实相反、出乎意料"都是反预期的参考标准。例如：

（1）这个消息传到了波斯匿王那里，他非常不高兴：我是一国之君，怎么倒成了世间最可怜的人呢？（星云大师、刘长乐《包容的智慧》）

（2）所以最后我这个朋友一听了这句话："诶，你这倒说对了，我跟他交往那么多年，没有从他口中听到一个人的好处……"（梁冬、刘力红《梁冬对话刘力红》）

都 $_2$

语气副词"都"是隐含着认识主体的预期的，而现实与其预期或存在质的差别，如例（1）和例（2）。例（1），在潘金莲看来，"李瓶儿"是不应该"披红簪花递酒"的。或存在量的出入，如例（3）和例（4）的"二十斤"是预期的标准。

（1）今日潘金莲在酒席上，见月娘与乔大户家做了亲，李瓶儿都披红簪花递酒，心中甚是气不愤，来家又被西门庆骂了这两句。（兰陵笑笑生《金瓶梅》）

（2）蒋妈听说，依然站着没动。佩芳道："你去不去？你是我花钱雇的人，都不听我的话吗？"（张恨水《金粉世家》）

（3）他二十斤都挑得起。（周家发，2012 例）

（4）他挑二十斤都觉得累。（周家发，2012 例）

还

"还"的反预期功能学界已达成共识。如吕叔湘（1980/1999：223）指出"还"可以"表示超乎预料"的语气，张宝胜（2003：71）也指出副词"还"可以表达"说话人认为该命题是一个不应该发生的事实"这一主观性。唐敏（2009：69）明确指出副词"还"的"其中有些义项在特定语境中表达'反预期'的语用功能"。吴福祥（2004b）、武果（2009）、谢白羽（2011）都曾指出现代汉语副词"还"的多种用法之一即用作反预期表达手段。例如：

（1）这小子欠钱不给，还挺牛的。（唐敏，2009 例）

（2）小车还通不过呢，就别提大车了。（沈家煊，2001 例）

竟然 / 居然

"竟然"反预期表达手段的功能多位学者已经有了很好的论证，如吕叔湘（1980/1999：278、286–287）关于"竟然"的解释是这样的："竟然"见"竟"，"竟"表示是出乎意料；关于"居然"的解释是这样的：居然表示"出乎意料"。竟然 / 居然表达的意思有以下几种：（1）指本来不应该发生的事竟然发生；（2）指本来不可能发生的事竟然发生；（3）指本来不容易做到的事竟然做到。例如：

（1）父亲用脚指着地头一坨地皮说："照这儿挖。"儿子只挖了一镢就听到铁石撞击的刺耳的响声，界石所在的方位竟然一丝一毫都无差错。（陈忠实《白鹿原》）

（2）一连几天过去，他早一趟晚一趟地从平安里过，竟一次也没看见王琦瑶，甚至也没见严师母家的人，进来出去的都是些未曾谋面的陌生人。（王安忆《长恨歌》）

（3）曾经惊叹太湖的浩瀚，而眼前的青海湖，居然比两个太湖还大。（文净《青海湖：躺在大地上的蓝天》）

（4）但是同时他又是千万人心目中的偶像，不久之前他举办"李敖祸台五十周年"的演讲会，原先只能容纳三千人的礼堂居然挤进了六千多人……（李敖、杨澜《如果有来世，我希望我是李敖第二》）

强星娜（2020），陈振宇、王梦颖（2021）等也有专文说明，这里不再赘述。

偏 / 偏偏 / 偏巧

"偏"指向句子主语，说明主语的意志和潜在行为与语境中的预期相反。"偏偏"指向说话人，说明客观事实与说话人预期相反，从而表达说话人的不满或意外。（范伟，2009：147）"偏巧"可以用于表达反预期。（刘焱、杨红，2022）例如：

（1）俺说不要见他，你们偏要去。见他有什么好？徒增恼恨罢了！（李文澄《努尔哈赤》）

（2）我们得承认应试教育培养了一部分精英学生，但是大部分学生却在这个独木桥上被挤下了水，其实这也很正常，但可悲的是，掉下水的偏偏没学过游泳，于是水中再学，浪费了自己、耗费了家庭，减缓了个人的发展。（《当代教育的弊端》）

（3）他和黄德复去找他的朋友，朋友偏巧出远门不在，只好直

接去找编排室主任，送了礼品，谈了要求，稿件就编了上去。（贾平凹《废都》）

其实

"其实"可以作为反预期表达手段，"后面的客观事实和前面某些成分引发的预期形成对比"（崔蕊，2008：504）。只有反预期对象出现或假想其出现时，才能用"其实"。（方清明，2013：97）例如：

（1）我说有家，其实我家里就我一个人。（吕叔湘，1980/1999 例）

（2）男人其实也臭美，谁说他们不注意形象？蒙田路过臭水沟还照呢！（陈薇《北京的独身男人》）

明明

欧倩（2007：63）把"明明"的语义背景归纳为："存在一个事实A，根据这个事实应该有 B 的发生，但实际出现了结果 C，而且 C 与 A 或 B 不符合、相冲突。"虽然没有提及"反预期"，但其语义框架与反预期一致。匡鹏飞（2011：231–232）则加以明确化，指出"明明"在用于"强调事实确凿无疑"时一般具有如下的语义背景：①强调某个事实的存在；②出现一个与预期相反的结果。①句和②句构成一个转折关系的复句，"明明"用在复句的前分句，即①句之中，用来凸显预期与事实的反差，强化转折关系的语义基础。例如：

（1）顾恋云恶狠狠地瞪了欧阳云一眼，低喝："什么雌的，明明一个斯文人，偏偏要学痞子腔！"（欧阳锋《云的抗日》）

（2）戈尔多明明知道牛是偷来的，却坦然地接受了这些赃物。（1994 年《人民日报》）

原来₂

关于"原来"的反预期表达手段的功能，学界看法较为一致。邢福义（1985：2）认为"有时'原来'怎么样，可以说成'没想到（就）'怎么样"。唐为群（2006：118）认为"原来"可以强调"某一情况是出乎说话人自己的预料之外的；或者是强调现存的某种情况与说话人的期待相反等含义"。刘通（2016：95）也指出"原来"一词具有反预期表达手段的功能。例如：

（1）女儿没有想到，选择专业原来是这么复杂的问题，有这么多的因素要考虑。（土一族《从普通女孩到银行家》）

（2）努尔哈赤走进山洞一看，不觉大失所望，原来这山洞是个直筒子，里面根本无法藏身。（李文澄《努尔哈赤》）

又

"又"表示情况的出现是出乎意料的，其语用功能则在于标示反听话人预期。（李劲荣，2014：19）例如：

（1）李益被她驳得倒是没话说了，道："我们今天不是谈梨花带雨，人家久闻你是长安市有名的美人，都要来欣赏一下你的美姿的。""那更荒唐了，我又不是给人家看的。妇人以德工为重，姿色何足骄人？"（高阳《紫玉钗》）

（2）黄衣少年暧昧地耸耸肩，道："这还用得叮嘱？我又不傻，难道眼睁睁把东道输给他们……"（刘肇霖《玉连环》）

除了上述语气副词之外，陈振宇、姜毅宁（2019：299–300）认为"根本、早、就、就是、真的、的确"也可以表达反预期，不同情况下表达的反预期类型有所不同：在陈述句中主要表达强调（他反预期）功能，在疑问句中，强调标记常常得到意外（自反预期）意义。文章论证合理，这里不再说明。

B. 少数程度副词

程度副词"太""更"等可以表达反预期信息。副词"太"的意义有两个：一是表示程度高，多用于赞叹、企望的事；二是表示程度过头，多用于不如意、不企望的事。（刘元满，1999：145）"太P"短语表示的是事物、事件的某种程度异态。（郑天刚，2005：54）例如：

（1）唉，这些年，她变得太多了。（刘元满，1999 例）

（2）景琦大喝："不许再胡说了！香秀，你太放肆了！越说越出圈儿，今后谁要再敢提那些烂七八糟的事儿，我就把她轰出去！"（郭宝昌《大宅门》）

C. 时间、频率副词

个别时间词语具有表达反预期信息这一功能，如"已经"。"已经"以凸显已然发生的事实来表达说话人反预期的交际意图，具有实现反预期的语用功能。（许诺，2015：101）例如：

（1）唐铁嘴：听说后面改了公寓，租给我一间屋子，好不好？

王利发：唐先生，你那点嗜好，在我这儿恐怕……

唐铁嘴：我已经不吃大烟了！（老舍《茶馆》）

（2）当丈夫准备再一次收拾女儿的时候，贺凤英不得不告诉玉亭，卫红已经怀孕了！（路遥《平凡的世界》）

频率副词"动不动"可以提示"反预期事件"或"反预期频率"。（郝玲，2013：106）例如：

（3）"一个不能忽视的现实是，如今医疗费用支出日益成为家庭日常开支的重要组成部分，看病买药动不动就得花费几百元，甚至上千元。"傅善来说。（郝玲，2013 例）

（4）她平日不是爱哭闹的孩子，可是现在动不动便哇的一声哭叫起来，发泄她小心眼中的委屈。（老舍《四世同堂》）

D. 关联副词

有些关联副词可以表达说话人认识上的主观期望，标示其对于现实的"反预期"的主观心理。例如关联副词"也"：

（1）a.子女可以随父姓，也可以随母姓。

　　 b.子女可以随父姓，可以随母姓。（姚双云，2012 例）

上例中，a 句是 1980 年颁布的《中华人民共和国婚姻法》第十六条对子女的姓氏权的表述，b 句是 2001 年修订《中华人民共和国婚姻法》时对子女的姓氏权的修改表述。两条法律条文只有一字之差，但两个句式的意义是不一样的。a 句使用"也"，全句具有很强的主观性。a 句的言外之意是：子女随父亲姓是常态，而随母亲姓是非常态。该表述暗含了不情愿、不得已、退而求其次等含义，带有男女不平等的主观倾向，违背了法律的平等性原则。而 b 句未使用"也"，话语内容不具有主观性，而是比较客观地叙述一个命题，体现了法律面前人人平等的原则。（姚双云，2012b：19）这说明关联副词"也"具有反预期的功能，这一点毕永峨（1989/1994），屈承熹、纪宗仁（2005），屈承熹（2006）都有所论述。

部分连词

部分连词可以充当反预期表达手段。姚双云（2012b：19）认为但、却、反而、甚至、不料、反倒、倒是、恰恰相反、不过、结果、可是等都是反预期标记。陆方喆（2014：56）列举了13个：但是、可是、然而、而、不过、不料、不想、谁知、哪料、哪想、岂料、岂知、别说。这些标记也得到了其他学者的认定，指出它们在很多场合具有表达反预期的功能。[①] 限于篇幅，不再举例。

这里特别说明连词"虽然"和"别看"。齐沪扬、胡建锋（2006）把"虽然"当作反预期表达手段，刘焱（2009）把"别看"当作反预期表达手段。但陆方喆（2014、2017）、张金圈（2016）等学者都不赞成把"虽然"或"别看"当作反预期标记。如陆方喆（2017：55）的理由是反预期表达手段应该满足两点：（1）该语言形式所连接的断言是否与某个特定预期相反；（2）该语言形式不能是断言命题内容的一部分。而"虽然""别看"不符合这两个标准。我们仍把"虽然""别看"看作反预期表达手段，原因也有两个：第一个原因是"虽然……，但是……""别看……，却……"都是合用的关联词语，如邢福义（1984：22）就把"别看……，却……"看作合用的关联词语。第二个原因是"虽然""别看"分句使得预期得以明示，尤其是另一分句不出现转折词语的时候，或者"虽然""别看"句作为后一分句出现的时候。以"别看"为例：

（1）别看电影上一闪而过的几秒钟的场景，在拍摄过程当中真

---

① 相关论著有曾君、陆方喆，2016，《从反预期标记到话语标记——论"但是"的语用功能及演变》，《语言科学》第4期；张健军，2013，《关联论视角下的转折复句反预期表达现象分析》，《世界汉语教学》第4期；方绪军，2004，《表示转折的"倒"和"却"》，《语言科学》第5期；袁毓林，2008，《反预期、递进关系和语用尺度的类型——"甚至"和"反而"的语义功能比较》，《当代语言学》第2期；刘平，2008，《现代汉语"不料"复句考察》，《武汉大学学报》（人文科学版）第6期；戚成启、耿庆强，2009，《"反倒"的语义格式及其焦点功能》，《枣庄学院学报》第4期；辛慧，2010，《现代汉语意外类篇章连接成分分析》，硕士学位论文，延边大学；姚双云，2010，《连词"结果"的语法化及其语义类型》，《古汉语研究》第2期；吕叔湘，1980/1999，《现代汉语八百词》，北京：商务印书馆；北京大学中文系1955、1957级语言班，2010，《现代汉语虚词例释》，北京：商务印书馆。

是要花不少心血呢。（卞庆奎《中国北漂艺人生存实录》）

（2）这小子忒害羞，别看他是村长，有时矫情得不可方物！
（BCC"对话"）

（3）这绝对是一个暖男，别看他胖。（BCC"对话"）

上述例句中，如果没有"别看"分句的存在，另一分句无从推出
"反预期"的主观意义。

另外，连词"别看"构成的复句的语义结构中总是隐含着听话人的
某种认知推断及说话人做出的与之相对的反预期断言，在连词用法的基
础上，"别看"的话语标记用法已逐渐浮现，用来引出说话人认为与听话
人预期不一致的信息并提请听话人注意。（张金圈，2016：51）例如：

（4）李长在说："娘，以后你这脾气也改改，那郭家什么事儿干
不出来？"

李母剜了李长在一眼："改了就不是你娘了！"

铁榔头接过来说："你别看，我挺欣赏我姑这脾气。爱憎分明，
血性十足，典型的冀中妇女本色。"（李西岳《血地》）

基于此，我们依然把"虽然""别看"视为反预期表达手段。

叹词

部分叹词可以充当反预期表达手段。如"啊（上升调）"[1]、"哦"（上

---

① 啊ǎ，叹词，表示惊疑。例：～？这是怎么回事啊？参见中国社会科学院语言研究所词
典编辑室编，2016，《现代汉语词典》（第 7 版），北京：商务印书馆，第 2 页。

声调）①、"哎"②、"哎呀"③、"哎呦"④、"哎呦喂"、"嗬"⑤、"嘿"⑥等,《现代汉语词典》的相关释义中都说明了这一点,详见脚注。例如:

（1）每天早晨,人力资源总监和部门经理在电梯口向每个晚到的人微笑着说:"你好,早上好!"员工一开始感到紧张,赶忙说:"啊? 我迟到了吧?"领导们呢? 就皮笑肉不笑地回答:"我不知道啊!"(袁岳、孙虹钢等《名家对话职场7方面》)

（2）王东岳:有了"疑"这个字才会出现这个哲学,或者更多的理性思考的这个文化。梁冬:哦? 真的啊?（梁冬、王东岳《梁冬对话王东岳》)

（3）正当佛库伦手捏红果儿,在一边观赏,一边嘴里叨咕着,就不由自主地伸出舌头一舔,嗬! 还挺甜呢,顺手就含在嘴里。顿时就感到满口香甜,咕噜一下,就咽到肚里。(李文澄《努尔哈赤》)

（4）哎呀,这瓜长得这么大呀![《现代汉语词典》(第7版),第2页]

（5）哎呦,都十二点了![《现代汉语词典》(第7版),第2页]

（6）郭:欢迎光临,老北京炸酱旗舰店。

于:唉。吃碗面,还旗舰呢。

郭:这款炸酱,是今年秋季新款。

于:哎呦喂,春天儿不许吃啊。是怎么着。(郭德纲、于谦

---

① 哦ó,叹词,表示将信将疑。例:~? 他也要来参加我们的会? 参见中国社会科学院语言研究所词典编辑室编,2016,《现代汉语词典》(第7版),第967页。
② 哎āi,叹词,①表示惊讶或不满意。例:~! 真是想不到的事! 同上书,第2页。
③ 哎āiyā,叹词,①表示惊讶或不满意。例:~! 这瓜长得这么大呀! 同上。
④ 哎āiyō,叹词,表示惊讶、痛苦、惋惜等。例:~! 都十二点了! 同上。
⑤ 嗬hē,叹词,表示惊讶。例:~,真不得了! 同上书,第523页。
⑥ 嘿hēi,叹词,③表示惊异。同上书,第534页。

相声《你要高雅》)

（7）嘿，下雪了！[《现代汉语词典》(第 7 版)，第 534 页]

中国传统曲艺——相声里面经常使用叹词来表达反预期情感。例如单口相声《上饭馆儿》：

（8）"伙计，伙计！"

跑堂的正给他端漱口水哪！一听他喊，赶紧跑过来啦：

"先生，什么事？"

"什么事？"用手一指苍蝇，"你看这是什么？"

跑堂的一看，嘿！苍蝇呀，这麻烦啦！……

这地方就得说跑堂的有两手，拿筷子把苍蝇夹起来了，放在手心上，看了一下，微微一笑，往嘴里一丢："得！唔——哈哈，先生，香料呀！"——啊！他愣给吃啦！你说这位说什么呀！苍蝇，苍蝇他能吃吗？香料，香料那就给钱吧！

这位一笑，心想：嘿！真有你的，啊，愣给吃啦！我就知道有这一手。哟！还有一个在酸辣汤里哪，我早给你准备好啦！

……

一进门，嗨！真热闹，堂座儿、雅座儿挤得满满的。我没等跑堂的招呼，就在旮旯里找了个位置坐下来啦。等了足足半个钟头，一位跑堂的过来啦。我一看，嗨！你猜是谁？熟人哪！就是那次客客气气送我出门，劝我别吹了风、醋了心的那位跑堂的。他也把我认出来啦。放了副杯筷，冲着我这么一笑：

"先生，你又吃五个饺子吧！"

……

"再给我来二两白干！"

"哟！还会喝酒？"——他管得着吗？

又等了半个钟头，炸丸子来啦！我没吃，一看就行啦！怎么？全黑啦！这盘炸丸子起码放了半斤酱油四两盐，那没法儿吃呀！我拿筷子夹起一个来咬了一点儿，哇！嘿！这个咸呀，舌头都木啦！按说，我就喊呀，可我不敢马上喊。怎么？过去嘛，座儿多，忙不过来，喊了也是白搭。谁在乎你一盘干炸丸子呀！

……

"这丸子太咸啦！"

"哟，咸啦！菜不咸呀，你们家里吃过炸丸子吗？"——嘿，骂上啦！（《中国传统相声大全》）

语气词

汉语普通话表示反预期的语气词较少。目前比较认同的语气词是"啊"[①]。例如：

（1）a. 你是李部长？

　　　b. 你是李部长啊？

　　　c. 你是谁啊？（邵敬敏，2012a 例）

"啊"，作为语气词的作用，其实主要在于"传递说话者的一种情绪"，这一情绪，以"惊叹"（惊讶、感叹）为主。如 b 句相当于"你是李部长，啊？！我居然没有想到"，而且还希望对方回答。（邵敬敏，2012a：601）语气词"呢""的"也可以表达反预期。例如：

[①] 邵敬敏（2012a）和陆方喆（2014）都指出了语气词"啊"的反预期表达手段作用。陆文在第 56 页说明反预期语法单位时，"语气词"一项即列举了"啊"一个语气词。

（2）他有两米高呢。（史金生，2000 例）

（3）这条路难走着呢。（史金生，2000 例）

传信语气词"呢"的主要作用在于"申明"，即把一个事实引入当前语境，具有否定预期的作用，经常预示着一个言语行为，具有把反预期事实引进语境的功能。（史金生，2000：133）句末带有语气词"的"的陈述句也可以表示反预期信息，主要用于答句中。例如：

（4）他喝酒的。（孙汝建，1998 例）

（5）这儿没人的。（孙汝建，1998 例）

这里语气词"的"是预设触发语，预设的内容是"你并不知道他喝酒"。语气词"的"更接近预期触发语——反预期表达手段，强调现实与听话人的预期相反。（孙汝建，1998：72）

汉语方言中有些语气词可以表达反预期。如粤语的句末语气词"wo3"可以表示"意外范畴"，而且它跟表示"传信范畴"的"wo5"关系密切。Chang（1998）直接指出台湾闽南语的"讲"可以充当"反预期表达手段"，表示"出乎意料"的信息，表达说话人"吃惊"的语气。（王健，2013：112）

3. 特殊结构

汉语中表达反预期的特殊结构[①]也有很多，很多学者已经关注。现举例说明：

[①] 这里不区分结构、框式、构式，主要指以单句形式存在的相对固定的构成，以区别于后面的复句形式。

部分动结式

某些动结式可以表达反预期。例如：

（1）这件衬衣买大了。

类似的还有"炒咸（了）"以及"买贵（了）、教深（了）"等。刘月华等（1983/2011）指出某些形容词作补语时往往表示不合某一种标准。陆俭明（1990）指出"VA了"述补结构可以表示某种预期结果的偏离。沈阳、彭国珍（2010）也指出某些"VA了"结构具有结果偏离义。该类动结式的意思是，由于动作的不适当而使动作的结果偏离了预期。由此可知，某些动补结构可以体现说话人反预期的主观情感。

"连……也……"句

关于"连……也……"句的研究详见崔希亮（1990、1993）、刘丹青（2005）等。其中，刘丹青（2005：1）认为："连"字句都包含一个说话人的主观预设（presupposition）：进入该句式的"连NP"里的NP（或VP、小句）都处在一个可能性（可预期性）等级尺度（scale）的低端，比起该尺度中的其他成员是最不可能有VP的行为或AP的属性的对象。而邵敬敏（2008：352）则指出："连也/都"框式结构的语法意义是表示"N_2＋VP"这一事件意外实现或者未实现的可能性。虽然学者对"连"字句的归属看法不一，但其具有的"反预期"（最不可能、意外等）这一语法意义的看法是一致的。

其他反预期特殊句式还有：

"被"字句（颜力涛，2014）；

"不V不VQ"（宛新政，2016）；

"大……的"（吴长安，2007；桂靖，2014等）；

"都……了"（李文浩，2010；佟福奇，2015 等）；

"放着 NP 不 VP"（详见宗守云、张素玲，2014 等）；

"还 NP 呢"（详见杨玉玲，2004；郑娟曼，2009 等）；

以上构式表达的都是违反社会固有模式（常规预期）的功能。表达反预期的特殊结构还包括：

"A 比 B 还不 C"和"A 还不如 BC"（吴瑛健，2013[①]）；

"V 得满 NP1（都）（是）NP$_2$""V 了一 NP$_1$NP$_2$"（李秉震，2009[②]）；

"V 都 V 了"（周莉、曹玉瑶，2018[③]）；

"X 比 Y 还 W"（宗守云，2011a[④]）；

"X 不比 YZ"（吴福祥，2004b[⑤]）；

"X 去了"（储泽祥，2008[⑥]）；

"把字句"（王还，1985[⑦]；沈家煊，2002[⑧]；吴为善，2011[⑨]；丁薇，

[①] 吴瑛健（2013）认为否定比较句"A 比 B 还不 C"中，当"还不"重读时，表现一种反预期信息。"A 还不如 B、C"反预期的语用功能和"A 比 B 还不 C"的语用功能类同，同样分为三种类型：与说话者的预期相反；与听话人的预期相反；与常规心理认知的预期信息相反。

[②] 李秉震（2009）认为从意义上看，"吃了一嘴油"和"吃得满嘴都是油"这两类结构都能表示超出说话人预期的结果的实现。

[③] 周莉、曹玉瑶（2018）认为"V 都 V 了"的构式义可根据是否涉及对听者的预期分为两种情况：（1）不涉及对听者预期，体现言者主观性；（2）涉及由 V 触发的对听者的预期，体现交互主观性。

[④] 宗守云（2011a）认为"X 比 Y 还 W"符合反预期信息的特点，是具有反预期性质的结构式。

[⑤] 吴福祥（2004b）认为"X 不比 Y·Z"是一种反预期结构式，其语用功能是表达反预期的话语信息。

[⑥] "去了"的感叹性，常伴随因程度高得难以想象而产生的惊异、无奈或伤感，句中常有叹词"嘿""哟""嗐""咳"等出现。详见储泽祥（2008）。

[⑦] 马王文认为"把"字宾语为无定名词的句子含有"出乎意料"的意思。

[⑧] 沈家煊（2002）认为如果动词带上后附成分，使动作成为一种"意外的行动"，客观处置变为主观处置，就可以用"把"字句。

[⑨] 吴为善（2011）认为和对应的动宾句比较，"把"字句往往有动作或事件出乎意料的含义。所谓"出乎意料"，是说话人觉得出乎意料，或是说话人认为听话人会觉得出乎意料。

2013[①] 等）；

"不怎么 A"（宗守云，2009[②]；岳辉、郭若祺，2022[③] 等）；

"好你个 X"（黎绣花，2012[④] 等）；

"亏"构式（王瑜，2012[⑤]；范振强，2014[⑥]；易正中，2014[⑦]；刘焱、冯峰、刘晓亮，2019[⑧] 等）；

"人称代词＋一个 NP"（李文浩，2016[⑨] 等）；

"我＋让 / 叫＋你＋VP"（刘宗保，2011[⑩]；李欣夏，2013[⑪] 等）；

"想不 X 都难"（马若宏，2013[⑫]）；

"一不小心 X"（邵敬敏、王玲玲，2016[⑬] 等）；

---

① 丁薇（2013）认为"把"字句可以表达非预期结果的实现。
② 宗守云（2009）认为"不怎么"的语用功能是"说话人传达意外信息"。
③ 岳辉、郭若祺（2022）认为构式义为言者评述的有限程度量，呈现出程度游移性、评价已然性、预期偏离性。
④ 黎绣花（2012）认为"好你个 X"构式的外部语用功能，构式表现出了很强的语势性，具有反预期性。
⑤ 王瑜（2012）认为"亏你＋VP"是个标记性格式，用来传递反预期信息。在该结构式中，VP 有判断性、陈述性、结果性三种类型，各种类型的"亏你＋VP"都传达反预期信息。"亏你＋VP"结构式传的反预期包括与特定言语社会共享的预期相反以及与说话人的预期相反两种情况。
⑥ 范振强（2014）提到"正常期待"和"预期"，认为"亏₂"和"亏₃"与预期有关。
⑦ 易正中（2014）认为该句型主要表示"反预期"意义。
⑧ 刘焱、冯峰、刘晓亮（2019）认为，"亏"句式有三种："亏₁"是说话人没有预期，"亏₂"是超预期，"亏₃"是反预期。
⑨ 李文浩（2016）认为同位复指式"人称代词＋一个 NP"在话语中的使用典型地体现了这三种反预期类型：（1）与说话人的预期相反。（2）与听话人的预期相反。（3）与特定言语社会共享的预期相反。
⑩ 刘宗保（2011）认为无论 VP 本身的意义是消极的，还是中性的，抑或积极的，在这一构式下，都是说话人主观上不企望发生的行为。
⑪ 李欣夏（2013）认为"我＋让 / 叫＋你＋VP"构式表达说话者禁止对方反预期行为的主观情感。其语用功能主要有反预期信息功能、主观评价功能以及语用否定功能。
⑫ 马若宏（2013）认为"想不 X 都难"的构式义可以概括为反预期逆转的主观极量肯定义。
⑬ 邵敬敏、王玲玲（2016）认为"一不小心"中"与之匹配的词语 X，往往是反预期的结果，所以具有出乎意料之外，而且具有惊喜的色彩"。

……

限于篇幅，不再举例。

4．复句

表达反预期信息的复句手段也有很多。例如：

"不但不 X，反而 Y"（王志英，2014[①]；周静、邵敬敏，2010[②] 等）；

"不是 X，而是 Y"（袁磊，2014[③] 等）；

"哪里是 A，而是 B"（易正中，2013[④] 等）；

"虽然……，但是……"（张健军，2013[⑤] 等）；

"早不 VP，晚不 VP"（管志斌，2011[⑥]）；

……

此外，上文在谈论词类标记时，提及的部分关联连词和关联副词也可以用于复句中，这里不再赘述。

5．话语标记／语用标记

话语标记也是表达反预期信息的重要手段。据现有文献资料和个人搜集整理，主要有以下这些：

[①] 王志英（2014）认为"不但不 X，反而 Y"在传递主观信息时已经是一个表示反预期信息的构式。

[②] 周静、邵敬敏（2010）认为反递句式的成立必须要满足三个条件，形式上要有标记，语义上要表现出预期和结果的语义差。

[③] 袁磊（2014）认为"不是……"本身就有超出受话者的预期，异于大部分人都习以为常的思维方式，构成了一个"反预期信息"。

[④] 易正中（2013）认为"哪里是 A"主要表示反预期意义，是对预期情况"A"的否定，这种否定既可以是语义否定，也可以是语用否定；"而是 B"表示预期之外的新情况。

[⑤] 张健军（2013）认为转折复句虽然形式上往往不及小句简短，但表义明确直接，在反预期表达时，通过反预期表达手段（转折标记）的导引作用，前后话语间体现出了很强的关联性，听话人处理信息时所付出的努力也更小，毕竟明白达意才是表达的前提要求。

[⑥] 管志斌（2011）认为"该构式是一种反预期主观化表达的修辞构式，它既传递反预期语言信息，又表达了说者对言语事件或行为的主观评价"。

别说

"别说"的反预期表达功能学界已达成共识，参见刘永华、高建平（2007），韩蕾、刘焱（2007），周莉（2013）等。

（1）说不好听的，你还是该干点什么干点什么去吧。比如写诗……别说，你还真挺像个诗人似的，哈哈哈……（韩蕾、刘焱，2007例）

不怕你笑话

在一定语言环境中，当说话人提供的信息偏离听话人持有的常规、标准，并且这种偏离是负向的时候，可以使用"不怕你＋V"标记。（苏小妹，2014：97）苏文的"常规、标准"相当于"社会共享知识"。

（2）"我是要来喝的，"林凡夫转过头对马天宇，"马总，不怕你笑话，我这人喝酒就喜欢老白干，醇和、爽口、无杂味，就像你们北京人喜欢红星二锅头一样。"（张卫《你别无选择》）

不是

话语标记的"不是""具有某种标示功能，即标示了说话人当前所接受的信息与原有认知倾向的差异，以及交际状态的转换"（刘丽艳，2005b：24）。

（3）语境：每次志新把女友领到家里，艳红都来捣乱。这一天，志新又带回家一个女友。进屋后志新连忙把门带好，并嘱咐家人不要给艳红开门。这时，他和女友正在看影集。

艳红：（突然出现在客厅）

志新：哎，不是，你怎么又来了？（《我爱我家》）（刘丽艳，2005b例）

此外还包括：

倒好（胡承佼，2016a[①] 等）；

倒也是（刘树晟，2011[②] 等）；

你不知道[③]（黄江园，2013；周毕吉、李莹，2014；郭聪，2015；刘焱、陶红印，2018 等）；

你猜怎么着（刘红艳、李治平，2012[④] 等）；

谁知（胡德明，2011[⑤] 等）；

怎么（肖治野，2009[⑥]；郭继懋，2001[⑦]；张斌，2001[⑧]；王志，2014[⑨]；尹海良，2014[⑩]；刘焱、黄丹丹，2015[⑪] 等）；

……

[①] 胡文指出"倒好"虽不是严格意义上的话语标记，但具有一定的话语标记倾向。"起传达意外性评价的主观评述作用"。引发"倒好"表示意外性评价这一语用意义的动因是 S 的反预期性，即目前 S 表现与事先的推想或认识不一致，因而出乎人的意料。

[②] 刘树晟（2011）认为"（倒）也是"类应答语的话语功能主要是用来表示"预期"改变的赞同。刘文只把"倒也是"称为"应答语"，没有看作"话语标记"，理由是"倒也是"首先提供的就是命题信息，影响到了话语的真值条件。刘文也同时承认：但"（倒）也是"又与"话语标记"关系密切，"（倒）也是"本身也具有一定的程序意义，承载了命题和程序双重意义，起到表达说话人主观情感，连通语篇的作用。"话语标记"的研究方法也可以借用到"（倒）也是"上来。

[③] 详见下一章"你不知道"综述，这里不再赘述。

[④] 该文没有明确说明"你猜怎么着"的反预期功能，但指出了"它往往起到预示转折的作用"。其实，转折的原因主要是现实与预期不同。

[⑤] 胡德明（2011）认为"谁知"已经演变为一个话语标记。

[⑥] 该文注意到了"怎么"问原因的用法。

[⑦] 该文注意到了表示惊叹时"怎么"对应于"原因"。

[⑧] 张斌（2001）注意到了"怎么"的单独使用、用于句首的用法，并点明了其"表示惊讶"的功能。

[⑨] 王文注意到了"怎么"话语标记的用法，并提出了"说话前提"概念。王文的"话语前提"接近于"预期"。

[⑩] 尹文明确把独立出现的"怎么"当作话语标记，并明确了其核心功能是"反预期"。

[⑪] 刘焱、黄丹丹（2015）认为"怎么"是一个反预期表达手段，具有"惊异或意外"和"批评或嗔怪"两种不同的语用功能。

综上，反预期表达手段类型丰富，形式多样，几乎涵盖了语法结构的每一个层面。具体总结见表 3.1。

表 3.1　汉语反预期表达手段

表达手段	类型			举例
非语法手段	重音			他也来'上海了?
	语调			什么? 今天星期一?
	语气	疑问	回声问	A. 我不知道。 B. 你不知道?
			反问	你难道不认识我吗?
		感叹	说话者指向感叹①	什么?! 天哪!
语法手段	语序	SOV。 VA 了。		他功课做完了。 衣服买大了。
	词	部分认证义动词		以为、觉得
		部分情态动词		应该
		疑问代词		怎么
		部分副词	大部分语气副词	并、都、竟然、偏偏、明明、原来、又……
			少数程度副词	太、更
			时间副词	已经
			频率副词	动不动
			关联副词	也

---

① 详见陈振宇、杜克华（2015）：说话者指向感叹（exclamation directed to speaker），说话者由于遭受某种外部信息，一般是由意外引起的反感、愤怒、痛苦或赞叹、幸福等强烈的感情或情绪，它们在话语中的表露，并不必然对他人产生影响，可以只是言者自身情绪的反应；听话者指向感叹（exclamation directed to hearer），说话者表现某种强烈的感情或情绪，试图影响对方使之认同或激化对方产生特定的情绪或促使对方去做出特定的行为等。与意外相关的，主要是说话者指向感叹。

表达手段	类型		举例
语法手段	词	连词	但是；可是；然而；不过……
		叹词	啊（上声）；哦（上声）；哎呀；嘀；嘿……
		语气词	啊、的、呢
	特殊结构（构式、句式）		VA；V 了就 V 了；连……也；X 比 Y 还 W；X 不比 Y Z；亏＋S……
	复句		不但不……反而……；不是……而是……；虽然……但是……；说是……其实……等
	话语标记／语用标记		别说；不是；倒也是；你不知道；你猜怎么着；谁知；怎么……

三、反预期表达手段的功能

韩礼德（Halliday，1985/1994/2004）提出了语言的三大纯理功能，即概念功能、语篇功能和人际功能。反预期表达手段也具有这三大功能，只是表达手段的多样性使得它们在表达不同功能时各有侧重。

（一）概念功能

作为话语的组成部分，部分反预期表达手段具有概念功能，即还保留着一些概念意义。具有概念功能的反预期表达手段主要是词汇形式的标记，例如"以为""觉得""应该"等。

（二）语篇功能

海涅等（Heine et al.，1991）认为，预期表达手段的主要功能是将这个断言与所预设或预期的世界以及常规联系起来。（周莉，2013：51）反预期表达手段也具有了语篇功能，最主要的语篇功能为连贯功能。以词标记为例，有些反预期词标记可以表示内容上的逻辑连贯。如"甚至"，除了表示出乎意料的语气之外，还具有很强的句间关联作用：递进。同样是反预期表达手段的"反而"则表示反转性递进关系。再比如"按说"，"按说"可以关联三个语篇单位：A.陈述某个事实依据；B.依照情理推导出一个结论命题；C.陈述与此命题相反的另一事实。（王世群，2011：23）

除了内容连贯外，还有一种方式是形式连贯。形式连贯表现为开启话轮、延续话轮和结束话轮以及话轮转接。以话语标记这一表达手段为例，不同的话语标记起着不同的形式连贯作用。如话语标记"怎么"有开启话轮和切换话题的作用；（刘焱、黄丹丹，2015：186）"我说呢"的语篇功能主要有话轮转换、话题起始、维持会话连贯等三种功能；（张先亮、倪妙静，2015：216）"不是"则具有话轮转接功能；等等。

（三）人际功能

表达手段可以减少听话人在理解信息时所付出的努力，增强明示功能。反预期表达手段可以体现说话人鲜明的交际态度，传递说话者的信息意图和情感意图，是主观性和交互主观化的体现。

1. 引导话语理解程序意义

反预期表达手段可以引导听话人对话语的理解方向，减少听话人理解的难度。例如：

（1）他又能干又帅气，但是现在一直没有女朋友。（自拟）

（2）"我还记得上第一次课的时候，是我家孙子送我去的，别人都是爷爷送孙子上学，我倒好，是孙子送我上学。"老人笑着说道。（胡承佼，2016例）

例（1），前一分句"他又能干又帅气"的隐含预期是"他一定很受欢迎，会有女朋友的"；听话人也会自然地预测下文应该是与"又能干又帅气"方向一致的积极信息，但当听到转折标记"但是"时，听话人会主动改变理解的方向，明白现实与预期是相反的，这样就能更顺利地接受后面的句子。因此，反预期表达手段还可以提示现实与预期的关系。再如：

（3）"我乘姑母没在家，去找了那位善人去。恰巧他在家，当时见了我。我把我的心愿说给他听，他是一面落泪一面念佛。"（老舍《老张的哲学》）

（4）（菀因）说："我本想昨夜来告辞，恰巧你二位又不在家。我已应了杭州大学之聘，今天的晚车便须南下，这些日子深蒙优待，又蒙施因女士帮我不少的忙，真是十分感激。"（冰心《我自己走过的路》）

（5）桑乔听到此话，立即掉转驴向寺院奔去，堂吉诃德和小伙子也跟了过去。可是命运好像跟桑乔过不去，隐士偏巧不在家，只碰到一个替隐士看家的人。（塞万提斯《堂吉诃德》）

——*桑乔听到此话，立即掉转驴向寺院奔去，堂吉诃德和小伙子也跟了过去。隐士偏巧在家。

在社会常规认知里，拜访别人的话，"希望对方在家"为默认预期，例（3）"恰巧"提示了现实是符合说话人预期的。"恰巧"也可以提示反预期信息，如例（4）。"偏巧"则不同，只能提示反预期信息，如例（5）。

2. 提示预期信息及预期领属者

反预期表达手段可以索引预期信息及预期的领属者。例如：

（1）制片人温特杜尔这样来阐述这部电影："这并不是一个以牙还牙的故事。实际上，李是一个非常有血肉的人，并非一个暴力提倡者。"（张小蛇《李小龙的功夫人生》）

（2）人们听德松这一介绍，好像晴天霹雳，大吃一惊：怎么，

抓王唯一的不是"红胡子"首领于得海从昆仑山里搬下来的人马？是他，这牛倌?！（冯德英《苦菜花》）

（3）一个孩子用小名来称呼他的父亲，不但不会引起父亲的呵责，反而是一种亲热的表示，同时也给父亲一种没有被挤的安慰。（费孝通《乡土中国》）

（4）她竭力要拼凑一个像样的家，还问我大伯母要了一个孙女儿。她很爱那个孩子，孩子也天真可爱，可是一经她精心教育，孩子变成了一个懂事的小养媳妇儿。不巧我婶母偶到三姑母家去住了一夜，便向大伯母诉说三姑母家的情况，还说孩子瘦了。大伯母舍不得，忙把孩子讨回去。（杨绛《回忆我的姑母》）

上述例句中的反预期表达手段不仅可以是现实与预期方向的不一致信息，同时也可以反映出预期的领属者。如例（1）反预期表达手段"并"可以提示预期是"这是一个以牙还牙的故事"，也可以提示出预期的领属者是大众或看到片名的人。例（2）反预期表达手段"怎么"可以提示预期是"抓王唯一的"是"首领于得海从昆仑山里搬下来的人马"，预期的领属者是围观群众。例（3）反预期表达手段"不但……"可以提示预期是"孩子用小名来称呼他的父亲会引起父亲的呵责"，预期的领属者也是大众。例（4）反预期"不巧"提示的预期是"我婶母偶到三姑母家去住了一夜"，预期的领属者是"她"。

3. 明示说话人的情感、态度和评价

许多反预期表达手段可以明示说话人的情感、态度和评价，即说话人在话语中"留下了自我的印记"。例如：

（1）怎么？下雨了？——疑惑

（2）他哪里是父亲！——不认可

（3）还大学生呢！——不满

（4）又下雨了。——不满

（5）3月24日，笔者慕名前往采访，**不巧的是**"铁将军"把门，遂拨打他的手机，对方回答，出诊到和平村赤塘自然村，稍候就回来。（赖志雄、朱春华《山旮旯里的"健康保护神"》）——失望

四、反预期表达手段的结构特征

（一）位置与分布

反预期表达手段类型多样，其中，语法形式的表达手段即涵盖了从词到复句等多种语法结构层次。不同的结构层次有不同的分布特点。

就词这一层级而言，副词在句中的位置灵活多变：有的位于句首，如"其实、不料、别说、事实上、实际上、但是、可是"等；有的出现在句中，如"并、还、也、甚至、居然、偏、偏偏"等。总体而言，以位于句首和句中为多。而叹词和语气词则不同，叹词的特点决定了其只能出现在句首，语气词则出现在句尾。关于反预期表达手段的位置与分布在后面的个案分析中会有所涉及，这里不再讨论。

（二）同现与连用

不同的反预期表达手段可以同现或连用，如不同的反预期副词可以连用。例如：

（1）哥今天［还］［偏］不信了！（杜道流，2014例）

（2）周瑾蓦地转身站起，举着拢子打我，我骂道："我明天［还］［就］［偏］跟你去，想不让我去都不成了。"（杜道流，2014例）

（3）父亲隔三岔五就拨电话——［居然］［还］就是我们自己家的，动员我早点退伍。（杜道流，2014例）

反预期连词和反预期副词可以同现或连用。例如：

（4）这种连 3 岁小孩也骗不了的瞎话，她［竟然］［还］好意思说得出口，真是不要脸。（陆方喆，2014 例）

（5）董兆国 1975 年从部队转业，转业前组织上已经在他的老家河北的一个县城里为他找好了工作。［但是］董兆国［却］［偏偏］选中了到条件艰苦的新疆且末县生活和工作。（陆方喆，2014 例）

（6）尽管他时时以书呆气的议论引起那些越来越准备当政治专门家的朋友（如陈独秀）的不满，［但］［实际上］，他［却］［并］没有迂腐得真的不关心政治。（陆方喆，2014 例）

反预期表达手段同现或连用的目的是突出反预期的程度之高，同现或连用的标记越多，反预期的程度就越高，所表达的语力也就越强。

（三）其他

反预期表达手段都关联着两个语义成分——预期信息和现实信息，这是构成反预期的必要条件。除了这两个语义成分之外，不同的反预期表达手段所关联的语义成分各有不同。以反预期表达手段"别看"为例，"别看"包含着四个语义结构成分：

a. 预期：V_1 与 V_2 存在着客观或主观的联系。在客观事理中，或者人们的主观认知中，V_1 与 V_2 存在着一定逻辑事理关系：如果是 V_1，那么 V_2。

b. 中介：形式为"别看 V_1"。承认 N 具有 V_1 这种属性或特点。

c. 否定：形式表现为"可不 V_2"。对 V_2 进行否定，通过否定 V_2 来否定 V_1 的隐含（预期）义。形成"别看 V_1，可不 V_2"句式。

d. 推评：通过对预期的否定，得出"虽然 NV_1，也不 V_2"这一结论。（刘焱，2009：40）

但在具体使用中，这些语义结构成分不一定会全部出现，有些语义成分会出现，而有些语义成分则会隐含，因此就产生了完全式和省略式两种不同语篇模式。由于反预期表达手段种类繁多，这里不再阐述，这些特点也将会在对不同表达手段进行个案分析时涉及。

五、结语

现实（新信息）与预期相反，这是反预期构成的必要语义条件。反预期的语义类型大致可以分为方向的反预期与量的反预期两种，而所谓的超预期和负预期都是量的反预期。预期的所属对象可以是说话人，也可以是听话人或第三方，还可以是特定言语社会。作为跨语言的存在，综合性语言可以利用形态屈折变化或形态标记来表现反预期，而作为分析性语言的汉语来说，主要借助一些表现手段来标注。

现代汉语反预期范畴的表现手段主要有两大类八小类：一类是非语法手段，包括重音、语调、语气等；另一类是语法手段，包括语序、词、特殊结构（短语、构式）、复句、话语标记等多种形式。这些表达手段分别承载着不同的功能，如语篇功能和人际功能等，少数还保留着概念功能。一些反预期表达手段可以同现或连用。

第三节　反预期与临近范畴

一、反预期与意外

反预期与意外之间有着千丝万缕的联系。意外（mirativity），也有学者译为"惊讶"（如万光荣，2017、2019 等）或"新异"（如邵明园，2014 等）。学界关于"意外"的代表性看法有如下几种：

陈振宇、杜克华（2015：71）认为"意外"范畴指语言中关于"出乎意料"（反预期）的信息以及表达说话人对有关信息感到"惊讶"（surprise）的语气系统。

胡承佼（2018：58）的看法是：意外指有些语言可以利用某些特定语法手段来标记一个新的意外性（mirative）信息，从而显现言谈上的一种"惊异"（surprise）或"不备"（unprepared）的认识和感受。

意外范畴与反预期"有语义功能上的交叉"，但两者间仍存在诸多

127

差异，并非等同关系或包含关系。不是所有的反预期都表示意外；意外可以是反预期的，也可以是非预期的。就二者经常出现的语法层次来看，反预期范畴会涉及篇章层面，而意外范畴主要在句子层面。（强星娜，2017：111）

二、反预期与转折

反预期与转折语义上也有相通之处。反预期是指新信息与预期相反，形式化表述为：预期为 A，现实（新信息）为非 A，新信息与预期为相反关系。转折的语用机制可以形式化地表述为：通常情形是"如果 A，那么 B"，新信息是"如果 A，那么非 B"，新信息与通常情况为相反关系。反预期与转折都具有相反关系，实际上二者仍存在很大的区别。

一方面，反预期是形成转折的语用机制之一，转折关系很大一部分是由于反预期造成的。这一点吕叔湘（1944/2014：340）曾作出说明，转折复句主要是"轶出预期"："凡是上下两事不谐和的，即所谓句意背决的，都属于转折句。所说不谐和或背决，多半是因为甲事在我们心中引起一种预期，而乙事却轶出这个预期。因此有甲事到乙事不是一贯的，其间有一转折。"例如：

（1）其妻问所与饮食者，则尽富贵也，而未尝有显者来。（孟子《离娄下》）

朗埃克（Longacre，1983：134）也曾指出，如果两命题小句不含相对或相反词项，但含有反预期成分，则形成转折。（谭方方，2016：49）尹洪波（2020）总结了四种预期偏离引发的转折复句：结果偏离、蕴含偏离、规约偏离和隐含偏离。实际上，以上四种情况都是违反社会常规预期造成的转折。分别举例如下：

（2）小明虽然学习刻苦，但是这次考试没及格。（尹洪波，2020 例）

（3）企鹅虽然是鸟，但不会飞。（尹洪波，2020 例）

（4）那个人是个和尚，可是他有老婆。（尹洪波，2020 例）

（5）这套房子很好，可是她没买。（尹洪波，2020 例）

另一方面，"并非所有的转折复句都与反预期表达存在必然联系"（张健军，2013：455）。亚辛斯卡（Jasínskajá，2012：1899）曾以"but"为例，总结了转折标记的三大功能：（1）语义对比（formal contrast or semantic opposition uses）；（2）论点争论（argumentative uses）；（3）反预期（denial of expectation uses）。例如：

（6）他个子高，但是我个子矮。

（7）尽管我打碎了一只妈妈喜欢的碗，但是我第一次把碗洗干净了。（百度搜索）

（8）是的，他虽然很高，但是没有我高。（谭方方，2016 例）

例（6）是转折复句，但前后分句是词义的相反对比构成的转折，并不存在预期与反预期关系。例（7）虽然是转折关系，但"打碎了一只妈妈喜欢的碗"和"我第一次把碗洗干净了"也不构成预期和反预期关系。只有例（8）存在预期和反预期关系。

此外，反预期的表达手段有很多，即使是以复句形式出现，也并不仅仅局限于转折复句这一种形式。例如：

（9）哥哥很高，但是弟弟不高。

（10）四个人愣了一下。不过他们马上看出这不是一个一般的老头子，而是一个习惯于发号施令、决策指挥的人，因为他的面部表情、手式、声调，都有一种慑人的气势。（张贤亮《灵与肉》）

（11）至于伯爵，即使一个霹雳打在他的脚下和深裂开在他的面前，也不能使他更惶惑了。（大仲马《基督山伯爵》）

复句形式中，反预期可以借用转折形式出现，如例（9）；也可以用非转折形式出现，如并列关系，如例（10）；或假设关系，如例（11）。

更不用说，反预期还可以通过词、构式、话语标记等多种形式出现。例如：

（12）哥哥并不比弟弟高。（反预期，非转折）

（13）他差点儿考上大学了。（反预期，非转折）

（14）我其实更想去北京。（反预期，非转折）

（15）别说，这个小馆子的菜挺好吃的。（反预期，非转折）

三、反预期与否定

反预期与否定有相关性。反预期与预期相反或偏离，或者说是对预期的否定。当预期为肯定时，反预期则表现为相应的否定形式。例如：

（1）他成绩很好，但没有考上大学。

（2）我以为她会来，谁知她没来。

当预期为否定时，反预期则表现为相应的肯定形式了。例如：

（3）他成绩那么差，竟然也考上大学了。

（4）我以为她不会来的，谁知她竟然来了。

此外，很多反预期表达手段本身就有否定意义或者含有否定意义的语素，例如"不料、没成想、没想到、想不到、殊不知、你不知道"等。

例如：

（5）我肯定他已经到院子里去了，不料10分钟以后我朝门道看了一眼，他竟然端坐在最高一级门阶上。（J.K.哲罗姆《智者谐话》）

（6）那几个住院的村民原先以为李乡长可能就是说着玩呢，没成想真把饺子给端来了，都挺感动的。（何申《年前年后》）

（7）忽然听见柳如是在旁边笑着说："哎，二位兄台一个劲儿争着夸圆老的文章，殊不知圆老的文章早已有口皆碑。"（刘斯奋《白门柳》）

（8）老清沉思了一下说："骡子，你们是办公事的人，我是个庄稼老土，按车牌，你家是十三号，我是十四号，这两天我也没见你家车出什么差，怎么就轮到我了？"海骡子笑着说："你不知道，今天早上才出了一趟差。去刘集。"（李準《黄河东流去》）

反预期与否定之间具有天然的关联：反预期即意味着对原来预期的完全或部分否定。

第四章 话语标记反预期表达手段研究

话语标记是有结构、有组织功能、对听者的理解起至关重要作用的口语表达式，除了对在局部连贯层次上起作用之外，还在话语的全部层次上起作用，可以对初期的话题、前一话题、后一话题，甚至对情景和以前没提过的交谈以外的知识起作用。（李咸菊，2008：8）话语标记具有表达情感的功能，因此是表达反预期的最佳方式之一。可以反映反预期的话语标记有很多，本章仅选取话语标记"你不知道"为研究对象。首先对"你不知道"进行共时功能描写，接着探讨互动、语体对否定形式话语标记"你不知道"使用的影响，然后介绍话语标记"你不知道"的话语模式、话语功能，以说明话语标记是如何表达反预期功能。由于篇幅较长，本章特辟三节加以说明。

第一节 "你不知道"共时研究

学界对肯定形式的"你知道"研究较多，如陶红印（2003）、刘丽艳（2006）、董秀芳（2007）、陈振宇（2009）等。但对否定形式"你不知道"的关注相对较少，现有研究主要集中在如下几个方面：一是"你不知道"话语标记性质及人际功能，如常玉钟（1993：148）指出"你不知道"具有"引起对方注意，然后告诉对方其所不知道的事实，使对方信服、接受自己的意见"。这一总结非常到位，但限于题材未能展开论述。二是关注"你不知道"的语用功能及历时演变，如黄江园（2013），周毕吉、李莹（2014），郭聪（2015），张彤（2015）等。但上述研究一方面过度泛化了话语标记"你不知道"的语用功能，如黄江园（2013：15-22）认为话语标记的"你不知道"具有强化或凸显某一信息、解释、预示转折、表达主观情感、警示等多种元语用功能、篇章衔接功能以及凸显语义焦点作用。另一方面，关于历时演变的分析也存在一些问题，如黄文认为话语标记的"你不知道"是由反问句的"你不知道……吗"演化而来的，这显然与反问句的功能不符。

关于"你不知道"，还有许多问题需要解决：第一，共时平面的"你不知道"的功能及特点比较。第二，负面认识范畴表达式"你不知道"的语体语用问题。第三，话语标记"你不知道"的核心功能、话语模式及互动影响。第四，话语标记"你不知道"的演变过程、演变机制与动因。限于篇幅，以上问题共分三节来分析。本节主要探讨第一个问题。

一、共时用法

现代汉语中，"你不知道"具有多种用法：否定知识状态、高量感叹标记和话语标记。"你不知道"最初是一个短语，由第二人称代词"你"和否定词"不"以及动词"知道"组成，是对知识状态的否定。"你不知道"的这一词汇意义依然保留，但同时衍生出了新的功能：高量感叹功能和提示注意的话语标记功能。

（一）否定知识状态

根据《现代汉语词典》（第7版，2016：1678），"知道"的意思是：对于事实或道理有认识；懂得。"你不知道"是临时组合，为主谓短语，否定听话人具有某种知识。其后可以有宾语出现；宾语可以是词或短语，也可以是句子；甚至是复句或句群。例如：

（1）你研究历史，你研究，研究音乐，你不知道历史，因为这里有很多观点。（《1982年北京话调查资料》）

（2）"那不行，你不知道他的脾气。湘湘，请走开吧！我要动手了。"（莫应丰《将军吟》）

（3）"……。你不知道人家有势力！"（李準《黄河东流去》）

（4）你不知道他们能不能再醒过来，把小费付给你。（弗兰克·迈考特《安琪拉的灰烬》）

（5）你不知道他是在询问你，还是在回答你。（玛格丽特·杜拉斯《副领事》）

陶红印（2003：294）指出"不知道""说明说话人缺乏某些方面的知识"，陈振宇（2009：27）也指出动词"知道"属于"具有知识"事件。此时的"你不知道"就是否定对方（你）具有某一知识，属于命题否定。"你不知道"否定的形式有两种：一种是整体否定，如上例（1）至例（5）。另一种为部分否定。否定的不是关于整个命题或事件的全部知识，而是与事件有关的部分知识，如事件的行为主体、地点、数量或方式等。部分否定时，句中多出现"谁""什么""哪里""多少""怎么"等特指疑问词。例如：

（6）"那个，你是决不会成功的。去见鬼吧！你不知道你的对手是谁！"（大仲马《基督山伯爵》）

（7）"可你不知道我原来是什么样。"司徒聪愤怒地说，"和那些电影上的戏子比，我当然是不如他们，但和我自己从前比——我好歹如今还有了点人模样。"（王朔《王朔作品集》）

（8）"怎么，你不知道哪里是你的老家？"（维克多·雨果《九三年》）

（9）"坐计程车回去就好了啊。""你不知道那要花多少钱吗？"（山本文绪《一切终将远去》）

（10）"这么说，你不知道莫德是怎么死的？"（阿尔弗莱德·希

区柯克《希区柯克悬念故事》）

上例中的"你不知道"是一个非固化的主谓短语，它是句子命题意义的组成部分，不能删除，删除后句子不合法或者句子的意思发生了变化。此外，这里的第二人称代词"你"可以换为其他代词，但"否定知识"的语义不变。我们把这种用法标记为"你不知道₁"。

"你不知道₁"及其宾语构成的句子可以是陈述句，也可以是疑问句。"你不知道₁"可以出现在句首，也可以出现在句末。例如：

（11）你不知道什么叫司法！（巴尔扎克《邦斯舅舅》）

（12）你不知道他是一个很能了解人情的细心人？（林徽因《梅真同他们》）

（13）我是时常在打拳的。舅舅，你不知道吗，蕴贞六婶在教我打拳？（郭沫若《南冠草》）

（14）苏苇又哭又笑地骂着："人家在跟你说爱你，你不知道吗？"（于晴《红苹果之恋》）

（15）"废话，今儿是星期天你不知道？"四叔撂下话筒，继续睡去。（1996年《人民日报》）

（二）高量感叹标记

"你不知道"可以否定程度，经常与程度词"多（么）"同现。例如：

（1）哎哟，你怎么讲得这么容易，你不知道多困难。（宋琦《促进》）

（2）南丽说："你不知道他们有多忙啊，你们怎么就不知道如今的小孩有多忙啊？双休日都在上课，被关在里面，哪有时间出来。"（鲁引弓《小舍得》）

（3）我恨我自己！你不知道有多恨！（琼瑶《聚散两依依》）

此时"你不知道"是语义否定，否定听话人的关于某种程度的认知上限。如例（1）否定的是"困难的上限"。

"你不知道……多（多么）AP"还可以表示极量感叹，相当于"太……了"。例如：

（4）"你不知道他的话有那么多！对他说'不'简直是白说吗！逼得我没有法子！"（张爱玲《创世纪》）

（5）"留学也很好嘛！不过抗战胜利了，你可以到北平上大学。你不知道北平有多好！从地理环境上讲其实也是一个坝子，四面有山环绕，从住的人来说，到处是学生，好像到处有读书声他们隔着煤油箱默然相对。"（宗璞《东藏记》）

（6）"这你都看出来了?！你不知道那个藕有多难切！"（BCC"对话"语料库）

（7）"你不知道你的脚多臭啊!!!过分!"（BCC"对话"语料库）

（8）有人好奇地问："咋白?"孙布袋说："你不知道有多白，跟细粉样!"（李佩甫《羊的门》）

例（4）"你不知道他的话有那么多！"相当于"他的话太多了"，例（5）"你不知道北平有多好"相当于"北平太好了"，例（6）"你不知道那个藕有多难切！"相当于"那个藕太难切了"。

此时，"你不知道"也是完句的必有成分，不能删除。同时，第二人称代词"你"不能换成第一人称代词"我"或第三人称代词"他"。若换为其他人称代词后，该句式不再表示"高量感叹"，而是第一种情况——"否定认知"了。试比较：

（9）a. 你不知道那儿有多美。（感叹）

b. 我不知道那儿有多美。（否定知识）

c. 他不知道那儿有多美。（否定知识）

"极量感叹"意义在形式上也有所体现：一是"你不知道＋多么AP"句末经常使用感叹号，如例（4）至例（7）；或有感叹语气词"啊"出现，如例（7）；二是句子的重音一般在"多（么）"上。

"你不知道……多（多么）AP……"表示极量感叹与否定"不知道"密切有关。太田辰夫（2003：282）曾这么推测："'多'表感叹大约是由表疑问的发展而来的。但是还找不到直到清代为止的例子，所以无法知道其详细情况。说不定是'多'用在'不知'的例子中，而成为表感叹用法的开端。……'多么'是疑问、感叹两用的副词。大约是'么'这个后缀放在'多'后面而产生的，但例子非常少，所以详情不知。"例如：

（10）你大概也不知道你小大师傅的少林拳有多么霸道！（太田辰夫，2003例）

我们赞成太田辰夫先生的观点。由否定程度到极致感叹，这其实是语用推理的结果："你不知道它有多美"，说话人否定听话人关于某一认知的上限，上限即终点，"你不知道""某一程度的上限"即"你不知道某一程度的终点"，此时，说话人向听话人发出一个招请推理（invited inference）。（详见沈家煊，2004a、2004b）招请推理是说话人利用"不过量准则"招引或邀请听话人来进行推理：那个性状程度高到你不知道的程度，那么你可以想象这个程度有多高了。"单就语义本身来看，从终点义到极致义，应该是语义发展的一种普遍途径。"（宗守云，2014：310）综上，"你不知道……多（多么）AP……"可以看作极量（至少是高量）

表达构式。我们把"你不知道"的这种用法标记为"你不知道₂"。

一旦语用固化为高量感叹后，语义对该格式的后半段要求不再严格，即不局限于"多（么）"这一个词，换上其他词语后依然可以表示高量感叹。例如：

（11）B：你这，早接去半年，影响很大的，你不知道带一个小孩，花好多精力。

A1：对。（34_0766 LDC）

（12）"母亲，归期到了，快领我们回来。你不知道儿们如何的想念你！母亲！我们要回来，母亲！"（《读书》）

其后有疑问语气词也不影响极量感叹功能。例如：

（13）"大哥你不知道宿舍暖气有多旺么！！！热哭了。"（BCC"对话"语料库）

"你不知道₂"位置相对"你不知道₁"灵活一些：多在句首出现，也可以作为插入语出现在主谓之间。例如：

（14）他你不知道有多爱干净。（BCC 学生作文《楚汉相争》）

只是这种用例语料库中极为少见，少见的原因与该用法的偏口语化也不无关系。

现代汉语中，否定形式表示高量感叹并非"你不知道"一例。除"你不知道"之外，还有"别（甭）提……了""（X 就）不用说了"等。例如：

（15）在桂花林里散步，别提多香了。（吕叔湘，1980/1999 例）

（16）张富贵枯木逢春，老枝发新芽，那欢喜劲就不用说了。
（王晓辉、池昌海，2014 例）

吕叔湘（1980/1999: 60、69）《现代汉语八百词》已经注意到这一现象：习用语"甭提"的意思是"不必说"，后面用"（有＋）多＋形"，表示程度高，难以形容。而"别提"表示程度很深，不用细说，含夸张语气，句尾必带"了"：（a）"别提＋多＋形／动＋了"；（b）用于句末，前面是感叹词语。王晓辉、池昌海（2014: 198）也指出："X就不用说了"主要传达"说话人对 X 所显示的性状程度之高的主观评价"。

（三）话语标记

"你不知道"还有更加固化的用法：主要出现在对话的应答语中，位置相对固定，对话中的"你不知道"一般在话语前面出现，后面有语音停顿，也可在话语中间出现。例如：

（1）拉拉回到家已经晚上十点多了，她累得进门就一头栽到沙发上。王伟赶紧泡好茶递过来，又问她："怎么累成这样？以前你装修加班比这晚多了，我也没见你这样呀？"拉拉支起身子气急败坏地和王伟说起李卫东的那一番对话，末了，她长叹一声道："你不知道，他不停地问，我都转身走了，他还跟在我旁边追着问，简直是折磨我呀！"（李可《杜拉拉升职记》）

（2）太太说："那她现在又教给你，对你的发展不也挺好的。"周亮叹气道："累倒不怕，就是压力太大。你不知道，最近每次和她谈下来，我都累得像做学生时刚参加了一场期末考试。"（李可《杜拉拉升职记》）

非对话中的"你不知道"多在话语中间出现，这种用例较为少见。例如：

（3）王晴拿上她的小皮包，冲我父亲一笑就走了，临走时要我给她打电话。当时我就担心她会笑，你不知道，她一笑，眼角全是皱纹。（朱文《我爱美元》）

此时的"你不知道"自身内部结构紧密，不允许停顿，能扩展，没有具体的概念意义，它的有无不影响语句命题的真值条件；语音上也具有可识别性：其后多有语音停顿，或者伴以语气词出现，语气词一般为"啊""呀""哇"等。例如：

（4）诶你不知道，白菜三块钱一斤啊。（54_0844 LDC）

（5）"你坐下，歇歇腿儿！姜糖水这就得。""不啦不啦。我还得赶紧找金枝去……"张全义边走边说，"你不知道，金家大宅院里乱了营啦！"（陈建功、赵大年《皇城根》）

（6）蜜蜂总埋怨："你也太封闭了，总在自己的网里呆着，能不能上上外网和外面的蜘蛛交流交流啊。"蜘蛛叹口气："唉，你不知道啊，公司限制了，实在是不能上外网啊！"（《动物笑话大全》）

（7）夏淑吉：何必一定要她嫁给你，你才到南方去呢？

王聚星：你不知道呀，我离开了她，恐怕就活不下去，而且我还怕她早晚会当尼姑。（郭沫若《南冠草》）

（8）小公鸡谢绝了他们的盛意："……咦？你们今天怎么想起要开音乐会呢？"一只阔嘴巴青蛙抢着说："你不知道哇，我们光靠肺部呼吸不够，还得让皮肤帮忙才行。这会儿，空气里的水汽很多，我们的皮肤湿漉漉的，可舒服啦，大家开心啊，就在一起唱唱歌，

逮逮虫子。"(《下雨之前》)

其句法环境可以描写为：S₁；你不知道，S₂。S₁ 和 S₂ 可以分属交际双方的话语，如例（4）至例（7）。亦可独属于说话人一方。例如：

（9）她在咕哝："路吟，你不要怕，什么也不要怕，我把一切都安排好了。这个夜晚也许是我们的第一个夜晚。你看，这是你的过错，本来用不着这样。我的'小丈夫'，我的好孩子。也许你不知道，我躲过了多少关头，我为你才守身如玉的。也许你不信，不过我至今还是一个干干净净的人。我想让你明白，我永远没有违背自己的誓言。我也想让你明白，你跑不掉的，你一生一世都是我的人。"(张炜《你在高原》)

我们把这种用法记作"你不知道₃"。"你不知道₃"与"否定知识"的"你不知道₁"以及表示"高量感叹"的"你不知道₂"作用有所不同："你不知道"可以删除，删除后对语句的语义没有影响。黄江园（2013），周毕吉、李莹（2014）等指出"你不知道"已演化为话语标记，常玉钟（1993），周毕吉、李莹（2014）等认为"你不知道₃"的作用是提醒听话人的注意。我们赞同上述看法，"你不知道₃"为话语标记，主要作用是提示听话人注意，以更好地接受其后的信息。具体另文分析。

二、三种用法比较

在现代汉语共时平面中，三种不同用法的"你不知道"同时存在，但有使用频率的差异。据"语料库在线"及口语语料库（LDC）调查，三种不同用法的"你不知道"的使用频率存在很大差异：否定用法和话语标记用法基本持平，感叹用法较少。具体见表 4.1 与表 4.2。

表 4.1 "语料库在线"中"你不知道"三种用法的频率统计

功　能	频率（次）	百分比（%）
否定用法	42	46.7
感叹用法	10	11.1
话语标记用法	38	42.2
总　计	90	100

表 4.2　LDC 中"你不知道"三种用法的频率统计

功　能	频率（次）	百分比（%）
否定用法	3	42.9
感叹用法	1	14.2
话语标记用法	3	42.9
总　计	7	100

除了使用频率之外，三种在句法、语义和语用等方面也存在不同，详见表 4.3。

表 4.3　三种"你不知道"用法的区别

	你不知道$_1$	你不知道$_2$	你不知道$_3$
代词主语	三称代词	第二人称代词	第二人称代词
句法特点	不可删除 可带各种宾语 疑问词不限	不可删除 "多/多么"共现	可删除 引出句子
话语位置	不限	发话话轮、答话话轮	答话话轮
否定内容	句内否定 否定知识	句内否定 否定程度	句外否定 否定预期
功能	断言	感叹	提请注意
主观性	客观，判断	主观，感叹	主观，交际提示
隶属	句法的	语用的	语用互动的

三、结语

现代汉语中"你不知道"有三种共时用法：一是否定知识的非固化搭配，二是表示极量感叹的功能，三是提示听话人注意的话语标记功能。三种用法的使用频率存在不同，句法功能、否定对象、性质等各方面也有不同。"你不知道$_1$"为临时组合，可带宾语，且宾语类型比较自由。"你不知道$_2$"表示极量感叹，常与"多（多么）AP"一起出现，表达"太 A 了"高程度主观评价。"你不知道$_3$"已演变为话语标记，具有提示听话人注意的功能。

第二节　负面认识范畴表达式的语体语用研究： "你不知道"及相关问题[①]

近年来，汉语语法学界关于话语标记的研究方兴未艾，各类文章层出不穷，形成了语法研究中一个值得关注的良好态势（谢世坚，2009；鲜丽霞、李月炯，2015）。例如，跟"知道"相关的话语标记的研究论著就有十数篇之多（如陶红印，2003；刘丽艳，2006；陈振宇，2009；黄江园，2013；周毕吉、李莹，2014；郭聪，2015；胡建锋，2015 等）。但是仔细考察各家的论述，可以看到所用方法和结论并不完全一致。例如，陶红印（2003：299）发现：在交际中，"第二人称＋知道"的非否定形式（75%）远远高于其否定形式，并指出这一现象可以利用经典语用学的礼貌原则（Brown and Levinson，1987）加以解释：如果说话人判定听话人缺乏某种知识（即负面认识范畴）而

---

① 本节由刘焱与美国加州大学洛杉矶分校陶红印教授合作完成，以同名发表于方梅、曹秀玲主编的《互动语言学与汉语研究》（第二辑），2018 年。

且又以明确的否定陈述句说出来（如"你不知道"），有可能违反谈话的礼貌原则。然而大多后续论著在讨论"你不知道"的固化结构与语用意义时，并不考虑这方面的限制。如黄江园（2013），周毕吉、李莹（2014）等指出"你不知道"与"你知道"类似，已演化为话语标记。郭聪（2015）则认为"你不知道"有三种语用功能：（1）强化或凸显某一信息；（2）预示转折；（3）表明发话者主观感情。这些论著给人的印象是，"你不知道"与"你知道"地位相似，在话语中不一定受到陶红印（2003）指出的互动交际（即礼貌原则方面的）限制，至少这类限制在文章中没有作为一个值得关注的议题而加以深入探讨。与此相关的一个现象是，绝大多数研究都是使用大型语料库如北京大学 CCL 语料库探讨话语标记的类型及发展变化。[①] 这不禁让我们关注这样一个问题：话语材料的选择和研究结论之间是否有某种联系？如果有，这些联系如何？

　　本节将会说明，当前有关话语标记的研究受语体材料选择的影响极大。我们认为，"你不知道"这个表达负面认识范畴的格式可以用来很好地说明这种现象。

一、基本概念与语料库分布

　　关于认识立场与传信的话题在篇章语言学中一直被看成一个关涉语法语用的核心问题（Lyons，1981；Chafe and Nichols，1986；张伯江，1997）。最近 20 多年间有关认识立场和传信方面的研究已经从语言学领域扩大到社会学等领域（Stivers et al.，2011；Heritage，2012）。其中有关正面和负面认识立场（negative epistemicity）的表达尤其引起研究者的重视。这里所说的认识立场表达（expression of epistemicity）与对知

---

① 一个基于语体但是从计算语言学的角度考察话语标记的研究是孟晓亮、侯敏（2009）。

识的掌握（territory of knowledge）本身没有绝对关系（Heritage，2012；Lindstrom et al.，2016）。因此即使说话人可能具有某种知识也可以在交谈中以不确定的语言形式表达出来。这一点已经被多种语言的研究所证实。《语用学杂志》2016 年出版一期专刊，集中讨论跨语言中的负面认识立场表达式：在所有基于真实话语的研究中，第一人称否定式"我不知道"都是占绝对优势（参见拜比 / 沙因曼〔Bybee/Scheibman，1999〕有关英语的研究；基瓦利克〔Keevallik，2016〕关于爱沙尼亚语〔Estonian〕的研究；劳里 / 海拉斯武奥〔Laury/Helasvuo，2016〕有关芬兰语的研究；德尔格〔Doehler，2016〕有关法语的研究）。对第二人称的研究没有对第一人称的研究那么广泛深入，这应该跟第二人称的特殊性有关（参见 Biq〔1991〕对汉语以及勒纳〔Lerner，1996〕从会话分析方面对英语第二人称现象的探讨）。一般来说，第一人称是表达说话人的个人主观视点和立场，符合谈话的常态。而第二人称涉及听话人，因此具有更强的敏感性，也就是陶红印（2003）所描述的语用限制。从这个方面看，"你不知道"作为一个表达负面认识范畴的格式在话语中受到更多的限制是可以期待的现象。

陶红印（2003）在一个约 10 万词的自然谈话语料库中得到如下有关否定形式的数据，见表 4.4。

表 4.4　自然谈话语料库中总体数据 [①]

	+否定		−否定		总数及百分比	
表层主语单数第一人称	23	64%	13	36%	36	100%
隐含主语单数第一人称	32	89%	4	11%	36	100%
第一人称复数	1	100%	0	—	1	100%

---

① 该组数据引自陶红印（2003：293），表头排序接上文重修排序。

	＋否定		－否定		总数及百分比	
第二人称	**6**	**25%**	**18**	**75%**	**24**	**100%**
第三人称	6	40%	9	60%	15	100%
其他	0	—	5	100%	5	100%
总数	68	58%	49	42%	117	100%

表 4.4 中的数据指的是所有主语和否定形式的组合，例如第二人称的 25% 为否定，75% 为非否定。这些数据显示了不同人称在否定肯定结构中出现的整体趋势，但没有仔细考虑组合的语用性质。本研究更关注的是已经固化的用法。这里所说的固化用法亦即一般所谓的话语标记用法，指的是偏离了正常语义所指的交谈中的互动用法，通常其语音语法形式相对简略，用法一般比较独立（如例 1），目的并不专注于听话人是否真正具有一定知识。而非固化用法则着重于听话人的认识状态，句法上相对不独立（如例 2）。

（1）和平：我这是挨哪儿啊？……你们都干什么呢？……

志 国：哎，你不知道，你昨儿晚上死过去啦，我们这儿……正给你准备后事呐！（《我爱我家》）

（2）得叫老祖……哎，说着眼么前的事，怎么提起老祖宗来了……啊圆圆，你不知道你的缺点，那我就给你提一条，自由散漫，承认不？（《我爱我家》）

为了更全面地了解语体类型对固化类用法的影响，我们选择了三种不同的语体来调查"你不知道"的使用情况。这三种语体分布为：（a）日常自然口语，统计对象为 LDC 电话会话语料库；（b）戏剧／影视，统计对象为口语化较强的室内情景喜剧《我爱我家》；（c）小说，统计对

象为王朔小说。下面分别给出不同语体语料库的检索数据。常态频率
（normed frequency）以百万词为计算单位。

（一）日常自然口语

我们以 LDC 电话会话语料库为调查对象（Canavan Alexandra and
Zipperlen，1996），其中的 CallHome 语料库收集了 100 篇共计 23 万词的
电话会话。

表 4.5　LDC 中"你不知道"的分布情况

语料库	总词数	总频次	常态频率
LDC 电话会话	230 000	4	17.4

（二）戏剧 / 影视

统计对象为《我爱我家》影视剧的转写材料。

表 4.6　影视剧中"你不知道"的分布情况

语体	总词数	总频次	你不知道	您不知道	你是不知道	常态频率
影视口语	370 596	14	5	6	3	37.8

（三）小说

我们以王朔的多部中短篇小说为考察对象。

表 4.7　小说体用例情况

语体	总词数	总频次	你不知道	您不知道	常态频率
小说	656 015	34	33	1	51.8

二、"你不知道"的使用趋势

观察上述统计数字中的常态频率，可以看到"你不知道"在不同语
体中的分布有明显的差异。总体趋势为：小说类高于影视表演，自然口
语最低，即口语会话＜影视表演＜小说。下面我们首先讨论口语体内部

的区别，然后讨论书面语（小说体）的使用情况。

（一）自然对话与影视表演

影视对白中，"你不知道"的使用频率高于自然口语的对话。这里的原因应该不难理解。依照陶红印（2003）的说法，自然对话受到礼貌原则的影响，因此一般会避免使用负面认识表达式。而影视剧，尤其是情景喜剧，为了追求喜剧效果，往往打破一些自然对话中的禁忌，并不严格遵守礼貌原则。例如《我爱我家》中的下述对话：

（1）志国：爸，您还是没弄明白，要说做思想工作，我不在您以下，现在的问题是……

小凡：大哥，长痛不如短痛，你就下决心吧！

志国：你是说干脆离了它，我倒是也这么想过……

傅老：啊呸！我是说干脆彻底坦白交待，这样，那匿名电话不就不起作用了？

志国：问题是你不知道我那些信写的……有些内容绝对不能坦白，那一坦白就非离婚不可了。(《我爱我家》)

（2）胡三：没听说家乡女青年这么耐（爱）戴您呢？

志新：是啊，我也纳闷我没做什么呀？哎你不知道那场面那阵式，就跟我坐一趟飞机香港那刘德华连他都看傻了。(《我爱我家》)

例（1）中，志国是傅老的儿子，却使用了"你不知道"。这和第一句中的"您还是没弄明白，要说做思想工作，我不在您以下"等效果是一样的，目的是达到调侃傅老的喜剧效果。

在《我爱我家》中，"你不知道"共出现5次，其中上（含社会地位、辈分、年龄等，下同）对下0次，下对上是1次。另外5次出现在平辈的谈话中。下对上在使用不礼貌用语"你不知道"时的次数反而超过了上对下的次数。

电话会话中的个别例子出现在关系非常亲近的谈话人之间，而且在用到这种负面结构时，贬低的并不是对方，而是说话人自己或跟自己相关的事物。例如：

（3）B：也听说，我们这边儿也涨了，好厉害。

　　　A：诶你不知道，白菜三块钱一斤啊。

　　　大米一块（54_0844 LDC）

（4）A：呀，今天就甭看书了，看什么呀？

　　　B：（（　　））你不知道，我现在，我（（哦））记性也不行，

有（（的））（60_0861 LDC）

在第（3）例中，说话人似乎在抱怨对方不了解情况，但实际上抱怨的对象是自己这一带的物价之高。而在第（4）例中，说话人更是直接抱怨自己的记忆力的下降。因此大的语境冲淡或改变了因负面认识范畴表达式带来的可能的负面面子（negative face）因素。

（二）书面小说语体用法最多

"你不知道"在三种语体中以书面语小说比例最高。一方面，文学类作品有大量的对话或独白，使得这种语体比较接近自然口语；另一方面，小说体毕竟是作家用文学的形式对生活的再现，需要有戏剧化的效果，因此打破常规用法、制造更强的故事性效果也是可以预期的。

具体来说，小说语体用法最多体现在两个方面：一是比例高，二是类型多。就类型而言，我们发现小说对话在用到负面认识范畴表达式时有下述两个特点。

带有强烈的感情色彩：

（1）吴胖子拉架，"安佳呢，的确有苦衷，方言呢，也是大义凛然烈火金钢"。

　　"你不知道，"安佳泣诉，"我们家除了孩子还能一天三顿，剩下总共五顿饭，我们俩就得抢，谁动作慢点，有一顿就得抗着……"（王朔《一点正经没有》）

　　（2）"肉烧得稀烂，又拼命放酱油，咸死人吃不惯。"

　　"你不知道呢，我们北方的猪是吃屎长大的。"

　　"哇！"

　　"连我也不爱吃……"（王朔《橡皮人》）

　　（3）石静也破涕为笑："吴姗你不知道，这人就这德行，从来不认错，千载难逢检讨一回还得找出各种客观原因，最后把自己弄得跟受害者似的。"

　　"你也是好脾气，换我，岂能容他？"（王朔《永失吾爱》）

上述例子中的"泣诉"（例1）、"破涕为笑"（例3）以及"哇"（例2）等都显示了强烈的感情色彩。

出现在谴责性强的语境中：

　　（4）高晋根本不听我说的话，扬手叫那个女招待过来："你是哪儿来的？实习的吧？你的服务号是多少？"

　　女招待是个很年轻的女孩子，脸飞红，低着头不吭声。

　　我连连对高晋说："算了算了，何必呢，让她走来，我没事。"

　　"不不，你不知道，我这饭店设备是一流的，可服务质量就是上不去，干着急。"（王朔《玩的就是心跳》）

文中的语境是实习生服务员招待客人的失误引来饭店老板的谴责。

　　（5）"你见着燕生没有？这小子跑哪儿去了？"

　　"不知道。""李白玲呢？""不知道，喝酒，喝酒吧。"我自斟自饮。"这两个狗东西茨阴，把咱们全涮了，你还不知道吧？"

"不知道。"

"瞧你那窝囊样你也不知道，叫人卖了也不知道哪儿使钱去……。"（王朔《血色浪漫》）

由于对方连续说了几个"不知道"，显示出知识和信息的贫乏及缺少主见，小说中的主人公以调侃的语气以及疑问和陈述句式说出几个"你还/也不知道"，以表达对对方的调侃和轻侮。

综上所述，在三类口语体（含模仿口语的小说语体）中，越是真实自然的对话负面认识范畴表达式的使用比例越低，证实了陶红印（2003）基于面对面的对话所描述的规律。戏剧化越强、故事性程度要求越高的语体使用负面认识表达式的环境就越宽松或者期待性就越高。

三、影响"你不知道"使用的诸因素

尽管上文已经说明，作为限制较多的负面认识范畴表达式"你不知道"在某些环境下可以而且期待被使用，但是在具体使用中还会受到很多的限制。下面我们描述在语料中观察到的一些主要限制。为了更好地说明这个问题，我们在材料利用上参考了更多的类似的语料（即同为室内情景喜剧的《编辑部的故事》、《东北一家人》以及《武林外传》）。

（一）交际双方的地位、辈分和年龄

根据我们观察到的语料，影响"你不知道"使用的诸多因素中，最主要的是交际双方的社会地位、辈分以及年龄差距。在《我爱我家》中，晚辈跟长辈说话时，使用的经常是第二人称敬语的"您不知道"。例如：

（1）和平：就这还哪儿都挺好的？告诉我是怎么回事啊？我，我保证不给你传去，我就好打听个新鲜事物的。

患者2：大夫，您是不知道啊，我先生，他见着女的就勾搭。（《我爱我家》）

（2）志国：（起）什么？和平，这么大事你怎么不先跟我商量商量啊你，爸，那老太太要一来，<u>您不知道</u>咱家可就热闹了。（《我爱我家》）

例（1）中，"患者"误以为"和平"是医生，故也使用敬称形式"您不知道"。例（2）儿子志国跟父亲傅老说话时，一般使用的也是敬称的形式，个别情况下不用（参见148页例〔1〕）。相反，社会地位高的、辈分高的、年龄大的人则不需要使用敬语形式。例如：

（3）陈：小余，小余，行了，别难过了，牛大姐对你也是一番好意，怕你犯错误。

牛：是啊，是啊。哎，我真是好意呀。小余，<u>你是不知道</u>，现在抓廉政抓的多紧啊，这平常不犯事儿，可是节骨眼儿上不留神就成了老虎。你们年轻人不知道。（王朔《编辑部的故事》）

例（3）来自室内情景喜剧《编辑部的故事》，其中，"牛"是编辑部资历很老的女编辑，常常倚老卖老，跟"小余"（其实二人年龄差不多大）说话时，不仅不使用敬称，还使用了语气词"是"来强调"你不知道"。[①]

（二）交际双方的熟悉度

交际双方的熟悉度也决定着"你不知道"的使用频率。交际双方关系越亲密、越熟悉时，使用的频率就越高。例如：

---

① 当然，敬语的使用也与地域密切有关。有意思的是，同为室内情景喜剧，由于编剧和演员的出生地的不同，在使用"你不知道"时也略有不同：北京话里第二人称尊称"您"使用较为广泛，且不严格拘泥于社会地位及辈分、年龄的差异。在编辑和演员多为北京籍的影视剧《我爱我家》中，剧中人物在跟长辈和尊位的人说话时，绝大多数使用敬称形式的"您不知道"，而在我们观察到的编辑为非北京籍、演员以非北京籍居多的影视剧《武林外传》中，剧中人物对辈分、地位等的界限则不那么分明，不管是上对下还是下对上，都使用非敬称形式的"你不知道"。

（1）小晴：最好不要动这样的念头，如今表姑父也这样一把年纪了，说出去也是德高望重，这种事情，还是不要搞那么清楚吧，咱们还是把它藏在心里算了。

志新：你不知道我这人心里搁不住事儿么，不行，非得给它弄明白了。(《我爱我家》)

例（1）中，志新想和小晴建立恋爱关系，二人关系比较亲密。当双方关系非常亲密时，还会使用礼貌程度更低的否定形式。例如：

（2）牛小玲："不就是个同学会嘛。至于兴奋成这样，谁又不是没参加过同学会。"

牛继红说："你知道啥呀，你知道这次同学会是谁发起的？侯超群呀。"(《东北一家人》)

例（2）来自情景喜剧《东北一家人》，其中，牛继红是姐姐，牛小玲是妹妹，姐姐跟妹妹说话时使用了更加不礼貌的否定形式"你知道啥呀"。

（三）说话人的性格、自我定位

社会地位、辈分、年龄等差异是交际双方在使用"你不知道"时需要考虑的重要因素，但并不意味着这是绝对规律，还受到说话人性格的影响以及自我身份认同的程度。当说话人的性格比较粗放，自我认同感较强，或者情绪激动时，可能会无视社会地位、年龄、亲密度等方面的悬殊，而使用"你不知道"。上述148页例（1）中我们已经看到志国在争执时对父亲从"您"换到"你"。其他类型的例子如：

（1）戈：诶，可是我们白等这么半天了，你怎么了，你？……

  经理：<u>您不知道</u>，那个前些日子也来过一个导演。……说，这个导演呢，也有记者证，跟您一样。诶，一点儿瞎话都没憋。(《编辑部的故事》)

  （2）贾：SOS！SOS！SOS！

   李：诶，你学过几天英语？他这急事白咧地喊什么呢？

   贾：<u>你这个都不知道</u>，SOS 那是全地球通用的求救信号，嘿，你们还是编辑部的！(《编辑部的故事》)

  例（1）中，"戈"是有记者证的编辑，"经理"是演艺公司的经理。记者有"无冕之王"之称，因此经理在跟戈玲他们说话时，也使用了第二人称敬称。有意思的是，同样是面对有记者证的编辑部记者，例（2）中，"贾"的态度与之前"经理"的毕恭毕敬完全不同，他完全不把记者放在眼里，使用了更加不礼貌的第二人称否定形式"你这个都不知道"。这一规律在《我爱我家》中也有体现：

  （3）小凡：慌什么？一个二混子就把你们吓成这个样子？

   小张：小凡姐<u>你是不知道</u>，我一星期买了两次面粉愣是不够吃！(《我爱我家》)

  例（3）中，"小张"是"小凡"家的保姆，但小张认为自己是"家政服务员"，"家政服务员"也是一种工作，此时他跟小凡说话时使用的不是敬称形式的"您不知道"，而是"你是不知道"。

  可见，即使是在可以或期待使用负面认识范畴表达式时，也有诸多人际互动因素，尤其是需要考虑和当前互动需要有关的因素。

四、特殊语体

  在结束讨论前，我们打算补充一些特殊材料，作为对上文讨论的补充。这里的特殊语料指的是标题语言中的"你不知道"。我们对中国知网的检索（2017 年 9 月 29 日检索结果）发现，含"你不知道"的期刊文章标题有 4 051 条，其中除了 2 条为语言学研究论文（周毕吉、李莹，2014 及郭聪，2015），其他全部为一般非学术期刊文章标题。抽样考察这些标题发现，大多数标题呈现如下格式：

第一，"你不知道的NP"。例如：

（1）你不知道的犬只收容中心（《宠物世界》〔狗迷〕）

你不知道的变色龙（小哥白尼《野生动物画报》）

你不知道的陕西名胜古迹篇（三）(《少年月刊》)

你不知道的血液秘密（《军事文摘》）

第二，"（关于）NP_1，你不知道的NP_2"。其中NP_1指代一个大范畴或大话题，NP_2是和NP_1相关的小范畴或具体方面，经常以"事"出现。例如：

（2）古巴导弹危机：你不知道的惊天内幕（《书屋》）

铁壶收藏：你不知道的热度（《宁夏画报》〔时政版〕）

病毒，你不知道的那点事（《时事报告》〔小学生版〕）

关于机器人，你不知道的 6 件事（《军工文化》）

与海做伴，你不知道的事（《解放军生活》）

游戏里你不知道的事儿（《电子竞技》）

入户门——你不知道的事（《建筑工人》）

第三，其他。例如：

（3）有些幸福，你不知道（《思维与智慧》）

你不知道古城灵武有多美（《宁夏画报》〔时政版〕）

北方护航两会，你不知道的事有哪些？（《运输经理世界》）

技术最好的外科医生竟然不是人，你不知道吧？（《中国机电工业》）

期刊文章标题大量使用似乎是属于高度口语化的"你不知道"格式是一种有趣的现象。这种现象至少说明了下面三个问题。第一，这些用法认证了我们上文所提出的论点：越是戏剧化程度高、故事性强的语体，越容忍或期待这种格式的使用。尽管期刊文章并非戏剧或小说，但是期刊文章的标题（尤其是流行性、知识性强的期刊的文章标题），一般会尽量制造一种读者在某个方面"知识欠缺"的印象来引起读者的注意力和好奇心，可看作"戏剧化"和"故事性"的另一种体现。同时，这个格式中的第二人称"你"当然也是能最直接与读者互动的手段。第二，从礼貌原则的角度看，这里期刊文章的作者和编者竭力营造的读者在某个方面"知识欠缺"的印象，貌似对读者有所冒犯，其实是大可容忍的。因为这些期刊一般属于知识性的，读者订阅期刊或浏览其中的文章也自然应该假定自己可以从中学到一些知识，因此不会轻易感到被作者或编者"冒犯"。最后，上述例（1）至例（3）中的固定格式显示，标题语言是一种独特的语体（尹世超，2001），尽管"你不知道"已经独立成为固化结构，进入标题语言后还可以形成更大的固化格式。可见语言的格式化也是一个动态发展、受交际语境影响的浮现过程。

五、结语

本节开头我们指出，近年来越来越多的学者投入话语标记的研究，而且大多能以相当规模的语料库为基础，这是值得称道的。但是一个不得不指出的现象是，由于语料库本身设计的问题或研究者缺乏严格的语体观念，得到的结论难免有所偏颇（类似的看法参见鲜丽霞、李月炯，

2015）。就"知道"类的研究而言，多数研究以小说体语料为主要材料，常常无意识地把小说体中发现的规律看成口语的一般状况。而我们这里的研究以及陶红印（2003），陶红印、刘娅琼（2010a、2010b）等的研究表明，日常生活中出现的自然对话与模拟自然对话的各类文学形式中所呈现的对话有系统的不同。如果不把这些对立及其背后的语用原则考虑进去，得出的结论常常是有限甚至是带有误导性的。因此就我们在本节开头所提出的问题而言：话语材料的选择和研究结论之间是否有某种联系？如果有，这些联系如何？答案应该是很明显的，当前有关话语标记的研究受语体材料选择的影响极大。正如语法研究需要从根本上借助于语体的视点一样（陶红印，1999；方梅，2007；张伯江，2007），对口语现象的全面深入的理解更必须建立在严格的语体分类的基础之上。我们就"你不知道"这个表达负面认识范畴的格式的研究表明，一方面必须严格区别诸如自然口语和小说影视表演口语的差异，另一方面也可以利用在不同类型的口语体或类似口语体的书面语中观察到的规律帮助我们扩大对语体语法考察的范围（如标题语言），以期能够更全面、更准确地考察语言形式的功能和意义。

第三节　"你不知道"话语场景、功能及互动影响[①]

刘焱、陶红印（2018）指出：从语用原则而言，"你不知道"作为一个表达负面认识范畴的格式在话语中受到更多的限制是可以期待的现象。但实际上，否定形式的"你不知道"在自然口语中（虽然自然口语

[①] 本节由刘焱以《话语标记"你不知道"的话语模式、功能及获得途径》为题发表于《池州学院学报》2023年第5期。收入本书时有较大改动。

语料库中用例较少）、影视 / 戏剧、文学作品仍有大量使用。互动语言学认为，语言的结构及其运用是互动语境的必然结果。基于此，本节主要描写话语标记"你不知道"出现的话语场景、核心功能，同时探讨互动是如何影响其运用的。

一、话语场景

（一）话语场景

话语标记"你不知道"的用法有两种：一种是用于对话中，另一种是非对话中。其中，出现在对话中的"你不知道"又有两种用法：第一种用法是，说话人对听话人的话语或反应进行回应。[①] 例如：

（1）燕西十分不快，板着脸道："你为什么冤我？"金荣道："你不知道，在路上你瞧着人家车子的时候，人家已经生气了。我怕再跟下去，要闹出乱子来呢。"（张恨水《金粉世家》）

（2）这位老会计谈起各地见闻，津津有味，而我却越听越迷惑不解——为追索区区欠款，应该这样花公家的钱么？她见我无法理解的神情，笑着说："你不知道，我那口子是人事科长。单位领导见我快退休了，有意照顾呗！"（1995 年《人民日报》）

例（1）中，说话人"金荣"使用"你不知道"是对听话人燕西"你为什么冤我"这一提问的反应，例（2）中说话人"老会计"使用"你不知道"是对听话人"我""无法理解的神情"的反应。

第二种用法是，对话语境中，说话人对自己的话语而非听话人的某

---

① 在对话中，"说话人"与"听话人"的身份是及时互换的。这里所谓的"说话人"与"听话人"是特别界定的："你不知道"的说者为"说话人"，听者为"听话人"。

些言行做出反应——给出解释。例如：

（3）卜希霖：（急忙去拿信，递给栗晚成）不要再难过！走吧！
我带你去领款！招呼他们给你买飞机票。<u>你不知道</u>！有的干部多么
官僚主义！我带你去才能马上办好一切！走！（老舍《西望长安》）

（4）孟云房一走，夏捷就对庄之蝶说：你一定认为我在家太霸
道了吧？<u>我近日在家故意甚事也不干的</u>。<u>你不知道</u>他现在一天到黑
只是钻在那《邵子神数》里，人也神神经经起来，我说他，他根本
不听。先是把智祥和尚当神敬，后又是说慧明那尼姑如何了不得，
现在认识了一个北郊死老头子，又崇拜得不得了，他是一个时期没
个崇拜对象就不能活了！（贾平凹《废都》）

例（3）中，卜希霖说"我带你去领款"，然后用"你不知道"引出
对此话语的解释，例（4）说话人用"你不知道"对前面的话语"我近日
在家故意甚事也不干的"进行解释。

"你不知道"也可以出现在非对话的独白中或叙述语篇中。例如：

（5）王晴拿上她的小皮包，冲我父亲一笑就走了，临走时要我
给她打电话。当时我就担心她会笑，<u>你不知道</u>，她一笑，眼角全是
皱纹。（朱文《我爱美元》）

（6）……他在供销社饭店前遭到高门、鲁花花的攻击时，我曾
帮助过他。"高、鲁、秦、王"——秦是秦河，王是王肝——高密
东北乡的四大傻子对垒街头，观者如堵，如看猴戏。老兄，<u>你不知
道</u>，一个人并没傻但得到了傻子的称号时，其实是获得了巨大的自
由！——我跳下自行车，直视着秦河。（莫言《蛙》）

例（5）中，"你不知道"是说话人对自己的话语"当时我就担心她

会笑"做出的反应——给出解释。叙事语体中，"你不知道"的用法与对话中的第二种用法相同：说话人对自己的话语的反应。但这种非对话中的用例比较少见。

综上，话语标记"你不知道"的用法可以概括为如下三种：（1）用于"你—我"互动的对话语境，主要出现在交际序列的应答话轮中，且多在语首出现。（2）也用于"你—我"互动对话语境的个人独白中。（3）出现在非对话语境的叙述语体中，且多在语段中间出现。"你不知道"典型话语模式可以标记为：S_1（？/。）你不知道，S_2。该话语模式可以作如下识解：话语标记的"你不知道"是一个带有人际功能的标记成分，居于引发话轮和后续话轮之间，所引导的后续成分 S_2 对引发话轮的话段 S_1 有很强的依赖性，不能领先 S_1 而使用。S_1 为引发话轮/要素，S_2 是对 S_1 的刺激反应。

（二）引发话轮 S_1 的话语场景

上文说过，"你不知道"有对话与非对话两种使用场景，相应地，S_1 与 S_2 也有两种存在方式：一是分属于两个不同对象，即说话人和听话人；另一种是同属于说话人一人。这两种不同使用场景中，S_1 的话语性质完全不同。

1. S_1 与 S_2 分属于听说双方

S_1 为听话人的言语行为时，主要体现为如下几种情况。

A. 疑问或质疑

听话人存在疑问，疑问可以发之于声，也可以行之于形。前者如158页例（1）"（燕西）板着脸道：'你为什么冤我？'"，或者如158页例（2），听话人虽然没有言语反应，但露出了"无法理解的神情"。再如：

（1）和平：（迷迷糊糊地坐起来）我这是挨哪儿啊？……你们都干什么呢？……

志国：哎，你不知道，你昨儿晚上死过去啦，我们这

儿……正给你准备后事呐！(《我爱我家》)

（2）俩人正在吃酒之时，一看大街上的人特别多，把跑堂的叫过来，问："今天街上咋这么热闹？""你不知道哇，城外唱野台子戏呢，今天头一天开戏。你们怎么不去看看戏呢！"(《中国传统相声大全》)

B.建议或命令

S₁可以是建议或命令。例如：

（1）赵孟元道："不管你有约会没有约会，你总得去。"燕西道："你不知道，我去了有许多不便。"(张恨水《金粉世家》)

（2）刘会元也同样极诚恳地说："方言他也是胡说八道，穷开心，有枣没枣三杆子，人堆里抢板子——拍着谁是谁。您千万别往心里去，该怎么摸索怎么摸索，只当没他这人。"

"不是，你不知道我这人特脆弱，特别受不了同一阵营中射来的冷箭。咱都是苗苗，都需要阳光雨露。"(王朔《顽主》)

C.批评或指责

S₁可以是批评、指责或埋怨等。例如：

（1）她一抬头见了玉和，埋怨着道："你怎么去这一天才回来。"玉和道："你不知道，由下关进城去，犹如旅行了一回一般，实在路远。"(张恨水《欢喜冤家》)

（2）春花：你瞅人家老大爷，跟你非亲非故的，听说你遭了难，又带人捎信儿又给你带钱，人家怎么对你，你怎么对人家……（继续哭）

　　　宝财：哎呀春花你不知道，像你们这个问题的严重性质，

是入室抢劫，捉住了就得判上三年，弄不好就拉出去直接枪毙了！（《我爱我家》）

2. S_1 与 S_2 同属于说话人

S_1、S_2 都属于说话人一人所言时，S_1 有两种情景：一是负面评价；一是背景信息介绍。例如：

（1）世钧道："嗳呀，你这样不行的！这样一天到晚赶来赶去，真要累出病来的！你不知道，在你这个年纪顶容易得肺病了。"（张爱玲《半生缘》）

（2）我觉得中央呢，我是这样理解的，说老实话，咱们中央现在也是够难的，难在哪儿呢？难在中国这封建主义基础太深厚。我在农村呆了这么多年，深感到现在农村就是封建社会主义。你不知道上上下下的官儿们，都结成网。（冯骥才《一个老红卫兵的自白》）

（3）"是毒品害了我，害了我们全家。我丈夫也因吸毒被送进了另一个劳教所，留下一个 12 岁的女儿，只好由在河北的老母亲抚养。我已有一年多时间没见到女儿和母亲了，不知她们的情况怎样。她们是我生活的精神支柱，与她们通上电话，知道她们平平安安，我也就放心了。你不知道，刚才 7 点钟第一次挂过去没人接，我心慌极了，不知是她们搬家了，还是出了什么事。"（2000 年《人民日报》）

（4）佟：快躺下，来来来，喝点粥啊，一个上午都没有吃东西了。（拿勺喂老包）

包：我不喝。你不知道，蜜蜂蜇我，我不敢喊，我就找了一根木棍咬在嘴里面，哪晓得蜜蜂顺着缝爬进去了，现在还在肚子里面折腾呢。（《武林外传》）

例（1）中 S_1 "你这样不行的！"和例（2）中 S_1 "深感到现在农村就是封建社会主义"都是负面评价；例（3）和例（4）的 S_1 都是说话人自有的背景信息的补充说明。

（三）后续话轮 S_2 的话语功能

首发行为（initial action）会对后续的反应行为（responsive action）产生规定性，特定类型的首发行为总会有一定倾向的偏好反应。表现在话语序列上，问句对答句有影响，起始序列对后续序列有影响。（详见 Curl & Drew, 2008 等；李先银，2016）作为后续话轮，S_2 对 S_1 有很强的依赖性，特定的发起行为 S_1，会有特定的回应形式 S_2。S_2 表现有如下几种。

1. 原因解释

当 S_1 为疑问时，针对 S_1 的疑问，说话人进行原因解释，给出相关信息进行释疑。S_2 的功能则为原因解释。例如：

（1）我说："你不挣钱了？怎么活着呢？"他说："<u>你不知道</u>，我妹妹在城里分了工矿，挣钱了，我也就不用给家寄那么多钱了。"（阿城《棋王》）

（2）吕太太说，你看我们的女儿宝贝得不得了，挑了又挑，拣了又拣，是不是，沛县的县令跟你关系那么好，他来求婚你都不答应，你怎么答应嫁给一个刘小呢？吕公说<u>你不知道</u>，这个人将来了不得。（易中天《百家讲坛——刘邦崛起之谜》）

听话人有释疑要求，说话人为了满足听话人的释疑要求进行解释，这种解释属于被动解释。

2. 拒绝或否定

当 S_1 是建议或质疑时，说话人不太认同对方的建议或质疑，进行拒绝或否定，即 S_2 主要是表达拒绝或否定的话语。例如：

（1）素宁说："大哥，这世界上没有绝路的。你不要太担心。"
赵鞅说："<u>你不知道</u>。今天范吉射在朝中当众辱骂我。我觉得丢脸，
为我们赵家丢脸。"（冯向光《三晋春秋》）

（2）"全义，你冷静一点儿……上法院，你有什么证据？就打了
这么个电话，一两分钟，就听准啦？""<u>可不是一两分钟！</u>你不知道，
这老杂毛的声音，就像妖魔鬼怪，像幽灵，纠缠我一年多啦！"（陈
建功、赵大年《皇城根》）

例（1），素宁劝赵鞅"不要太担心"，赵鞅不能接受这一建议，因
为"今天范吉射在朝中当众辱骂我。我觉得丢脸，为我们赵家丢脸"。例
（2），对方质疑全义的做法，理由是"就打了这么个电话，一两分钟，
就听准啦？"，全义则进行了否定，"可不是一两分钟！……纠缠我一年
多啦！"。

当拒绝或否定的话语难以言说或不愿明说时，说话人也会选择省略。
例如：

（3）小王忍不住嚷嚷起来了："金枝姐，这还有什么可掂量
的，不就是唱歌嘛！既解了闷儿，又挣了钱，这好事我想都想不来
呢！""小王，<u>你不知道</u>……"金枝想说点什么，却好像又不便开口。
（陈建功、赵大年《皇城根》）

（4）徐义德没有吭声，她说："有啥心事，对我说，别闷在肚
里，伤身体啊！""你，<u>你不知道</u>。"（周而复《上海早晨》）

3. 自我辩解

当 S_1 是批评时，说话人会针对 S_1 的批评进行自我辩解。此时，S_2
表达辩解的功能。例如：

（1）白展堂：这有啥不好的呀，跟讲道理的人我们就跟人讲道理，不讲道理的人咱就用大明律跟他解决问题，你说你连这点法律意识都没有，你还开啥店呐你？

佟湘玉：<u>你不知道</u>，雌雄双煞恶得很。（《武林外传》）

（2）我抄起桌上的半瓶啤酒喝了一大口，"噢你能去俄罗斯我就不能啊？""不是，<u>你不知道</u>，"吕齐摇摇头，"你以为买张车票就能走哇？出国手续忒他妈麻烦，光护照我都等一个月了，你就是去咱也凑不成一拨儿。"（范伟《我的倒儿爷生涯》）

4. 主动释疑

S_2 "主动释疑"的功能主要是在独白中或者叙事语体中，听话人没有明确释疑的要求，但说话人主观认为对方会对上文话语（S_1）有疑问，而主动追加 S_2 对 S_1 进行解释。例如：

（1）翠英拉着新媳妇的手，上上下下，端详了好半天，又说："你真好，一点也不像个新媳妇。<u>你不知道</u>，我们这村里，有的妇女可软哩，一动员她们下地，男人拦挡、女人坐坡，提出一百条困难堵你嘴，真叫人没办法。"（浩然《新媳妇》）

例（1）的"你不知道"中的"你"是指现场参与交际的听话人——新媳妇。"你"还可以指代非现场交际中的读者。例如：

（2）王晴拿上她的小皮包，冲我父亲一笑就走了，临走时要我给她打电话。当时我就担心她会笑，<u>你不知道</u>，她一笑，眼角全是皱纹。（朱文《我爱美元》）

S_1 与 S_2 的关系可总结为表 4.8。

表 4.8　S_1 与 S_2 的关系：规定性与依赖性

S_1 与 S_2 的所属关系		S_1	S_2	会话方式	分布位置
S_1：听话人	S_2：说话人	疑问／质疑	（被动）释疑	互动会话	答句句首
		建议／命令	拒绝／否定	互动会话	答句句首
		批评／指责	自我辩解	互动会话	答句句首
同属于说话人		陈述	主动释疑	独白，叙事语体	引发话语与后续话语之间

二、核心功能及获得途径

不管是位于应答话轮之首，还是位于引发话语与后续话语之间，话语标记"你不知道"的核心功能都是提请注意。这一核心话语功能获得的共同途径是：主观化与交互主观化。此外，与自身的敏感位置分布也有一定关系。

（一）主观化

语言的主观性是指自然语言通过其结构和运作方式，为说话人提供表达个人态度、观点的手段。说话人在说出一段话的同时，总会表明自己的立场、态度和感受。这种"自我"的表现成分就是话语的主观性（Finegan，1995；沈家煊，2001a）。"你不知道"的使用是话语主观性的产物。说话人认为自己提供的信息是听话人所不知道的，因而特意指出以提醒听话人加以注意。新信息一般包括三种情形：一是说话人认为该信息为自有信息，不在听话人认知（预期）之内。例如：

（1）儿子问："您有话答应过我啊。""<u>这是人家银屏家里的意思</u>。你不知道，你一去好几年，人家的姑娘已经成年，自然该嫁出去，她在咱们家的合同也期满了。咱们怎么能拦着人家把女儿嫁出去呢？<u>有她伯母寄来信哪</u>。"（林语堂《京华烟云》）

（2）启功才消了点气，说："他们不提他妈倒没什么，一提他妈我就气不打一处来！"启功的脸气得通红通红，说："你不知道，他妈这人不好，我最困难那会儿，他妈那个挤兑我们哟！净说我们家和我的坏话，那时我挨斗的时候，他妈可高兴得要命呢！……"（2004年《人民日报》海外版）

二是说话人认为该信息可能在听话人认知（预期）内但可能处于休眠状态的背景信息。例如：

（3）陈白露：怎么，月亭，你改主意了。

　　潘月亭：白露，你不知道，金八这个家伙背景很复杂，不大讲面子。（曹禺《日出》）

（4）"……嘿嘿！我老胡就不信，他们说粘虫是什么'天灾、神虫'，真是瞎扯！这是从前地主官僚欺骗咱们的话，同志，你不知道，咱们乡下人除了信神信鬼，还有一个大毛病是各顾各，我老胡偏要先帮助烈属、军属打虫，带一个头，你看，今天大家就都积极多了……"（1949年《人民日报》）

三是说话人认为该信息与听话人预期相反。例如：

（5）当曾与陶斯亮相识的记者通过中国市长协会的同志拨通了陶斯亮的电话时，陶斯亮热情而彬彬有礼地来接电话，当她听说是采访"红色贵族"一事时，不由在电话里说："哎，你不知道，搞差了，根本不是那么回事呀！"（1994年《报刊精选》）

（6）我笑他："你也想出名？"这时的老麦就有些不好意思，涨红了脸，腼腆起来，眼睛里也有一种我猜不透的恍惚神色。他说："不是我想出名，你不知道，家里最近给我介绍了个对象，是位小学

老师。……"（《读者》）

正因为"你不知道"是说话人基于自己的认知而对听话人的主观判断，故不一定符合事实，听话人可以加以否定。例如：

（7）小张：小翠你不知道，这装病呀比真病还难受……

小翠：我怎么不知道？我打小学一年级就开始装病都装到现在啦！（志新暗上）这装病有几个窍门儿我教给你，开始你得假装疼得满地打滚儿……（《我爱我家》）

（8）"……他搞了这样一个大乱子，没有法子弥补过来，他长了几个脑袋，敢回家？你不知道，我们老东家的脾气，可厉害着呢。"月容道："我也听说你们老东家厉害，可是钢刀不斩无罪的人。……"（张恨水《夜深沉》）

（二）交互主观化

"你不知道"人际功能的获得还与交互主观化密切相关。交互主观性指的是说/写者用明确的语言形式表达对听/读者"自我"的关注，这种关注可以体现在认识意义上，即关注听/读者对命题内容的态度；但更多的是体现在社会意义上，即关注听/读者的"面子"或"形象需要"（特劳戈特，1999；吴福祥，2004a）。交互主观化是交互主观性在具体语境中的表现。与主观化相比，交互主观性更注重说话人对听话人的关注，是人际互动的一种表现。话语标记"你不知道"是基于说话人对听话人情感（接受心理）的关注而使用的，这在"你不知道"所使用的第二人称代词"你"可以看出。说话人对听话人的关注在非应答话轮、独白及叙事语体中表现得尤为突出。例如：

（1）翠英拉着新媳妇的手，上上下下，端详了好半天，又说：

"你真好，一点也不像个新媳妇。<u>你不知道</u>，我们这村里，有的妇女可软哩，一动员她们下地，男人拦挡、女人坐坡，提出一百条困难堵你嘴，真叫人没办法。（浩然《新媳妇》）

例（1）中，翠英的交谈对象明明是位"新媳妇"，却说她"一点也不像个新媳妇"。这话很容易让人迷惑不解。说话人翠英也意识到这一点，所以紧接着主动进行释疑，尽管听话人没有明确提出释疑要求（至少作者没有文字说明）。这充分体现了说话人对听话人的关注。

"你不知道"的交互主观化程度在叙事文本中表现得尤为明显。叙事文本中，作者在写作的时候，读者是不在交际现场的，甚至与作者可能不在同一时空，故不会提出释疑要求。但作者写作的同时已经考虑到读者的理解了，当作者认为某一事件或言论可能引起读者的迷惑不解时，会主动进行释疑。读者在阅读时也能感受到作者对读者的关注。这样，叙事语境就从单一的讲述变成了双方的互动。

需要说明的是，叙事语体中的"你不知道"除了具有人际功能之外，同时还具有了语篇衔接的功能。试比较：

（2）王晴拿上她的小皮包，冲我父亲一笑就走了，临走时要我给她打电话。当时我就担心她会笑，你不知道，她一笑，眼角全是皱纹。

——？王晴拿上她的小皮包，冲我父亲一笑就走了，临走时要我给她打电话。当时我就担心她会笑。她一笑，眼角全是皱纹。

——王晴拿上她的小皮包，冲我父亲一笑就走了，临走时要我给她打电话。当时我就担心她会笑。<u>因为</u>她一笑，眼角全是皱纹。

"你不知道"删除后，前后话语的衔接的流畅度就有所降低，而加了关联词"因为"之后，语篇衔接就流畅了。

（三）敏感位置

在互动对话中，"你不知道"主要在应答话轮中的起始位置出现。在独白或叙事语境中，"你不知道"也是在 S₂ 的起始位置出现。"起始"位置对"你不知道"的"反预期提示注意"功能的形成也有着重要的意义。

在话语序列上，位置具有相当的敏感性，处于不同位置的话语倾向于采取不同的语言形式，形成位置敏感的语法。（详见 Schegloff，1996；李先银，2016）谢格罗夫和勒纳（Schegloff & Lerner，2009）发现，在话轮之首用于应答话轮的"well"，往往预示着说话人即将开启一个观点相左或不完全同意的态度的评价，而用作开启行为的"well"则没有这种表达功能。（详见方梅、李先银、谢心阳，2018）同位于应答话轮之首的"well"一样，位于应答话轮之首的"你不知道"也具有位置敏感性：往往预示着说话人即将开启一个在听话人预期之外或与听话人观点相左的评价。说话人感知到这一预示功能，必然会引发注意，以便有效接收其后即将出现的在自己预期之外的或与自己观点相左的后续成分。

三、否定与互动的竞争

在上一节中，我们把"你不知道"定性为"负面评价结构式"。因为依照西方语言学的礼貌原则来考量，"你不知道"是个不礼貌用语：如果说话人判定听话人缺乏某种知识而且又以明确的否定陈述句说出来，有可能违反谈话的礼貌原则。这也是相对于肯定式"你知道"而言，"你不知道"的使用频率较低的原因之一。据陶红印（2003：293）统计，二者的使用频率比为 75：25。从礼貌原则来看，"你不知道"是个负面评价结构式，相对而言具有不礼貌性。这是其使用频率低于肯定形式的"你知道"且受到互动语境、语体限制的主要原因。（详见刘焱、陶红印，2018）

但在语料统计时我们发现，"你不知道"在自然口语中并不罕见[①]，文学作品中更是屡见不鲜，翻译作品中也随处可见。我们感兴趣的是，作为不礼貌用语，"你不知道"为什么还可以被频繁使用？除语体外，又是什么因素在起着作用呢？

（一）否定形式的必然性

上文说过，S_2 新信息具有三个特征：一是说话人认为该信息为自有信息，不在听话人认知（预期）之内；二是说话人认为该信息可能在听话人认知（预期）内但可能是处于休眠状态的背景信息；三是说话人认为该信息与听话人预期相反。新信息的自有性、休眠性和反预期性特点，说明该信息是不在听话人的认识状态里的，是听话人所"不知道"的，故说话人选择否定形式"你不知道"作为提示手段，这是语境要求的必然结果。

（二）互动的优先性

"你不知道"的使用与互动语境有关：它属于人际元话语，直接体现了说话人对听话人的关注。

互动交际需要交际双方及时对刺激做出反应，这是话语形式的选择过程，也是情感选择的过程。上文说过，"你不知道"首先是在主要对话中的应答话轮使用，其次是在对话语境的独白中使用，再次是在叙事语体中使用。宽泛地说，后几种使用环境也可以看作对话式语境，因为从语言哲学的角度来看，真正意义上的语言运用没有不是对话式的（dialgoic），因为没有任何篇章或言谈不是对一个具体的听话人而发的。（陶红印，1999：17）无论听话人是不是立于对面，说话人始终认为自己的话语是"对一个具体的听话人而发的"，因此，即使是在叙事语体表述

---

① "你不知道"在自然口语中用例较少，我们认为，除了礼貌原则的制约外，与自然口语语料库的量也不无关系。

过程中，说话人（作者）始终不忘听话人（读者）的存在，经常保持与听话人（读者）的互动。"你不知道"即是互动的具体表现之一：说话人对听话人的关注。

对常规的事物或现象往往熟视无睹，对不熟悉或不知道的事物或现象往往会加以注意，这是人们的普遍认知心理。对听话人来说，当听话人听到"你不知道"这一否定判断后，会意识到"你不知道"后将出现自己现有知识之外或是反预期的新信息，对新的未知信息的兴趣会促使自己更加关注对方的话语，进而主动进行心理调节来接受其后的新信息。

以对话序列为例，当引发话语 S_1 在进行疑问、质疑、建议、批评等言语行为时，S_1 的行为主体的预期是对方直接针对该言语行为进行回答，但实际上得到的应答话语首先是"你不知道"，这违反了合作原则中的"关系原则"。而听话人坚信说话人是遵守合作原则的，由此推断出"你不知道"含有言外之意：后续信息一定是与其预期相左的或在其预期之外的。"你不知道"由此获得了"提醒注意"这一人际功能。此时，"你不知道"的命题意义减弱，人际功能增强：主要作用是引发听话人的注意，给听话人一个心理缓冲的时间，以便及时调整预期方向以接受言者的立场、观点等。至此，话语标记"你不知道"的语义模型可以概括如下：

I. 根据上文，言者主观推测听者不具备某一信息（未知信息）或可能对该信息产生疑惑。

II. 言者用"你不知道"，否定听者具有某一知识，引导听者注意，提示此后的新信息为听者未知信息或非预期信息。

III. 听者会移情言者的立场、态度或情感，从而接受言者的立场、态度或情感。

（三）礼貌的程度性

礼貌是有程度差异的，不礼貌也是如此。以应答语为例，面对交际对象的言语行为，不与合作（不理睬）是最不礼貌的，直接否定次之，间接否定的礼貌程度最高。"你不知道"更多用在对话的应答话轮中，上文 S_1 主要是听话人的疑问、质疑、建议、批评、负面评价等言语行为。对说话人来说，听话人的上述负面言语行为都是建立在"未知"的基础之上的。而这些"未知"信息对于说话人自身而言则早已是旧信息、背景信息，这些负面言语行为也是自己不愿意接受的。因此，在回应这些疑问、质疑、建议、批评、负面评价等言语行为时，说话人不是直接指出对方问题简单直白或评价不恰当或建议不合理，而是先用"你不知道"提醒对方没有相关的背景知识，让听话人有一个心理缓冲，意识到后面将出现与自己预期不符的信息，然后再针对听话人的问题进行回答。"你不知道"和其后导引的语段共同承担话语否定的意义，针对不同的上文（疑问、质疑、建议、批评、负面评价）做出否定性反应或评价，在语境中则体现为释疑、拒绝或否定、自我辩解。这样一来，既不会显得对方的问题突兀或幼稚，进行拒绝或否定时也不会显得那么唐突或直接，自我辩解也比较容易被接受。传递非预期信息的警示作用消减了面子损伤程度，因此，"你不知道"对面子的损害程度就没有那么严重了。即使是仅以"你不知道"来结束会话，其不礼貌性也是低于外交辞令"无可奉告"或沉默不语的。

同样，在独白语境及叙事语境中，说话人主观认为自己的话语会引起听话人的疑惑，因而主动对自己看似异常的话语进行解释，在解释之前使用"你不知道"来引起听话人的注意。张谊生（2014：26）也曾指出："你不知道、你没看见"虽然好像在责怪对方，其实，这两个标记主要就在于表示说话人想要提出一种认识与看法，并且希望引起对方的注意，所以，情态委婉，语气舒缓。因而，相对而言，"你不知道"应该属于"不礼貌"的最低程度①，说话人对听话人的关注一定程度上消减了否

---

① 不礼貌具有程度的层级性差异。这一点是陆镜光先生指出的，特此表示感谢。

定的不礼貌性，这也是其仍被使用的主要原因。

作为负面认识范畴表达式，"你不知道"具有冒犯性，但不礼貌的程度较低。为了增强或降低其不礼貌的程度，说话人会有意识地使用一些策略。其中，增强不礼貌程度的方式有以下几种。

第一种，添加表示强调的语气词"是"或"可"（你是/可不知道）。例如：

（1）"这不是才到！热倒不热，这汗都是急出来的！你是不知道，在河东一听说今天要在俺村里开公审大会，恨不得一步迈回来。"（冯志《敌后武工队》）

（2）"秀，你可不知道，世界上有九十岁的青年，也有二十岁的老头呢。我的主意已定，请君不必多言！"（杨沫《青春之歌》）

第二种，与"咳""嘿""切""哎""唉""哦"等叹词或语气词"啊"及其变体同现。例如：

（1）萧老苦笑着说："咳，你不知道，这名字也带来过一些麻烦和不便。"（1994年《作家文摘》）

（2）"……嘿，你不知道，他又做了官啦。我们住在南京——不对，他在南京，我在上海。他还不知道我现在已经是上海震旦大学的学生啦。"（杨沫《青春之歌》）

（3）切你不知道，你跟我说完那些，我哭了好久。嗯，我长大了，别对我那么好。说好的要忘记。（百度搜索）

（4）"哎，你不知道，搞差了，根本不是那么回事呀！"（1994年《作家文摘》）

（5）"唉！你不知道，我看到柜台里放的那一瓶就比面疙瘩大不了一点儿的瓶子里装的那抹脸的膏，居然要300多块！"亚平妈还做

手势比画给亚平爸看。（六六《双面胶》）

（6）"秋风哟秋风，你让森林树叶飘落，但为什么不脱去小松树的绿衣裳呢？"秋风轻轻地回答："哦，你不知道那棵小松树上，挂着我渴望秋天的绿色梦想。"（学生作文《美丽的秋天》）

以下是与"啊"及其变体、"呢"同现的例子：

（7）柳总，<u>你不知道啊</u>，现在普溪镇到处都有人想杀我，百姓要杀我，黑道要杀我，上面要整我，我是无容身之地呀。这年头，我算是背到家了，谁跟我都像冤大头似的，你就可怜可怜我吧。我不想死啊。（杨银波《中国的主人》）

（8）"那关华什么事？你乱说什么。""<u>你不知道呀</u>，东子将人家揍得都送医院了。"（十年瑾《嫁个有钱人》）

（9）"霖这么担心你，你为什么还要他离开你？""<u>你不知道呢！</u>这几天霖像跟屁虫一样一直跟在我身边，我都快疯了呢！"（于晴《亲亲我的爱》）

减弱不礼貌程度的手段相对更多，包括敬语、添加疑问词语等几种。第一种，使用敬语"您""您老人家"等。例如：

（1）立夫看了看曼娘，他还没来得及回答，阿瑄说："妈，<u>您不知道</u>。上海、厦门、汕头，哪儿都是一模儿一样。不管哪儿，只要有日本人，就有走私。再者，我若辞职，一定让同事笑话，说我没胆子。他们精神很好，苦干有朝气，我不能离开他们。现在我们政府最后终于采取较为强硬的措施了，情形会好转的。人人若都离开，海关的事怎么办？"（林语堂《京华烟云》）

（2）哪位说：教授卖花，未免欠雅。先生，您可真是站着说话不腰疼！您不知道抗日战争期间，大后方的教授，穷苦到什么程度。您不知道，一位国际知名的化学专家，同时又是对社会学、人类学具有广博知识的才华横溢而性格（在有些人看来）不免古怪的教授，穿的是一双"空前绝后"的布鞋。（汪曾祺《日规》）

（3）姚老太太笑道："你也太多心，这孩子就是那样的直心肠子，她听说有人走失了，她可怜人家就打听打听。"宋氏叹了一口气道："娘，你老人家不知道。"（张恨水《北雁南飞》）

第二种，添加疑问语气词"吗""吧""么"等。例如：

（1）"奶妈？"玛莉不解。我笑："你不知道吗，总经理一直说我们所有的剧集都是婴儿，如果营业部拿不到广告，就等于婴儿没有奶粉供应，营业部经理还不就是奶妈？"（亦舒《两个女人》）

（2）梅不愧是未来乖巧孙媳妇，连忙解围，"老太太最近忙得不可开交，你不知道吧，大哥同大嫂闹分居呢。"（《港台文学》）

（3）马祖就问："禅师！你在这里磨砖，到底为了做什么用场？"怀让回答说："哈哈！你不知道么，我磨砖是为了做一面镜子啦！"（明旸法师《佛法概要》）

"吗""么""吧"的确定程度较低，故整体的不礼貌性也有所降低。

第三种，使用降低语力的修饰语，如或许、兴许、也许、可能等。例如：

（1）小天使气极反笑。道："呵呵是啊。你一直在尽职尽责保护莫伯拉先生周全，简直比贴身护卫还要认真！"周天皓道："或许你不知道。人在闭上眼睛的时候，耳朵总是特别好使。"（网络）

（2）中年男人：……的确是有我的责任，我净考虑工作上的事儿了，就没顾得上看着左右来往的车辆，<u>兴许您还不知道</u>，我在合资企业工作，我们那厂子是专门生产啊……（《我爱我家》）

（3）高桥骏点点头："<u>也许你不知道吧</u>？就在今天总务课出行动的人都经过了必要调整，你们那个组长叫大江的家伙名字已经上了遇难者名单，所以说真正了解真相的当事人就你一个了，再回总务工作很不合适。"（百度搜索）

（4）"千里，<u>你可能不知道</u>，剑情正和京师里的花魁雪残夜打得火热呢！他调查寒剑情已久，终于发现了他的弱点，如此浪荡而不专情的男人，有何资格夺走千里的真心？""你乱讲！寒剑情是到京师去做生意，他是这么告诉她的，他不会欺骗她！"（兰京《悟梦惊缘》）

上面是几种方式的"你不知道"，主要区别是说话人对听话人的现有信息状态的否定程度不同。否定程度决定着礼貌的程度。"你是不知道"是对听话人未知状态的强调式确认，不礼貌程度最强；"你不知道"是对听话人未知状态的一般性确认，礼貌程度一般；"也许"等副词的同现一定程度上消减了"你不知道"的否定程度，不礼貌性最弱。几种模式的不礼貌程度依次排序如下：

你是／可不知道＞你不知道＞你不知道啊／呀／呢＞语气词＋你不知道＞你不知道吗＞你不知道吧＞你可能不知道

（四）历史验证

其实，"你不知道"这一用法并非现代汉语所独有，古代汉语中早已有类似的用法。古代汉语中，"汝不知""N（听话人）＋有所不知"等类似结构经常在答句话轮中使用。例如：

（1）公主恚啼，奔车奏之。上曰："汝不知，他父实嫌天子不作。使不嫌，社稷岂汝家有也。"（唐·赵璘《因话录》）

（2）齐王宪曰："安出自享隶，所典厄厨而已，未足加戮。"帝曰："汝不知耳，世宗之崩，安所为也。"（唐·李延寿《北史》）

如果说唐代的"汝不知"还受到交际双方的权力等级的影响（常用于上对下）的话，那么唐之后，"汝不知""N（听话人）＋有所不知"使用的社会等级不对称性就日渐式微。尤其随着元代杂剧、明代话本小说的流行，"有所不知"使用频率越来越高。据 CCL 的古代汉语语料库搜索，"有所不知"共出现了 404 次，主要出现在"你—我"这种互动情景。其使用也不再受到社会等级、辈分、年龄等条件的限制。以社会等级为例，"有所不知"可以用于上对下。例如：

（1）王爷道："老公公有所不知，当初古人是兽面人心，故此尽得为神，成其正果。……"（明·罗懋登《三宝太监西洋记》）

（2）国王道："列位有所不知，这是我本国西山上生长的。"（明·罗懋登《三宝太监西洋记》）

（3）俞谦道："贤侄你有所不知，宁王既已谋反，倒要他速反为妙。"（清·唐芸洲《七剑十三侠》）

可以用于平辈之间。例如：

（1）陈糙问道："子瞻见菊花落瓣，缘何如此惊诧？"东坡道："季常有所不知。平常见此花只是焦干枯烂，并不落瓣。"（明·冯梦龙《警事通言》）

（2）孔明急起止之曰："昔单于屡侵疆界，汉天子许以公主和

亲；今何惜民间二女乎？"瑜曰："公有所不知：大乔是孙伯符将军主妇，小乔乃瑜之妻也。"（明·罗贯中《三国演义》）

还可以用于下对上：

（1）番王道："他们都说的是些直话，你怎么又归怨于他？"三太子道："父王有所不知，这都是南人诡计。……"（明·罗懋登《三宝太监西洋记》）

（2）……佛母说道："娃娃，你这个笛儿又是铁的，又是没孔的，怎么吹得这等响哩？"牧童道："我佛母，你有所不知，短笛横牛背，各人传授不同。"（明·罗懋登《三宝太监西洋记》）

（3）殷郊曰："姜子牙为人公平正直，礼贤下士，仁义慈祥，乃良心君子，道德丈夫，天下服从，何得小视他。"申公豹曰："殿下有所不知，吾闻有德不灭人之彝伦，不戕人之天性，不妄杀无辜，不矜功自伐。"（明·许仲琳《封神演义》）

上述"有所不知"都是在应答话轮的起始位置出现，目的是提醒听话人注意。同一时期，"有所不知"也大量使用在话本小说的叙事语境中。例如：

（1）说话的，只说那秦淮风景，没些来历。看官有所不知，在下就中单表近代一个有名的富郎陈秀才，名珩，在秦淮湖口居住，娶妻马氏，极是贤德，治家勤俭。（明·凌濛初《初刻拍案惊奇》）

（2）隔府关提，尽好使用支吾，如何去得这样容易？看官有所不知，这是盗情事，不比别样闲讼……（明·凌濛初《二刻拍案惊奇》）

（3）这般没根据的话，就骗三岁孩子也不肯信，如何哄得我过？看官有所不知，大凡梦者，想也，因也，有因便有想，有想便

有梦。(明·冯梦龙《醒世恒言》)

"看官/列公有所不知"在话本小说中大量使用,否定形式的类似用法还有"休说""不好告诉你的""你还不知哩""你不晓得""你理会不得""你们不醒的"等。(李宗江、艾贵金,2016)这是"说书"这一叙事语体构建与听众互动的有效手段之一,也是交互主观化的产物。

四、肯定、否定形式的异同

刘丽艳(2006:425)认为:"你知道"和"你不知道"有语义中和的趋势,也可以把"你知道"换成"不知道",除了语用方面的细微差别外,对整个话语的意义不产生影响。刘文这一感觉比较准确。"你知道"和"你不知道"都是注意力吸引语,在互动交际中都是交际主体主观化的结果,因此在这一层面二者可以互换并且对整个话语的意义不产生影响。但遗憾的是,刘文未能说明二者"语用方面的细微差别"在哪里。

我们认为,"你知道"和"你不知道"的差别主要在于:说话人对于"新信息之于听话人现有知识"的主观认定是不同的。也就是说,当说话人认为新信息为听话人已知的、预期的信息时,说话人倾向于使用肯定形式的"你知道";而当说话人认为后接信息为听话人未知的、预期之外的信息时,说话人倾向于使用否定形式的"你不知道"。[①] 例如:

---

① 当信息为听话人未知的、预期之外的信息时,也可以使用疑问形式的"你知道吗"来提请注意。刘丽艳(2006)指出:"你知道吗"用来指向它后面的信息,该信息是说话人所要陈述的主要内容(焦点信息),在说话人的推测中该信息对于受话人来说是未知的、意料之外的。说话人用"你知道吗"意在吸引受话人的注意力,使之集中在"你知道吗"后面的信息上,增强受话人对说话人所陈述的内容的兴趣,从而对与该内容相关的后续信息有所期待。我们认为,否定形式的"你不知道"与疑问形式"你知道吗"还是有细微差别的:"你不知道"是对听话人未知状态的断言,"你知道吗"是对听话人知情状态的疑问。

　　兆鹏不介意他说:"我当校长又没当你黑娃的校长,你躲我避我见了我拘束让人难受。"黑娃解释说:"<u>你不知道哇</u>,我天南海北都敢走,县府衙门也敢进,独独不敢进学堂的门,我看见先生人儿就怯得慌慌。<u>你知道</u>,这是咱们村学堂那个徐先生给我自小种下的症。"(陈忠实《白鹿原》)

　　上例中,"我天南海北都敢走,县府衙门也敢进,独独不敢进学堂的门,我看见先生人儿就怯得慌慌。"这是黑娃的自有信息,兆鹏是不知道的,因此黑娃用"你不知道"引出该信息;而"咱们村学堂那个徐先生给我自小种下的症"是兆鹏和黑娃的共用信息(二人是小学同学),因而"黑娃"用"你知道"引出。该例很好地说明了"你不知道"与"你知道"的区别:未知/非预期信息还是已知/预期信息。

　　总体而言,肯定形式的"你不知道"与否定形式的"你不知道"差别在于:

　　你知道:说话人把理解话语内容的背景信息假设并确认为听说双方共同拥有并接受的信息,从而使听话人能更容易理解并接受说话人的观点。(参见刘丽艳,2006)

　　你不知道:说话人主观认为新信息不在受话人认知/预期内(或与其相反),通过否定来提醒说话人注意信息内容或预期方向的改变,从而使受话人能更迅速调整情绪以接受说话人的观点。

　　刘文还对比分析了肯定形式的三种变体"你知道吗""你知道吧""你知道",认为三者的不同主要在于"说话人对于听话人信息的可及性程度"的不同。在可及度方面,三者的程度对比如下:

　　你知道吗<你知道吧<你知道

我们更趋向于使用"预期"而非刘文的"可及性"。一是刘文所说的不是严格意义上的可及性。所谓可及性是指："说话人推测，听话人听到一个指称词语后，从头脑记忆中或周围环境中搜索、找出目标事物或事件的难易程度。容易找出的可及度高，不容易找出的可及度低。"（参见沈家煊、完权，2009，该文改称为可及度）而刘文的"可及性"实际上等同于信息的"已知/未知"。二是"可及性/度"不能解释下列问题：

语境：王杰在《艺术人生》接受采访，描述他在出租车上听歌曲排行榜时的情形。

王杰：当罗小云（主播）说第一名时，你知道吗，我就听到鼓的声音，鼓声你知道吗，就是心跳的声音。（刘丽艳，2006例）

该例中出现了两个"你知道吗"，刘文认为这两个用例的功能是不同的：第一个"你知道吗"是模式1的用法，其功能在于把听话人的注意力集中在后面的内容上；第二个"你知道吗"是模式2的用法，其主要功能在于监察听话人对背景信息"鼓声"是否理解。这一解释很牵强，其实两个"你知道吗"的功能是一致的：都是提请听话人的注意，通过询问听话人对该信息的是否知晓来引起说话人的注意，来保证交际的继续进行。

此外，我们选用"预期/非预期"而不是"已知/未知"还有一个重要的原因："预期/非预期"涵盖的范围更广，既包含"已知/未知"等已然性信息，还包括期望等未然性信息。也就是说，当说话人认定应答信息不在听话人的预期之内或与其预期相反时，倾向于使用否定形式的"你不知道"来进行提醒听话人注意；当说话人不确定应答信息是否为听话人预期信息时，使用疑问形式的"你知道吗/吧"来提醒听话人注意；当说话人确定某一信息为听话人预期信息时，则使用肯定形式的"你知道"来提请注意并以达到共情目的。根据信息符合预期的程度，我们对"知道"的肯定、否定形式进行统一的对比，其结论应该是这样的：

你不知道＜你知道吗＜你知道吧＜你知道

五、结语与余论

（一）结语

话语标记功能的"你不知道"是互动的产物，体现了说话人对听话人的关注。"你不知道"的语篇模式为：S₁；你不知道，S₂。该标记有两种使用语境：一是出现在"你—我"互动的对话语境中的应答话轮的起始位置；二是出现在非对话语境中的中间位置、独白或叙事语体中。"你不知道"的主要功能是说话人主观认为某一信息不在听话人的认知／心理预期内，故使用否定形式进行预示，以引起听话人的注意，从而更加关注或更容易接受该信息。

不同语境中，S₁、S₂的所属与话语功能是不同的。在互动对话语境中，S₁、S₂分属于说话人和听话人，引发话轮的S₁主要表达疑问、质疑、建议、批评、负面评价等功能，应答话轮的S₂则对应为解释、拒绝和否定等功能。出现在非应答话轮句首的（包括对话语境的句中）语境中的"你不知道"主要是对听话人的关注，主动吸引听话人注意，对上文"非／反预期"论述加以解释。作为否定形式的话语标记，"你不知道"有一定的不礼貌性，这是其使用频率低于肯定形式的主要原因。但它又可以在互动语境有效吸引说话人的注意力并引导听话人对相关反预期信息的产生共情效果，这是其经常被使用的根本原因。有多种变体来增强或减弱不礼貌程度。古代汉语中，至迟在唐代就有类似互动标记"汝不知""听话人＋有所不知"在使用，且不受社会等级、辈分、年龄等条件的限制。

（二）余论

现代汉语中，存在着很多肯定形式的话语标记，如"你知道""回头""我说""你看 / 说 / 想"等，也存在着很多否定形式的话语标记，如"你不知道""你别说""不是""不是我说你"等。虽然同为话语标记，它们都具有表达人际或语篇衔接的功能；但肯定形式与否定形式还存在诸多细微差别。这些差别除了受到"否定成分的语义积淀"（参见张谊生，2014）影响之外，还与互动语境有直接关系。

互动语言学关注社会交际、人际互动和认知因素在真实语言中对语言结构以及规则的塑造，关注言谈参与者的交际意图对语言形式的影响，强调言语交际实际是动态的（dynamic）、在线（on-line）生成的过程，从交际过程中发现语言形式产生的动因。（Schegloff，1996；方梅、李先银、谢心阳，2018）否定形式的"你不知道"与肯定形式的"你知道"的不同即有效地说明了言谈参与者的交际意图、认知要素等对语言形式的动态选择。

第五章　副词反预期表达手段研究

汉语中表达反预期的词类有很多，本章选取副词表达手段进行专题研究，第一节为三个副词"恰巧""偏巧""不巧"的对比研究，第二节以单个副词"尽管"为案例进行研究。

第一节　"恰巧""偏巧""不巧"对比研究①

一、前言

"恰巧""偏巧""不巧"（后简称"-巧"类词）共同语素"巧"赋予了三者共同的［＋巧合］语义特征，很多时候可以替换使用。例如：

（1）我去找他，恰巧他不在。

（2）我去找他，偏巧他不在。

（3）我去找他，不巧他不在。

但很多时候是不能替换的，或者虽可替换使用，但句子的语义、评价色彩等会发生变化。例如：

---

① 本节由刘焱、杨红共同署名发表于《河北工业大学学报》2022 年第 2 期。收入本书时稍有改动。

（4）周末，我打算去李刚家写作业，恰巧他在家。（自拟）

——*周末，我打算去李刚家写作业，不巧/偏巧他在家。

（5）王明走在路上，不巧摔了一跤。（自拟）

——*王明走在路上，恰巧/偏巧摔了一跤。

（6）我做事情没条理，喜欢一趟趟空跑，若是不巧中间打岔开始说话，手里的活就彻底停了。（六六《仙蒂瑞拉的主妇生涯》）

——？若是恰巧中间打岔开始说话，手里的活就彻底停了。

例（4）、例（5）不能替换，例（6）替换后虽然句法、语义上没有明显错误，但说话人的主观评价色彩发生了变化。

学界注意到了上述"-巧"类词之间的差异。词典在对"恰巧"与"偏巧"释义的时候，基本采用互训释义法和添加义项来进行。如《现代汉语词典》（第7版，2016：997）这么解释：

偏巧：①恰巧，②偏偏。

很多学者把该类词语称作巧合类或恰好类或契合类或语气副词，并进行类别研究。三者之间的对比研究多集中在"恰巧"与"偏巧"（如晁代金，2005；丁熠，2010；郭方冠，2015等）、"偏巧"与"不巧"（如孙佳，2018等）之间进行，探讨了二者在词性、句法功能和语义特征如［＋巧合］［＋主观倾向性］［＋意外］等方面的共同之处，也发现了它们在［＋预期有无］［＋损益］［＋主观/客观］等方面的区别。[1]

———————

① 非对比研究也有一些，郭方冠、孙佳、汪娇等硕士学位论文都有介绍，限于篇幅，这里不再列举。

杨红（2017）比较了三者在句法功能、语义及语法化方面的异同。在此基础上，本文进一步完善其相关解释。综合现有研究及大量语料，"-巧"类词辨别应考虑如下几种要素：

第一，"巧合"的语义辖域。

第二，预期的有无。说话人对事件结果有无预期？如果有，结果与预期的方向如何？

第三，事件的性质。事件本身是积极的还是消极的？

第四，言者的态度。事件主体或言者是否希望该事件发生。

二、语义辖域不同

由于共同语素"巧"的存在，"恰巧""偏巧""不巧"拥有共同的语义背景，"巧"主要是时间的巧合性，即事件 A 和事件 B 同时发生或者存在，产生结果 C。其完整表达式为：事件 A＋事件 B＋结果 C，"-巧"类词一般出现在 B 事件所在的句子中。例如：

（1）［A］本来，张奶奶的护垫，应该是我买。［B］但我恰巧不在，断了顿了，［C］霍小玉在旁边看见了，替老太买了护垫。（六六《心术》）

（2）［A］值勤中我最怕遇见领导，怕碰见熟人，［B］偏巧领导每日均要坐车经过此地去陕报，［B］也偏巧此地距省作家协会不过咫尺之遥，［C］几次见到熟人我都藏在水泥电杆之后。（叶广芩《歪打正着的收获》）

（3）我如果好心替你省钱，凭直觉判断，［A］而少做一样检查，［B］万一不巧恰恰就是省下的那部分出了麻烦，［C］责任肯定是我的。（六六《心术》）

当然，并不是所有的"-巧"类词表达式都以上述形式出现，有时

C可以出现在前面，有时A事件和B事件也可以出现在同一句子中。以"恰巧"为例：

（4）［C］"我会像亲人一样对待你的父亲。"这句话是我们这两天见到二师兄的招呼用语。［A］那天他对姑娘说这话的时候不巧［B］被路过的护士听见。（六六《心术》）

虽然语义背景相同，但三者有不同的语义辖域。"恰巧"比"偏巧""不巧"有着更大的语义适用范围，除了可以说明事件发生的时间巧合之外，可以用于说明性质、状态、特点、数字（包括时间、数量、价格）等的"适宜"[①]。例如：

（5）那边有几只小白山羊，叫的声儿恰巧使欣喜不至过度，因为有些悲意。（老舍《微神》）

（6）和一个人成为密友的方式，就是在他热恋期间分担他所有的痛苦或忧伤。热恋的人要是不倾诉，会山洪或者火山爆发，摧毁力极大。而我恰巧是那个不幸的人的原因是，他热恋的对象的妈未来会落到我手上。（六六《心术》）

（7）8月11日上午时刚过，告别舞台多年，已65岁高龄，今年又恰巧从艺60周年的郭兰英，带领30多名文艺工作者从太原出发，踏上赴太旧高速公路慰问演出的征程。（1994年《报刊精选》）

（8）每一步跨出去，都准确得像老裁缝替小姑娘量衣服一样，

---

① 吕叔湘《现代汉语八百词》关于"恰巧"的解释是：同"恰好"，侧重指时间、机会、条件等十分凑巧。而对"恰好"的释义是：正好在那一点上（指时间、空间、数量等）；有不早不晚、不前不后、不得不说、不……不……的意思。"凑巧"为同训释义，"不……不……"为举例释义，我们认为"适宜"更合适。

一寸不多，一寸不少，<u>恰巧</u>是一尺二寸。（古龙《天涯明月刀》）

（9）比如，今年 2 月在深圳龙都娱乐城某集团一餐"豪门宴"共五席每席费用恰巧为 188 888 港币。（《读者》）

"恰巧"对数量等的选择具有一定的特点：趋整，如例（7）、例（8）；或趋吉，如例（9）。"恰巧"对数量的选择符合汉族人民的文化心理，即"相宜"。"偏巧"和"不巧"都没有表示"数量适宜"的用法。

三、预期的有无及类型

"从言谈事件参与者的预期（expectation）的角度，话语中语言成分所传达的信息可以分为'预期信息''反预期（counter-expectation）信息'和'中性（neutral）信息'三类。"（吴福祥，2004b：223）"-巧"类词也包含着事件参与者的预期信息，它们之间语义差异之一是预期的有无以及预期的类型不同。

（一）恰巧——无预期限制

"恰巧"不受预期的限制，说话人主要着眼于客观事实，说明两件事情同时发生只是偶然的巧合。例如：

（1）记者在骨科医生办公室，<u>恰巧</u>碰到一个叫辛亚丽的患者家属和医生张玉彬正在签医患协议书。（1996 年《人民日报》）

（2）1995 年 8 月 2 日晚，原告刘方坤、孟凡青夫妇之母怀抱女婴从博山灯泡厂宿舍 22 号楼下经过时，楼房住户于某恰巧打开卫生间窗户，窗玻璃脱落坠下，将女婴砸成重伤，经淄博市第一医院抢救无效死亡。（1996 年《人民日报》）

"偶然性"可以通过"恰巧"所修饰的动词验证。"恰巧"后面经常接"碰""遇""路过""来""赶"等动词。这些说明两个事件的同时发生具有巧合性和偶然性，属于无预期信息。例如：

（3）玉梅跑到旗杆院后院奶奶家里去找菊英，<u>恰巧</u>碰上有翼也来找菊英，就把支委的意见向他们传达了一下。（赵树理《三里湾》）

（4）一次他在饭店进餐时，<u>恰巧</u>遇上了好友加姐夫的温秉忠。（陈廷一《宋氏家族全传》）

（5）上周末，我<u>恰巧</u>路过那家公司，只见写字楼围满了人。（网络搜索）

正因为"恰巧"对预期没有特殊的要求，故各类词典在解释其词义时均未提及"预期"二字，且多使用"凑巧"对"恰巧"进行释义，如《现代汉语词典》（第7版）、《现代汉语八百词》、《现代汉语大辞典》等。

"恰巧"也可以修饰预期信息，即动作主体对新信息有预期，且新事件与预期结果一致。例如：

（6）老张本想给龙树古写封信，告诉他关于选举的计划。继而一想，选举而外，还有和龙树古面谈的事。……龙树古<u>恰巧</u>在家，把老张让到上屋去。（老舍《老张的哲学》）

"恰巧"还可以修饰反预期信息，即动作主体对新信息有预期，但新事件与预期结果相反。例如：

（7）有一次在花市门市部，一位台湾学者要买一本专业书，<u>恰巧</u>门市部已无存货，营业员骑车10多公里为这位学者取回了书。（1996年《人民日报》）

反预期有两种，一种是自反预期，另一种是他反预期。自反预期，即说话者认为事实与自己对事物的预先知识或设想（通常说的"预期"就是指自预期）不符或相反。他反预期，即说话者认为事实与其他参与会话活动的人（一般是听话者）的预先知识或设想不符或相反。（陈振宇、姜毅宁，2019：298）自反预期如例（7），"门市部已无存货"与主语（台湾学者）的预期是相反的。他反预期"恰巧"句在形式上有体现，新信息和他人预期经常以矛盾（A肯定则B否定，反之亦然）的形式出现，或者有"和……相反"或"不是……，而是……"等词语共现。例如：

（8）吴先生接着说："我恰巧和你相反，我老婆总是喜欢穿长裙，我想知道她的腿究竟长得怎么样，于是就向她求婚了。"（《读者》）

（9）有些朋友把偶然出现的事物，归之于某些书本的引诱，如有人去峨眉山求仙，有人去少林家学武等，其实这不是读书太多，恰巧是读书太少的结果。（百度网络语料）

（二）偏巧——反预期和无预期

"偏巧"主要用于反预期和无预期句子中，基本不用于预期信息句中。其中，无预期情况居多。例如：

（1）在山坡上割草记不清多少次撞见狐狸，有一次他猛然甩出手里的草镰，偏巧挂住了狐狸的后腿。（陈忠实《白鹿原》）

（2）黄新仁是八面玲珑，哪头也不愿意落不是的滑溜人物。女婿混伪事，黄新仁也就是伪人员家属了；再加上他又是个伪大乡长，魏强才找到他的门上来。偏巧今天没进城，也偏巧魏强他们找上了门。（冯志《敌后武工队》）

用于反预期句中时，形式上常有"但是""却""可"等转折连词同现。例如：

（3）田亮想过要急起直追，<u>但是</u>，他几次约会白莲，偏巧白莲都有约会。（岑凯伦《合家欢》）

（4）当然如仅有勇力而无韬略，又会沦为张飞之类的莽汉，<u>可</u>关羽偏巧还喜欢读《春秋》，言行自然就合乎经义。（阴法鲁、许树安《中国古代文化史》）

CCL 语料库共检索出"偏巧"的有效例句 112 例，其中，无预期的例句共 102 个，反预期的例句共 10 个，说明"偏巧"更倾向于无预期。

我们也发现了这样的例子：

（5）韦长庚老公母俩都六十的人啦，盼孙子盼得简直睡不好觉。事随人愿，前年冬天，他们老二家，<u>偏巧</u>添了个七斤半沉的胖小子。（冯志《敌后武工队》）

（6）布置就绪，只等机会。施永桂说："打了'狗'以后，大家都绝口不提打的这件事！但要在同学中宣传，让大家都知道邢斌和林震魁是邵化的两条'狗'，每月拿津贴，专干特务勾当，孤立他们！"<u>偏巧</u>，晚自习后，机会来了。（王火《战争和人》）

从上下文看，这里的"偏巧"似乎是符合行为主体的预期信息。其实不然，这里"偏巧"依然是反预期，只不过反的是"言者"预期，而非行为主体的预期。如例（5），言者认为"盼孙子"不一定就肯定会生孙子，可事实是真的生了个"胖小子"，事实与言者预期相反。例（6），言者认为"等机会"不一定真的能很快就等到机会，甚至不一定能等到机会，而事实却是"晚自习后，机会来了"，事实与言者预期相反。

（三）不巧——反预期和无预期

"不巧"多修饰反预期信息。例如：

（1）相传，有一次他去看朋友，<u>不巧</u>主人不在家，他就在茶几上写了几个字。（1996年《人民日报》）

（2）第三天早晨，将车子推到一个镇店地方，把带补好，这才在上午十时左右赶到了姚家庄；<u>不巧</u>长腿姚刚刚出门，到十五里以外赶集去了。（魏巍《东方》）

以上两例中，"去看朋友"，预期是"朋友在家"，不然也不会去。而现实是"朋友不在家"，现实与预期相反，可见，"不巧"修饰的是反预期信息。

反预期在形式上也有体现，一般会有表示反预期的副词同现，如例（3）；或者有转折连词出现，如例（4）；或者用词语形式表现，如例（5）。

（3）她哭着，越哭越厉害，最后竟伏到了我的肩膀上。由于当时丝毫没有准备及其他，我没有来得及马上把肩膀挪开，就那样让她倚了大约有三四秒钟。可就在这可恶的几秒钟里，<u>不巧偏偏</u>就被马光撞到了！（张炜《你在高原》）

（4）尽管亚平本人并不是什么VIP，<u>但</u>万一，<u>但不巧</u>，但机遇真的到来的时候，亚平要尽显家长风范。（六六《双面胶》）

（5）昨日聊事偷闲，拟宴东风君品尝"橡面坊丸子"，不巧材料售罄，<u>事与愿违</u>，实属憾甚。（夏目漱石《我是猫》）

与"不巧"连用共现的副词和连词多数是转折类的，这也印证了"不巧"的反预期特点。同样，"不巧"也可以用在无预期句子。形式上表现为：句中谓语多为"碰到""赶上""遇到""路过"等含有偶然性特征的动词，或者是无预期的副词，如"突然"等。例如：

（6）第三天就到德宏了，不巧路上碰到交通事故堵车，我们赶到芒市时已是傍晚7点左右。（1994年《报刊精选》）

（7）有一年夏天，羽仁夫人计划带即将毕业的学生访问中国的各所大学，但不巧赶上了"九一八事变"，所以不得不中止这次访问。（冰心《我自己走过的路》）

（8）半路上，我们不巧遇到了劫匪。（奥尔罕·帕慕克《我的名字叫红》）

（9）不巧，天公不作美，十六日，天色突变，乌云密布，纷纷扬扬飘下漫天的鹅毛大雪。（李文澄《努尔哈赤》）

综上，我们可以得出结论："恰巧""偏巧""不巧"都可以用在无预期的句子中，即都可以表示"巧合的偶然性"，当事人对事件B预先没有期待。此外，"恰巧"还可以表达反预期和预期信息。"偏巧"主要表达无预期信息，极少表达预期信息。"不巧"只表达反预期信息。三者的表现见表5.1。

表 5.1　三者预期的有无及预期类型比较

词语	预期	反预期	无预期
恰巧	＋	＋	＋
偏巧	－	＋	＋
不巧	－	＋	＋

四、事件的性质

事件有积极、消极还是中性之分。这里所说的积极事件、消极事件的区分标准是听说双方在内的特定言语社会共享的预期。"-巧"类词语义差异还受到相关事件性质的影响。

（一）恰巧——中性事件居多

"恰巧"对事件的性质无特别要求，可以是积极事件，也可以消极或中性事件。例如：

（1）如果恰巧在年前寄回个什么立功受奖的牌子，这时会一个传一个看稀罕，夸赞这孩子在外面挣脸有出息。（1998 年《人民日报》）

（2）不幸七年前迁居的时候，中途毁坏了一口书箱，失去半箱书，恰巧这讲义也遗失在内了。（鲁迅《朝花夕拾》）

（3）海伦一脸兴奋地轻轻拍打我的手，然后紧接着拼写出了这个词。恰巧在此时，保姆抱着她的小妹妹来到水房。我把海伦的手放在了小妹妹的身上，同时拼写了"baby"（宝宝）这个词。（海伦·凯勒《教学报告》）

根据北大语料库 CCL 语料统计，在 1 089 个"恰巧"用例中，用于积极事件、消极事件和中性事件的比例分别为 6.43%、8.63% 和 84.94%。可见，"恰巧"多用于中性事件中，对积极事件和消极事件没有明显的偏好。

（二）偏巧——偏好消极事件

"偏巧"主要用于消极事件中。例如：

（1）偏巧马拉多纳不合时宜地跌了一跤，余重火了：女人怎么这么得寸进尺、无理取闹、给脸上鼻梁？（姜丰《爱情错觉》）

（2）中国男队目前在世界排坛实力对比中处于中游，在二流水平各队中亦无优势。偏巧此次出征前后，5 名队员训练时受伤，主

攻手张翔脚踝扭伤，副攻郑亮打裂了手掌，给争取好成绩增加了难度。（1995 年《人民日报》）

"偏巧"也可以用在积极事件中，但总体用例较少。例如：

（3）天真的小雪，偏巧获得人生一大转机，下乡一年以后她考入北京医科大学，得以潜入学识的海洋。（1994 年《报刊精选》）

（4）偏巧死神好像是度假旅行去了，我们元帅可是逍遥自在地活着呢！（田中芳树《银河英雄传说》）

根据北大语料库 CCL 语料统计，"偏巧"用于修饰消极、不利的事件中的用例约占 87.29%，用于积极、有利事件中的用例约占 12.71%。可见，"偏巧"主要用于消极、不利的事件中。

（三）不巧——消极事件

"不巧"主要用于消极事件中。具体情况分为三种：

1. 该事件本身是消极的

就事件本身而言，不管是从客观事理而言还是从说话人角度而言，该事件都是消极的、不利的事件。例如：

（1）有一次，矿上急着要与他们的上级——新疆有色金属总公司联系，不巧，通信线路因下大雪突然发生故障。（1994 年《人民日报》）

（2）一天黎明，运输大队正要通过五峰南河上的一座独木桥，不巧，开场骡子失蹄把前腿扭伤。（1994 年《报刊精选》）

以上两例中，"通信线路因下大雪突然发生故障""骡子失蹄把前腿扭伤"，这些都是消极事件。

2. 该事件是中性的，但说话人认为是不利的

该事件本身无所谓积极、消极，但说话人认为该事件相对于当时场景来说对自己或当事人是不利的。例如：

（1）不巧，山上烟雨迷蒙，天山一色。他前挂一部相机，侧挎一部相机，手捧一部相机，走向雨中的黄山。同伴们纷纷劝阻，他执意不从。（1994年《报刊精选》）

（2）"真对不起，我虽是琴师，却难能操奏。不巧，小女韩燕又不在家。咳，艳丽，你怎么不把若男带来呢？"（1995年《人民日报》）

上面两个例子中新发生的事件就其本身而言无所谓积极、消极，但说话人认为该事件给自己或他人带来了不利的影响。

3. 事件本身是积极的，但对与事件相关的某一方是消极的、不利的。

事件本身是积极的，但说话人采用当事人视角认为该事件是不利的。例如：

（1）不巧，他们在抢劫前将计划掉在了飞机上，被警察拿到了。（1996年《人民日报》）

（2）在这时候，窃贼企图潜入她的家里，不巧被一位新闻记者发觉，窃贼跳上屋顶逃走。（克莉丝汀·汤普森《世界电影史》）

例（1）警察拿到抢劫犯的抢劫计划其本身是一件好事，但对劫匪来说是不利事件；例（2）"发觉窃贼"从道义上来讲是一件积极事情，但对窃贼来说则是不利事件。

综上，我们可以得出结论："恰巧""偏巧""不巧"对事件性质有倾

向性选择："恰巧"可以多用于中性事件，对积极和消极事件无特别偏好；"偏巧"主要修饰消极事件，较少用在积极事件中；"不巧"主要用于消极事件，较少用于积极事件（该积极事件对某一方而言是消极的），具体见表 5.2。

表 5.2　"–巧"类词修饰事件的性质比较

词语	积极	消极	中性
恰巧	6.43%	8.63%	84.94%
偏巧	12.71%	33.90%	53.39%
不巧	3.10%	57.36%	39.53%

五、言者的态度

两件事情同时发生，虽然对说话人来说是无法阻挡的，但其内心还是有希望发生和不希望发生这种主观想法的。而说话人希望和不希望两件事情同时发生，直接影响着对"–巧"类词的选择。

（一）恰巧——多希望发生

"恰巧"多用在说话人希望发生的事件中，也可以用于不希望发生或无所谓希望不希望发生的事件中。例如：

（1）恰巧赶上大蝎请客，有我；他既是重要人物之一，请的客人自然一定有政治家了，这是我的好机会。（老舍《猫城记》）

（2）他恰巧和燕南飞相反，能够走路的时候，他决不坐车！（古龙《天涯明月刀》）

（3）傅红雪却仿佛还在遥望着远方，远方恰巧有一朵乌云掩住了太阳。（古龙《天涯明月刀》）

（二）偏巧——多不希望发生

"偏巧"多用在说话人不希望发生的事件中，如例（1）；少数用于希望发生事件中，如例（2）：

（1）佥面佛道："不错。他听说我有个外号叫作'打遍天下无敌手'，心中不服，找上门来比武。偏巧我不在家，他和我兄弟三言两语，动起手来，竟下杀手，将我两个兄弟、一个妹子，全用重手震死。"（金庸《雪山飞狐》）

（2）偏巧中国台北队教练也通日语，日本记者便群起炒那女翻译的鱿鱼，鼓动两教练自译。（1994年《人民日报》）

根据语料统计，"偏巧"用在说话人希望发生的事件中有39例，占33.05%；不希望发生的事件有77例，占66.95%。可见"偏巧"主要用在不希望发生的事件中，其次是希望发生的事件中。

（三）不巧——不希望发生

绝大多数"不巧"用于表达说话人不希望同时发生的事件中，少量用于希望发生的事件中。例如：

（1）不巧李敬在鞍马上意外失手，给他带来了很大心理压力。（1994年《报刊精选》）

（2）我长大以后，因为常常听外祖父讲话，所以也学了几句洋鬼子说的话。学不对时，倒也没发生什么特别的现象；不巧学对了时，我的眼睛就会一闪一闪冒出鬼花，头顶上轰一下爆出一道青光，可有鬼样。（三毛《西风不识相》）

用于说话人不希望发生的事件的例句共254例，占98.45%；存疑的只有4例。可见"不巧"主要用在说话人不希望发生的事件中，具体见表5.3。

表 5.3　说话人的态度比较

词语	希望	不希望	无所谓
恰巧	61.8%	28.1%	10.20%
偏巧	33.05%	66.95%	—
不巧	1.55%	98.45%	—

综上，可以看出，"恰巧"倾向于希望发生的事件中，"不巧"主要用于不希望发生的事件中。此外，"偏巧"用在不希望发生的事件中的比例比希望发生的事件中的比例要多。

六、"–巧"类词的表义差别与影响

综上，"恰巧"、"偏巧"和"不巧"的意义各有侧重："恰巧"更侧重于强调两件事情同时发生的巧合性，客观性较强；"偏巧"说明了新信息发生的反预期性，主观性较强；"不巧"则更突出了说话人对新事件的消极评判——同时发生的两件事情对事件主体来说是不利的，因此主观性最强。

"–巧"类词所反映事件主体或言者的主观评价也有不同："恰巧"既可用于正面的主观评价，也可用于负面的主观评价，还可用于中性评价。"偏巧"多用于负面评价，较少用于正面和中性评价。"不巧"则只用于负面评价。三者的异同见表 5.4。

表 5.4　三者评价类型

词语	正面评价	中性态度	负面评价
恰巧	＋	＋	＋
偏巧	少	少	＋
不巧	－	－	＋

三者表义重点的不同，使得它们可以共现。三者共现的规律如下："恰巧"和"不巧"可以共现，"偏巧"和"不巧"可以共现。但"恰巧"

与"偏巧"不可以共现。原因很简单:"恰巧"对"预期"的无特殊要求与"偏巧"的反预期特征相冲突,"恰巧"对事件的性质无要求也与"偏巧"的"偏消极性"相抵牾。例如:

(1)但是,当她正将化妆时,恰巧(或者说不巧)梅梅气喘吁吁地赶了回来。深深的失望把她击倒了,她瘫软地靠在椅子上。(曾卓《文学长短录》)

(2)而待他有了原始积累,有了自己的公司,体验,也就幻化作高速路上的竞奔。如果你不巧,如果你恰巧置身其中,定然可以饱览竞争的惊心动魄:一瞥超前,转瞬拉后,交睫胜出,眨眼落败,得失须臾互置,顺逆顷刻易位。(1995年《人民日报》)

(3)许敛宁不甚习惯地闭了闭眼,只觉有人向自己撞来,她只能闪避,却还是被人在腰间一撞,偏巧不巧刚好撞在穴道附近。(苏寞《临春风》)

例(1)中,"恰巧"显示了两件事情同时发生的巧合性,而"不巧"是言者基于当事人视角对发生的事情"置身其中"所做的主观负面评价。例(2)也是如此,只是评价与描述的顺序相反。例(3)"偏巧"说明事件主体对两件事情同时发生没有预期,"不巧"是对事件"撞在穴道附近"的负面评价。

"不巧"的评价功能进一步增强后就衍生出话语标记的用法。例如:

(4)不巧的是,此时正逢值中班的医生、护士和上深夜班的护士、医生交接班。(栈桥《招魂》)

(5)另外60亩土地,种下了他从荆州农科所引进的优良稻种。不巧的是,水稻扬花时遇上风灾,减产40%,但亩产仍达400多公斤,比常规稻高出近百公斤。(1995年《人民日报》)

（6）不幸的是，在这种事上日行做不了主，必须由日本大藏省点头。可是，大藏省此时偏偏也遇到麻烦，一些日本银行也在闹饥荒，而且可能要影响到政府的稳定，它自然不愿意管别人的闲事。更不巧的是，大藏省本来对衍生证券就不感冒，多方加以限制，绝不可能帮巴林的忙。（1995年《人民日报》）

七、结语

"恰巧""偏巧""不巧"有相同之处，都含有［＋巧合］这一语义特征，在表示 A、B 两件事同时发生时可以替换使用。但"恰巧"语义辖域更广，可以表示两物"性质相反"和"数量适宜"，"偏巧"和"不巧"则没有这些用法。

更重要的是，三者还存在预期有无及预期类型区别、事件的性质、动作主体／言者的态度等方面的区别。三者不同之处具体表现为：

"恰巧"对预期没有强制性要求，可以表达预期信息、反预期信息和中性信息；倾向于修饰积极、希望发生的事件。"偏巧"倾向于修饰反预期、消极、不希望发生的事件，较少修饰积极事件。"不巧"主要用于表达反预期信息和无预期、消极、不希望发生的事件。相对于"恰巧"而言，"不巧"的主观性更强，更能体现说话人对事件的主观评价：说话人认为该事件对当事人来说是不利的。

其实，这些差异与人们的认知心理密切相关：做一件事情前，都会对结果有所预期，且是好的预期；都希望积极的事件发生，不希望消极事件发生，这是人们"趋利避害"的本能释然。当不同性质的事件发生时，必然给事件主体或人们带来不同的情感波动：积极的、期待发生的事件会带来正面评价；而消极的、不希望的事件不可避免地发生时，带来的只能是负面评价。总之，"恰巧""偏巧""不巧"的相同点是客观的，而不同点则是主观的。

第二节　副词"尽管"的语义、语境及词汇化 [①]

《现代汉语词典》(第7版,2016:678)对副词"尽管"的解释如下:表示不必考虑别的,放心去做。但该释义无法解释下列偏误:

(1)*A:杨经理,想请你帮个忙。

　　B:我尽管帮您。(上海财经大学外国留学生练习题)

(2)*虽然我们现代人的生活很紧张,我们尽管试试谈话,这个代沟的问题能解决,这个代沟的问题能解决。(HSK动态作文语料库)

(3)*她说如果我有什么不明白的事,我要问她。(HSK动态作文语料库)

尽管例(1)和例(2)中的"尽管"符合词典释义,但整个句子仍然是不合语法的。可见,词典的释义还不够准确。词典的释义是基于祈使句用法而概括的。考察更多的例句之后,我们发现,副词"尽管"的用法不止祈使这一种,还包括其他非祈使场景的用法,如例(3)等。偏误的存在说明词典释义是不全面的。

相对于连词"尽管"而言,学界对副词"尽管"的关注较少,关注点主要集中在三个方面:语义的概括,如《现代汉语词典》(第7版)、张斌(2001)等;性质认定,如张谊生(2000b)认为"尽管"属于限制性副词下位分类中的范围副词,而李小军、徐静(2017)认为"尽管"属于情态副词;语法化研究,如李计伟(2007),丁健(2011),霍生玉

---

① 本节由刘焱、李晓燕共同署名发表于邵洪亮主编的《汉语副词研究论集》(第五辑),2021年。收入本书时有少量修改。

（2010），李小军、徐静（2017），李晓燕（2019）等。

上述研究或为词条解释，或为进行语境描写，或存在分歧等，还需要对副词“尽管”的语义、功能等方面进行更加全面、深入的研究。

一、副词“尽管”的语境、语义与功能

基于大规模语料库发现，副词“尽管”经常出现的语境有叙事、祈使和允诺三种。在这三种不同的语境中，“尽管”呈现出不同的语义特点和功能。

（一）叙事语境——概括描写

“尽管”可以用于叙事描写中，描述一个正在进行的动作行为，事件中的施动者“无所顾忌地、尽情地做某事”。例如：

（1）水洒着的地方，尘土果然不起了。但那酷烈可怕的阳光，偏偏不肯帮忙，他只管火也似地晒在那望不尽头的大街上。那水洒过的地方，一会儿便干了；一会儿风吹过来或汽车走过去，那弥漫扑人的尘土又飞扬起来了。洒的尽管洒，晒的尽管晒。（胡适《本分》）

（2）倩如继续说：“现在要剪头发的确需要很大的勇气。刚才我到学堂来，一路上被一些学生同流氓、辫神（即一些专门调戏妇女的年轻人）跟着。什么‘小尼姑’、‘鸭屁股’，还有许多不堪入耳的下流话，他们指手划脚地一面笑一面说。我做出毫不在乎的样子尽管往前面走……”（巴金《家》）

（3）俄国车夫都有灵敏的嗅觉来代替眼睛，因此他尽管闭着眼睛。（果戈理《死魂灵》）

以上三例都是描写。例（1）描述的是两个正在进行的动作行为——“晒”和“洒”；例（2）描述的是一个正在进行的动作行为“走”；例

（3）描述的是正在进行的动作行为"闭着眼睛"。施动者不考虑别的因素影响、无所顾忌地持续着"晒""洒""走""闭着眼睛"等动作。

综上，描摹性"尽管"的语义可以概括为：自己／他人无所限制地、使用各种方式地进行某一动作行为。这也许是李小军、徐静（2017）认为"尽管"为情态副词的主要原因。

（二）祈使语境——恳切请求

"尽管"更常出现的语境是祈使语境。例如：

（1）诸位有什么话，尽管说，待会儿好转告诉区长、所长。（老舍《龙须沟》）

（2）说说你自己，这里是你的世界，用不着有任何顾虑。想说的尽管一吐为快。你肯定有话要说。（村上春树《舞！舞！舞！》）

（3）你是我弟弟，签字之类的事你尽管签，有康医生作证，就说是我让你签的。（1994年《作家文摘》）

"尽管"大量出现在祈使语境中，但值得注意的是，该类祈使语境为请求而非命令。高名凯（1948/1980：494）指出："一般的看法是把命令和请求看作两回事：命令是由上向下地发令，请求是由下地求肯；前者难以违反，后者则不能强制他人。……所以'请求'总是客气的。"而相对于"VP！"请求类祈使句而言，"尽管 VP！"的礼貌性更强：对方可以"无所限制地、使用各种方式地进行某一动作行为"，更符合"提供帮助"言语行为"诚意条件"（sincerity condition）——说话人真心实意地想提供帮助。在这种语境下，"尽管"也浮现出了"（请对方）放心地、无所顾忌地、没有任何条件限制地做某事"的意思。"请求"类"尽管"祈使句的常规用法是"你尽管 V"或"你尽管 V，我 S"。其句式义是这样的：请对方无所顾忌地做某事，说话人一定会实现对方的预期结果。这一语义在形式上也有所体现：说话人会使用"请"等敬语；或者使用其他可以消除对方顾虑的辅助语。例如：

（4）毛泽东见人到齐便言归正传：今天请诸位来，是想说一下肃反问题。咱们四个今天枣园夜谈，有啥说啥，<u>我不打棍子，不抓辫子</u>，你们知道什么尽管说。（1993年《作家文摘》）

（5）……李惠之不能怠慢，所以他即佯装热情，下床拉起李弥，安慰道："<u>兄弟不必担心</u>，有用得到愚兄的地方，请尽管说!"（1996年《作家文摘》）

（6）刘义最后这么讲："<u>大家不要怕，有工作队给你们作主</u>，大家尽管说!"（1993年《作家文摘》）

可以说，"请求"类"尽管"隐含着"说话人一定会实现对方的预期结果"一义，故近期出现一种流行构式"你尽管X，Y算我输"（详见第六章第三节），这一搞笑的流行构式正是对"尽管"常规句式的解构。例如：

（7）学生代表："老师你尽管出题，会做一道算我输"。（网络搜索）

（8）老师："寒假作业你尽管写，写得完算我输"。（网络搜索）

"你尽管X，Y算我输"的构式义可以概括为：言者请求对方尽情地、放心地做某事，但（对方）绝不会达到预期目的。前一分句的慷慨允诺（尽管V）与后一分句的结果（算我输）突转形成了落差，从而达到调侃、幽默的目的。这一流行构式也从侧面说明了"尽管"的语义特点是：放心地、尽情地、无所限制地做某事。（陈若男、刘焱，2023）

（三）允诺语境——慷慨承诺

请求言语行为的诚意条件也使得"尽管VP"可以用来表示承诺言语

行为：说话人同意、允许听话人或者第三方"随意地、无所顾忌地、没有任何条件限制地做某事"。例如：

（1）其时有几个跑远路差人，正从隔河过渡，过了河，上岸一见橘子，也走过来问橘子价钱。那本地人说："副爷，你尽管吃，随便把钱。你要多少就拿多少去！"（沈从文《长河》）

（2）"我们也买它，行吗？"克罗威问。"尽管买，尽管买。别让我妻子知道是我告诉你们的。"（海明威《永别了，武器》）

（3）心湖厉声道："到此时，你还要逞口舌之利，可见全无悔改之心，看来今日贫僧少不得要破一破杀戒了。"李寻欢道："你尽管破吧，好在杀人的和尚并不止你一个！"（古龙《小李飞刀》）

允诺性"尽管 VP"主要用于答句中，用于肯定回复听话人的请求，如上两例；也可以是对第三方的允诺，例如：

（4）刀白凤不理丈夫，仍是向着木婉清道："你跟她说，要我性命，尽管光明正大的来要，这等鬼蜮伎俩，岂不教人笑歪了嘴？"（金庸《天龙八部》）

（5）他坐着苦思冥想片刻，然后说："他尽管走，可是我看不出为什么伊莎贝拉非走不可。爱玛我想，我要设法说服她多跟我们住一阵子。她和孩子们可以好好住一段时间的。"（简·奥斯汀《爱玛》）

还可以用于表假设的虚拟句中。例如：
（6）要是谁想责怪我，他尽管去责怪好了。（夏洛蒂·勃朗特《简·爱》）
（7）能要尽管要，不要白不要，自然是多多益善。（1995 年

《人民日报》）

请求和允诺两种语境中的"尽管"应为评注副词：其主要作用并不是描述动作行为的方式，而是表明说话人的主观态度——诚恳地请求或允许对方做某事。回到本节开头偏误部分，例（1）的偏误原因在于：该语境为允诺性语境，是诚恳地允许"对方"放心地去做某事，"尽管"的主语应为第二人称，不能是第一人称。应改为：

（1′）A：杨经理，想请你帮个忙。

B：您尽管说，我一定会帮您的。

综上，副词"尽管"的语用功能有两种：一是概括描写，主要用于叙事语境，描写动作行为者无所顾忌地做某事；二是评注，诚恳地请求或慷慨地允诺对方无所顾忌地去做某事，多用于请求或承诺语境。

二、副词"尽管"的搭配及功能要求

不管是何种语境，"尽管"突出的都是"无所顾忌"这一语义特征，或者是动作者无所顾忌地做某事，或者言者请求或允许对方无所顾忌地做某事。因此，副词"尽管"在句法搭配及语篇构成上也有特殊的要求。吕叔湘《现代汉语八百词》指出，"尽管"后面的动词一般不能用否定式，不能带"了、着、过"。此外，副词"尽管"对动词和语篇也有特殊的要求。

（一）对动词的要求

副词"尽管"量的特点限制了动词的使用：其后修饰的动词或动词性短语不能是具有［＋短时］［＋不可重复］语义特征的动词，也不能是［＋微量］或［＋少量］的动词性短语。例如：

（1）尽管敲。

　　——＊尽管死。

（2）有啥要我办的，尽管说。

　　——＊有啥要我办的，尽管说说。

　　——＊有啥要我办的，尽管说一下。

例（1）"敲"是短时动词，但是可重复的，因此可以受全量副词"尽管"修饰；而"死"是不可重复的短时动词，故不可以受"尽管"修饰。例（2）中，"说"是可持续动词，因此可以受全量副词"尽管"修饰；而"说说"和"说一下"是短时、少量动词，故不可以受"尽管"修饰。

回到本节开头的偏误（2），其偏误原因在于：重叠动词"试试"表示短时、少量，与"尽管"全量要求不符。故 HSK 作文库将其改为"尽量"：

（2′）＊虽然我们现代人的生活很紧张，我们尽管试试谈话，这个代沟的问题能解决。

　　——虽然我们现代人的生活很紧张，但我们尽量试试谈话，这个代沟的问题能解决。

（二）对语篇的要求

不同语境中，全量有不同的体现或要求：描摹语境中，多为对比句式。例如：

（1）但也有个别领导干部却干打雷不下雨，表面上也让别人"揭短"，可常常是你尽管揭，我这里"岿然不动"，更谈不上去"补短"了。（2000 年《人民日报》）

（2）蒋淑英这一团委屈，怎样说得出来？说出来了，又显然是

不满意于洪慕修。所以问的他尽管问，哭的还是尽管哭。（张恨水《春明外史》）

请求或允诺语境中，体现的形式较为多样，可以是表示周遍性的句式，如"不管什么……，都……""无论……，都……"等。例如：

（3）这时我就对医生说："医生，无论用多少血，你都尽管抽吧，我是母亲的儿子呀！"（1995年《作家文摘》）

（4）徐文平说，几天前，当地一个公司老板，算来也是他的表哥，曾找到他撂下一句话："要多少钱你们尽管开口，搞倒他们（指这四个运政人员）对你们没什么好处。"（2000年《人民日报》）

或者表示周遍性的短语，如下两例中的"楼上楼下""一切事"：

（5）女人高声叫骂，男人装得很坦然地对警察说："老总，我们是老百姓家，哪里会做犯法的事，不信楼上楼下尽管查看。"（1994年《作家文摘》）

（6）所以大年三十怎么了啊？就是一切事尽管做，不往心里去。（元音老人《佛法修证心要》）

回头看偏误（3），其偏误原因在于：前一部分"有什么不明白的问题"为遍指，指"任何不明白的问题"，因此其后应使用全量副词"尽管"。故HSK作文库使用"尽管"进行修改：

（3′）*她说如果我有什么不明白的事，我要问她。（HSK动态作文语料库）

——她说如果我有什么不明白的事，我可以尽管问她。

三、副词"尽管"的词汇化

（一）语法化过程

根据 CCL 语料库，"尽管"连用较早出现在唐代，为状中性动词短语，"尽"为范围副词"全部"之义，"管"为动词"掌管、负责"之义，但用例较少。例如：

（1）暂辞堂印执兵权，尽管诸军破贼年。（唐·韩愈《次潼关上都统相公》）

宋元时期，用例稍多。例如：

（2）燕社鸿秋人不问，尽管吴笙越鼓。（宋·吴潜《贺新郎·用赵用父左司韵送郑宗丞》）

（3）尘埃扫尽无他虑，尽管高楼自在眠。（宋·陈藻《诵中庸》）

（4）正礼三千贯。度量阔，眼皮宽，把断送房查全尽管。（元·贾仲明《萧淑兰情寄菩萨蛮》）

此时，"尽管"为偏正关系的短语，可后接名词或名词性短语，意为"全掌握、全负责"。

宋代"管"已经副词化，出现了副词用法如"只管"，且高频出现，但奇怪的是，CCL 语料库中不见"尽管"的副词用例，这也许与"只管"的使用有关。李小军、徐静（2017：115）认为："'尽'和'只'虽然一为限定，一为总括，但是成词后的'只管'与'尽管'语义却无多大差异，原因在于'只管'是'只负责 VP'，'尽管'是'全部负责 VP'，都是指全部心思负责某项事务。"此看法非常独到。需要补充的是，随着使用频率的增加，"管"的"负责"义也进一步减弱，"持续"特征增强，故"只管"新增加了"只持续性做某一件事"的意思，并进一步引申为

"尽情地持续性做某事"之义。例如：

（5）杜宇多情芳树里，只管声声历历。（宋·赵师侠《醉江月·乙未白莲待廷对》）

（6）青山只管一重重，向东下，遮人眼。（宋·毛滂《一落索·东归代同舟寄远》）

（7）只管寻芳逐翠，奔驰后，不顾倾危。（宋·则禅师《满庭芳·咄这牛儿》）

明代，出现了"尽管"用在动词、形容词前的用例。例如：

（8）又见地下脚迹，自缸边直到门边，门已洞开。尽管道："贼见我们寻，慌躲在酱缸里面。"（明·凌濛初《二刻拍案惊奇》）

（9）酒保听得，慌忙上来招呼道："师父何事生气？要酒菜时尽管叫，自添将来。"（明·施耐庵《水浒古本》）

（10）装好汉发个慷慨，再是一百两一家，分与三个女儿，身边剩不多些甚么了。三个女儿接受，尽管欢喜。（明·凌濛初《二刻拍案惊奇》）

（11）这数个，多是吴中高手，见了懒龙手段，尽管心伏，自以为不及。（明·凌濛初《二刻拍案惊奇》）

此时，"尽管"已经演变为副词，意思是"尽情地做某事"，可用于祈使句中，也可以用于描述句中。

综上，词性方面，"尽管"由偏正关系的动词性短语演变为副词。相应地，在意义方面，"尽管"由"全部、掌管"演变为"无所顾忌地、尽情地做某事"这一意义。

（二）演化机制及动因

1. 重新分析

"尽管"副词化的主要机制是句法环境的变化——后接成分的泛化。"尽管"最初组合时为跨层结构——状中性动词性短语，主要作谓语，后接名词宾语。随着使用频率的增加，"尽管"可以后接动词性宾语甚至小句。带动词性宾语或者说居动词前这一位置为"尽管"副词化提供了句法环境。"尽管＋N"时，"管"是谓语中心；而在"尽管＋V"中，V逐渐成为谓词中心，"尽管"不再是事件中心，句法地位降低，动词性逐渐减弱，修饰功能逐渐增强，随着高频使用，状中结构的边界逐渐消失，最后融合为副词了。其结构关系发生了重新分析（reanalysis）："尽管 V"由动宾短语重新分析为偏正短语。

尽管 V　　⟶　　尽管 V

［尽］管高楼自在眠　　　［尽管］　叫

述语　宾语　　　　　状语　中心语

"尽管"重新分析后变为副词了。

2. 主观化

"主观性"（subjectivity）是指语言的这样一种特性，即在话语中多多少少总是含有说话人"自我"的表现成分。也就是说，说话人在说出一段话的同时表明自己对这段话的立场、态度和感情，从而在话语中留下自我的印记。（参见 Lyons，1977：739；沈家煊，2001a：268）"主观化"（subjectivisation）是指语言为表现这种主观性而采用相应的结构形式或经历相应的演变过程。

"尽管"词汇化的过程中，也经历了主观化过程。最初"尽管"为跨层结构时，主要是客观地陈述事实。例如：

（1）暂辞堂印执兵权，尽管诸军破贼年。（唐·韩愈《次潼关上都统相公》）

宋代，"尽管"多为事件、场景描写，带有了一些主观评价义。例如：

（2）尘埃扫尽无他虑，尽管高楼自在眠。（宋·陈藻《诵中庸》）
（3）燕社鸿秋人不问，尽管吴笙越鼓。（宋·吴潜《贺新郎·用赵用父左司韵送郑宗丞》）

李小军、徐静（2017：115）曾指出："尽管天下盐铁"是纯客观性的，但是"尽管高楼自在眠"的主观性已经很强，是当事人的内心想法。这一看法非常准确。例（2）是言者处于上帝视角的描述，主观性更强。类似的用例很多：

（4）哪知牛力真大，牛皮真厚，竟似毫无知觉一般，尽管背着仙姑缓缓而行，口中还不住地唱些不干不净的村歌儿。（李小军、徐静，2017例）
（5）他二人（按：二郎和玄珠子）尽管开玩笑，铁拐先生却不觉面上突然变色，暗暗想道："言为心身，二仙身为正神，职司重任，怎么不拿别的话寻欢取笑，反把讹误二字互相赌赛似的。"（李小军、徐静，2017例）

以上两例都是言者对正在发生的场景的描述，正是事件的"未然、正然"使得"尽管"带有情态描写的主观性。

四、结语

现代汉语中，副词"尽管"有两种不同的语义：一是"无所顾忌地、尽情地做某事"，主要用于描写或叙述语境，V 为正然（正在实施）状态，"尽管"为摹状副词。一是请求或允许对方"无所顾忌地、尽情地做某事"，主要用于对话中，凸显说话人的诚意态度，V 为未然（未实施、将实施）状态，"尽管"为评注副词。两种不同的语义有三种不同的出现语境：叙事、祈使和允诺。

在上述三种不同的语境中，"尽管"呈现出不同的语义特点和功能。副词"尽管"的语义形成与构成成分"尽"的"全量"语义有关，故对其所修饰的动词有语义要求，同时也影响着语篇的构成。"尽管"的语义呈主观性递增趋势：由客观描摹到表明说话人的诚意态度。

副词"尽管"是由状中短语词汇化而成的，演化的机制和动因是重新分析和主观化。"尽管"副词化后，并未停止语法化的脚步，又进一步语法化为连词了。（连词"尽管"的用法与语法化拟另文介绍。）

第六章　反预期构式表达手段研究

反预期可以通过构式表达出来。汉语中表达反预期的构式有一些，如"亏……（呢）""哪里是 A，分明是 B""还 NP 呢""才＋拷贝句""都 NP 了"等。本章选取两个构式"亏＋S"构式、以及"好好的"进行研究。

第一节　预期类型对"亏＋S"构式的语用制约[①]

"亏＋S"是现代汉语口语中常用的构式之一，目前对"亏＋S"构式研究成果相对较少。太田辰夫（2003），吕叔湘（1980/1999），张斌（2001），邵敬敏、王宜广（2011），胡佳丽（2012），刘晓亮（2011）等都曾不同程度地概括过"亏"的词性和语义；王瑜（2012）、易正中（2014）、冯峰（2014）等分析了"亏你 S"构式的语义、语用等特征以及其构式化的机制和动因。在此基础上本节进一步探讨"亏＋S"构式的语用功能、预期类型对"亏"语义及该构式功能的影响、"亏"构式形成的机制与动因。

[①] 本节由刘焱、冯峰、刘晓亮共同署名以《预期类型对"亏"构式的语用制约》为题发表于《常熟理工学院学报》2019 年第 4 期。收入本书时有大量修改。

一、"亏"的语用功能

对于"亏"构式的意义,学界共有三种看法:一是表示庆幸,如侯学超(1998)、吕叔湘(1980/1999)、张斌(2001)、方红(2003)、《现代汉语词典》(第7版,2016:义项4)都指出了这一点。二是表示赞赏,如张斌(2001)。三是表示不满、讽刺,如吕叔湘(1980/1999),张斌(2001),沈建华(2003),邵敬敏、王宜广(2011),刘晓亮(2011),冯峰(2014),《现代汉语词典》(第7版,2016)等。以上各家说法都有一定道理,都看到了该构式的某一方面的功能,但都未能指出这些不同功能之间的语义联系。

在现有文献的基础上以及大规模语料的支持下,我们发现,"亏"构式可以表达多种话语功能。

(一)亏₁——感谢或庆幸

"亏₁"表达感谢或庆幸。① 先看例句:

(1)现在集体富了,我又搬进村里贴钱建的楼房,都亏了有个好党支部。(1996年《人民日报》)

(2)我不是个富人,为了弥补训练费用不足,不得不省吃俭用,亏得家人支持,否则我的网球之路是走不下去的。(新华社2004年9月"新闻报道")

(3)矿工们都捏了把汗说:亏了张京川,不然小命搭上了!(1994年《报刊精选》)

---

① 感谢和庆幸有时是不能截然分开的:有时,"获得了某种利益"的同时,说话人在对使他们获得利益的因素表示感谢的同时,也有"庆幸""获得利益"的心理;由于"避免了某种伤害",说话人在"庆幸"之余,也会对使他们避免伤害的因素表示"感谢"。这里主要以"获利"和"避害"为标准来区分二者的主体情感。

例（1）、例（2）说话人的目的是表示感谢，说话人因某人（听话人或第三方）的帮助，而获得了某一利益或达成了某种目的。例（3）说话人的主观目的是庆幸，说话者因某人（听话人或第三方）的帮助而避免了某种损失。我们把表达感谢或庆幸的"亏"构式标记为"亏$_1$"。

二者合为一类的原因如下：两种不同的情感在获得方式及结果上是一致的，都受到某一因素的影响，都是正向的积极的结果。不同的是说话人的主观视角："感谢"更关注"获利"而淡化"避害"；"庆幸"更关注"避害"而淡化"获利"。二者在句法和语义上也有不同表现。凸显"获利"的"亏$_1$"以"亏"小句居后为多，而凸显"避害"的"亏$_1$"以"亏"小句居前为多。"亏$_1$"的语义隐含是：说话人对无预期的获利或避害表示感谢或庆幸。表感谢的"亏$_1$"的句法形式为：$S_{2获利}$，亏 $S_{1积极}$。如例（1）、例（2）；表庆幸的"亏$_1$"的句法形式为：亏 S_1，$S_{2避害}$。[①] 如例（3）。S_1、S_2 不受人称的限制。X_1 为听话人、说话人、第三人或自然现象。例如：

（4）亏你想出这样的方法，才把那东西要回来。

（5）亏我今天来上课了，不然老师点名就惨了。

（6）亏小王说出真相，不然你现在还没出来。

（7）亏雨停了，不然我要被淋惨了。

X_2 可以是说话人、听话人、第三方或自然现象。例如：

（8）亏你帮忙，我才按时干完这活。

---

① "亏$_1$"中，S_1 和 S_2 的顺序可以颠倒而不影响语义的表达，但获利的"亏$_1$"以"亏"小句居后为多，避害的"亏$_1$"以"亏"小句居前为多。

（9）亏他拽了你一把，不然你肯定掉下去了。

（10）排在队前的孝桥乡芳口村的廖文龙，一边擦着额头上的汗，一边高兴地说："亏我起了个早，中早1号还买得到，否则回去老婆骂死人！"（1994年《人民日报》）

（11）亏我今天穿得厚，不然这天气得把我冻死！

构式"亏₁"中，表感谢的"亏"都可以替换为"多亏"。例如：

（12）她说："真的，真是多亏了那个老人，多亏他那天戴了一顶草帽，多亏了那阵风。"（《读者》〔合订本〕）

（13）家霆刚入学时，邹友仁生过一次急性痢疾，多亏"老大哥"和"博士"关心照顾，端屎倒尿不说，还卖掉了自己的毛线衣买了一瓶"痢特灵"治好了邹友仁的病。（王火《战争和人》）

（14）多亏了冯家姆妈的补习，她的知青女儿考上了大学。（严歌苓《陆犯焉识》）

此外，"亏"后也可以出现"了"，"亏"前可以受"全""真""还"等副词修饰。例如：

（15）当人们向他问起陈大梅时，他总是啧啧地说："我这条老命，全亏了我大梅儿媳妇。"（1996年《人民日报》）

（16）也真亏了艾森豪威尔，公开演说起来，总算没有丢丑。分手之后，我倒吸了一口气。亏了没走嘴，去提艾琳，他那位露水夫人！（1998年《人民日报》）

（17）宋襄公指手划脚，还想抵抗，可是大腿上已经中了一箭。还亏得宋国的将军带着一部分兵马，拼着命保护宋襄公逃跑，总算保住了命。（《中华上下五千年》）

表庆幸的"亏₁"可以替换为"幸亏"。例如：

（18）他们的情况非常糟糕，幸亏及时回到了乌克兰，否则后果不堪设想。

（19）幸亏病人送来及时，否则在家里再这样抽搐，很有可能引起窒息而导致死亡。

（二）亏₂——赞赏或讽刺

"亏"构式还可以表达赞赏或讽刺。例如：

（1）这么大的年纪，亏你还能走这么远的路。（自拟）

（2）家树笑道："爱是爱，可没有这种力气。这个千斤担，亏你举得起。贵庚过了五十吗？"（张恨水《啼笑因缘》）

（3）一看到那鲜艳的桃红水刷石外墙，行家无不赞叹：真亏了他们，把石子刷得像尼龙布一样挺括！（1998年《人民日报》）

（4）那蜈蚣五十米来长，要一节儿一节儿做起来，一节儿一节儿连起来，还要让它上天飞起来，亏他父子能把它做出来。（侯学超，1998例）。

例（1）至例（4）都是表示赞赏的意思，强调不容易做到而做到了。如"这么大的年纪走这么远的路"是按常规不容易做到的事，而且是积极的事情，但听话者却做到了，表达了说话者的赞赏。

而当听话人做出了超出说话人心理预期的消极的事情时，说话人表面上是赞赏，实际是反语，是讽刺。例如：

（5）钱三文呲着嘴，说：啧啧，真个是男欢女爱，其乐无穷

啊！噢，不，不！是腐化堕落，腐化堕落！亏他还是个瘫子呢！（戴厚英《流泪的淮河》）

（6）杨二嫂发现了这件事，自己很以为功，便拿了那狗气杀，飞也似的跑了，亏伊装着这么高低的小脚，竟跑得这样快。（鲁迅《故乡》）

（7）柳吉是那种喜新不厌旧的主儿，老情人捏在手里一大把，……也亏了她记性好，那么多亲亲哥哥也没张冠李戴。（1995年《作家文摘》）

例（5）"他"是个瘫子，竟然和有妇之夫偷情；例（6）杨二嫂是小脚女人，竟然"飞也似的跑了"；例（7）柳吉同时有一大把老情人，竟然没搞混。"偷情""拿别人的东西""一大把老情人"都是负面事情，说话人实际上是讽刺。

表示赞赏或讽刺的"亏"构式可标记为"亏$_2$"。"亏$_2$"的语义隐含是：说话人对超出预期或者超出社会常规的事情表示赞赏或讽刺。二者在句法表现上稍有不同：表赞叹的"亏$_2$"小句多为后续句，超常事件为前引句，句法形式为"S$_{2超常}$，亏 S$_{1积极}$"；而表讽刺的"亏$_2$"则相反，"亏"小句多为前引句，超常事件为后续句，句法形式为"亏 S$_{1消极}$，S$_{2超常}$"。"亏$_2$"中，"亏"不能替换为"多亏"或"幸亏"。①

"亏$_2$"句式中，S$_1$ 和 S$_2$ 的顺序有时可以颠倒而不影响语义的表达。此外，S$_1$ 的主语受人称的限制，可以是第二人称、第三人称，第一人称用例较少。例如：

---

① 需要说明的是，表示赞扬的"亏$_2$"与表示讽刺的"亏$_2$"在形式上没有太大的区别，因此有时需要放在更大的语境中去理解。例如：亏高松年有本领，弹压下去。（钱锺书《围城》）该例句从字面上看是赞扬，实际上是讽刺。

（8）这么偏僻的地方，亏你找得到。

（9）这么偏僻的地方，亏他找得到。

（10）？这么偏僻的地方，亏我找得到。

第一人称不仅用例较少，且多可理解为庆幸，这可能与中华文化中自谦文化有关。构式"亏$_2$"中，"亏"不能替换为"多亏"或"幸亏"。

（三）亏$_3$——批评或抱怨

"亏"构式还可以表达说话者的负面评价，主要是批评或抱怨，体现的是说话人的不满。例如：

（1）刘厨子手按了酒碗道："亏你是本地人，连这些事都不知道。我就晓得这大堤后面那马家婆家里，是个吊人的地方。"（张恨水《北雁南飞》）

（2）王纬宇的话刚刚讲完，那位醋劲很大的编辑，用筷子戳她丈夫的额头："亏你有脸咧嘴笑，花花公子！"（李国文《冬天里的春天》）

（3）曼璐道："亏你有脸说！你趁早别做梦了！告诉你，她就是肯了，我也不肯——老实说，我这一个妹妹，我赚了钱来给她受了这些年的教育，不容易的，我牺牲了自己造就出来这样一个人，不见得到了儿还是给人家做姨太太？"（张爱玲《半生缘》）

上述例句的"亏"用法可以标记为"亏$_3$"。与"亏$_2$"相同的是，"亏$_3$"引发的原因也是对方做了一件超出说话人预期或者超出社会常规的事情；不同的是，该事件是消极的。"亏$_3$"中"亏"也不能替换为"多亏"或"幸亏"。

"亏$_3$"的语篇模式有三种：

A. 亏 $S_{1积极}$，$S_{2消极}$。如例（4）、例（5）。

B. $S_{2积极}$，亏 $S_{1消极}$。如例（6）、例（7）。

C. 亏 $S_{1消极}$，$S_{2消极}$。如例（8）、例（9）。

（4）"瞧你这孩子！亏你也是个大学生了，还这样爱凑热闹？（苏青《歧路佳人》）

（5）亏你平日里自尊自重，挺有主张的，事到临头，却又把自个儿的分量给忘了！（刘斯奋《白门柳》）

（6）我这么忙里忙外的，亏你睡得着。（自拟）

（7）多少年来我一心一意地爱你，你报答我的是什么？亏你相信我会娶这个轻薄浮浪的爱尔兰女人，居然来祝贺我婚后称心如意！（萨克雷《名利场》）

（8）乔老爷马上占了优势："病成这样，亏你们想得出来。"

（9）方丽清吃罢面条正叫金娣给她捶背，满脸愠色地说："房间四十块钱一天，亏你不心疼！上街有什么逛头！"（王火《战争和人》）

"亏$_3$"中S_1的主语不受人称的限制，可以是三称代词或自然现象。例如：

（10）"越来越不重视我了，亏我一向服侍得那么好，尽心又尽力——"（骆沁《尊皇戏后》）

（11）犯人的妻子冷冷地说："亏你还长着两只眼！看清了，政治犯正生病躺着呢！"（《读者》〔合订本〕）

（12）他在政府首长面前说漂亮话，显得超然，可是到了重要关头，他的狐狸尾巴就露出来了，伸出爪子来想吃沪江，亏他想得

出！（周而复《上海的早晨》）

（13）卢叔被扯将回来，见我还拿着那份《北京日报》发呆，不无遗憾地嘟哝："全院就你这么一个关心政治的！亏咱们这院还是个'四好'院！"（梁晓声《一个红卫兵的自白》）

二、预期类型对"亏"语义及该构式功能的影响

为了表述方便，我们把"亏"构式的语篇模式标记为：亏 S_1（X_1 ＋ Y），S_2（X_2 ＋ Z）。"亏"构式的三种话语功能主要是受到说话人的心理预期的影响。

（一）预期类型

在人们使用语言传递信息的过程中，由于交际双方的个体差异，同一个信息对不同的对象而言信息量有时并不相同。"在实际的话语交际中，语言成分的信息地位往往是不相同的。从言谈事件参与者的预期（expectation）这个角度说，话语中语言成分所传达的信息可以分为'预期信息''反预期（counter-expectation）信息'和'中性（neutral）信息'三类。"（吴福祥，2004b：223）

"亏"构式三种不同语用功能其实是不同预期信息的反映："亏$_1$"中，说话人对于新信息是没有预期的；"亏$_2$"的新信息超出了说话人的心理预期；"亏$_3$"中，新信息与说话人的心理预期是相反的。

1."亏$_1$"——无预期

"亏$_1$"中，说话人对于引发某一事件的信息 S_1 是没有预期的，即新信息是说话人在事情发生前是没有预料到的。例如：

（1）丁三一气之下把邯钢平出。……股友们祝贺王大姐，她却说：亏了丁三卖了那20手，庄家就等他呐。就缺20手的药引子啊！（网络《股市笑话》）

（2）多亏了那条河，救了我们七个人的命，也让我们胜利地完成了任务。（1994年《报刊精选》）

（3）多亏了会骑车，跑了五六家药铺，才重新抓齐了药，不然母亲的病非让我耽误了不可。（1994年《报刊精选》）

（4）老郭倒车时一不留神倒进了沟。怎么办？人多力量大！多亏了当地几个华人的帮忙，车子终于"爬"了出来。（新华社2004年7月份"新闻报道"）

上述例句中，"丁三卖了那20手""那条河""会骑车""当地几个华人"，都是不在说话人预期中的新信息。"无预期"在形式上有特别体现：其后续句多接"不然""否则""要不"等转折复句。"不然"见上面例（3），"否则""要不"如下例：

（5）好几次重大活动多亏了她的提醒，否则还真的要闹出大笑话。（1994年《报刊精选》）

（6）多亏了这小姑娘，要不，这次可就惨了……（1993年《人民日报》）

2."亏₂"——反预期

反预期是相对于预期而言的。反预期信息应符合以下两点：

第一，存在一个参照的预期，参照信息可以是说话者的预期，也可以是社会一般的预期。参照信息可以称作标准。第二，相对于这个参照信息来说，新信息与参照信息的方向相反。

"亏₂"中，对于说话人来说，被评价对象的实际行为与说话人的预期或社会常规预期相反。例如：

（1）一面笑一面心里在想，郭嵩焘做这个巡抚，可说四面受敌，亏他还能撑得下去！（高阳《红顶商人胡雪岩》）

（2）人都说害伤寒病是"十伤九亡"，亏她身子硬实，前些日子真看没救了，现在才慢慢好起来。（冯德英《苦菜花》）

（3）这四句标语想得十分完整，每一条都有一个"心"字，亏你会想，可以叫"四心标语"，真妙！（周而复《上海的早晨》）

反预期的语义前提由几个部分组成：说话人（A）和听话人或听话对象（B）；A对B的预期为P（P可以是零，即无预期）；B的实际表现为Q，Q与P相反，且为积极方向。其基本语义构式大体可以抽象概括为：S_1 应该P，实际却是 $Q_{积极}$（Q＝－P）[①]。这一结果引发了A对B的情绪上的变化，进而引发评价。当Q是积极事件或正向结果时，A因此而产生积极的评价，故"亏$_2$"表达的是赞扬、赞叹等积极语气；而当Q对行为主体来说是积极的，但违背社会常规时，A表达的是明褒实贬（讽刺、挖苦）等消极语气。

3."亏$_3$"——反预期

在"亏$_3$"中，对于说话人来说，听话人的行为与参照信息相反，也就是说，与说话人的预期方向相反。例如：

（1）……躲在半楼梯偷听人说话。这种事只配你那二位弟媳妇去干，亏你是个大男人！羞不羞？（钱锺书《围城》）

（2）柔嘉冷笑道："你跟你父亲的头脑都是几千年前的古董，亏你还是个留学生。"（钱锺书《围城》）

（3）就是要饭的到了门上，主人给只馒头，人家还要道一声

[①] 反预期关系借用数学符号"－"来表示，Q与P相反标记为Q＝－P。

谢呢；亏你还是个读书人，你那书都读到狗肚子里去了！（钱锺书《围城》）

男人偷听人说话；出洋留过学的人思想还是古板；读书人没有礼貌。这些都与说话人的预期（包括社会一般的预期）相反。该类反预期的语义前提是由以下几部分组成的：说话人（A）和听话人或受话对象（B）；A 对 B 的预期为 P，B 的实际表现为 Q；B 的实际表现 Q 与 P 相反，且是消极方向。其基本语义构式大体可以抽象概括为：S_1 应该 P，但实际却是 Q，$Q_{消极} = -P$。因此，在对待 B 的态度上，A 自然会产生批评、指责等负面评价。

（二）预期类型与结果

"亏"构式三种信息的不同预期表现，带给说话人的是不同的结果。

1. 亏$_1$：S_1［＋无预期］，S_2［＋获益］/［＋避害］

对说话人来说，"亏$_1$"的 S_1 是一个无预期的信息，但该无预期信息使说话人因此获得了某种益处或避免了某种害处。[①] 例如：

（1）我这一辈子做梦也没想到，老年还能享上福，多亏了好孙媳麦麦啊。（1996 年《人民日报》）

（2）这场球我们打得不好，亏得有范德萨，我们最后幸运地取胜了。（新华社 2004 年 6 月"新闻报道"）

（3）在危急中，亏了灵公一位名叫灵辄的甲士突然倒戈，赵盾才得以幸免于难。（《读书》〔合订本〕）

（4）并且那小鬼爱管闲事，亏得防范周密，来往信札没落在他

---

① 太田辰夫（2003：271）曾指出："现在想一想，'亏＋X（体词）'这个词组的原义，它是使 X 受损，多亏 X 是帮助的意思。换句话说，就是另一方 Y 因此而得益。"

手里。(钱锺书《围城》)

例（1）、例（2）说话人分别获得了"老年还能享上福""最后幸运地取胜了"的好处；例（3）、例（4）说话人分别避免了"幸免于难""落在他手里"的坏处。

说话人心里无所预期而获益或避害，所以会产生感谢或庆幸的主观感受。

2. 亏₂: S_1〔＋反预期〕〔＋积极〕，S_2〔＋获益〕/〔＋无损〕

"亏₂"中，如果 S_1 属于超过说话人的心理预期的积极的事件或行为，该积极性超预期信息不会给说话人带来某种害处，反而可能会获得某种益处。说话人有益无害，所以会对 S_1 做出正面的评价。这是"亏₂"用于赞赏的根本原因。例如：

（1）亏高松年有本领，弹压下去。(钱锺书《围城》)

（2）亏得他们耐得住寂寞，终于经受了时间的检验，显现了真价值。(《读书》)

（3）读至此，不禁赞叹，亏得宗璞笔法，竟是一段明清小说，把这桩文人轶事记录下来。(《读书》〔合订本〕)

如果 S_1 属于超过说话人的心理预期的消极的事件或行为，该消极性超预期信息可能不会使得说话人获得某种益处，也不会给说话人带来损害。说话人无所损害，甚至会得到精神上的放松，所以会对 S_1 做出反语的评价。这是"亏₂"用于赞赏或讽刺的根本原因。

"亏₁"与"亏₂"中，说话人都是因为"获益"而引发的评价。不同的是："亏₁"的"获益"主要是说话人的切身利益（多为物质或人身安全方面）得到了保障；而"亏₂"的"获益"则主要为情感上的满足，即说话人因为评价对象符合甚至超出自己的预期而产生了精神上的愉悦。

3. 亏₃: S_1［＋反预期］［＋消极］, S_2［＋受损］

"亏₃"表达的是一个负预期的信息。负预期的信息对说话人来说，有两个方面的后果或影响。一方面，当现实与说话人的预期相反时，这会给说话人带来实际的精神或物质上的损失，即说话人受损了；另一方面，当现实与社会常规相反时，会给社会常规或社会秩序带来损失，即社会受损了。受损会引起当事人的不满，这是"亏₃"用于批评或抱怨的原因。具体表现如下：

A. 说话人切身利益受损。即因对方的原因，使得某一现实伤害了说话人的利益、情感。因此，说话人对对方进行批评或抱怨。例如：

（1）"什么？我退休？"牛大姐急扯白脸地嚷，"亏你想得出来！"（王朔《编辑部的故事》）

（2）你还得意得很，振振有词得很，我叫你怎么吃进去的怎么给我吐出来。二十多个饭盒，那是多少肉，上了斤，全叫你小子一人吃了，亏你怎么咽得下，吃进肚里怎么不长癌！（王朔《人莫予毒》）

（3）我和孟梦，什么什么也没有，亏你能往那种地方去想。（李国文《说不说在你》）

B. 听话人切身利益受损。听话人拥有某种有利或积极条件，但未能做出与该积极条件相匹配的行为，甚至做出消极行为，该消极行为会导致听话人或第三方利益受损，故说话人对听话人进行批评或抱怨。例如：

（4）金秀……你不知道当心？！头三个月，最容易流产，亏你还是个大夫！（陈建功、赵大年《皇城根》）

（5）医生含笑说："我怕你们两位不愿意同他见面。"刘宗敏大瞪眼盯着医生，不明白他的话是什么意思，说道："不愿意同他见面？老尚，亏你还是闯王的心腹人！自成平日跟你无话不谈，你也自认为深知他的心思，会说出这样的话！你到底为什么不把他带来？怕路上不平稳？"（姚雪垠《李自成》）

（6）周瑾抹泪："你根本就不关心我，甭管我出什么事，你该睡照睡，亏你睡得着。"（王朔《给我顶住》）

C. 社会常规或公共事理受损。听话人拥有某种有利或积极条件，但未能做出与社会常规预期相匹配的行为，没有达到社会常规或公共事理的标准。故说话人对此进行批评或抱怨。例如：

（7）孙少勇突然想起葡萄蠢里蠢气的步子来。亏你还是医学院毕业的：你没看出那是怀孕了吗？（严歌苓《第九个寡妇》）

（8）虽然自己的法语不怎么高明，可还是听得出克朗肖的法语讲得很糟，亏他还在巴黎混了好多年呢。（毛姆《人性的枷锁》）

（9）柔嘉冷笑道："你跟你父亲的头脑都是几千年前的古董，亏你还是个留学生。"（钱锺书《围城》）

上述例句中，现实（包括言语行为）或与说话人预期相反，或与交际对象听话人的身份等相反，或与社会常规的预期相反，反预期现实使得某一方面受损，"受损"会让人们内心产生不满，不满的情感表达出来，就产生了批评、抱怨等负面评价。

（三）"亏"的语义联系

从上面的分析可以得出结论："亏"构式可以同时表示"感谢"，"赞赏"和"批评"三种不同的语用功能。原因在于："亏"构式三种信息的不同预期表现，带给说话人的是不同的结果，而不同的结果使得说话人产生了不同的主观感受。

"亏"本意是"损"，既然有"损"，必有"益"，"损"和"益"是相辅相成的，一方的受损的结果往往带来的是另一方的受益。人们在使用语言中，总是带有"利我"性，因此，"亏₁"最早出现，"亏₂"和"亏₃"都是从"亏₁"派生出来的。"亏₁"也是现代汉语中较为常见的用法。当 A 因为 B 的付出或帮助而获得了利益时，A 会对 B 产生感激之情；或当 A 因 B 避免了损失时，A 由此产生庆幸之情。这是"亏₁"形成的认知条件。

当 B 的某一言语行为超过了 A 的预期，并且这一言语行为是积极的，A 会为之惊喜，从而引发对 B 的赞赏等积极性评价；当 B 的某一言语行为超过了 A 的预期，并且这一言语行为是消极的时，A 会为之意外，从而引发对 B 的讽刺、挖苦等负面评价。表赞赏或讽刺功能的"亏₂"因此而形成。

与"亏₁"相反，如果 B 的受益是产生在 A 受损的基础上，或者说 B 没有达到 A 的预期标准，A 会因此产生不满，从而引发对 B 的批评、抱怨等贬抑性评价。这样，批评或抱怨功能的"亏₃"就产生了。

"亏₁"、"亏₂"和"亏₃"存在着这样的语义联系："亏₁"、"亏₂"和"亏₃"主要区别是 B 给 A 带来的损益结果不同；而"亏₂"、"亏₃"主要区别是 B 与 A 的预期方向不同。

三、"亏"构式形成的机制与动因

（一）句法功能的扩大

"亏"最早为"损"义，动词，可以独立充当谓语。例如：

（1）为山九仞，功亏一篑。(《尚书·旅獒》)

（2）不亏不崩，不震不腾。(《诗经·閟宫》)

也可以带宾语，一般是独立名词。例如：

（3）子自爱。不爱父。故亏父而自利。（《墨子·兼爱上》）

（4）执其兵刃、毒药、水、火，以交相亏贼。（《墨子·兼爱下》）

宋代，表"有损"义的"亏"可以带名词性短语。例如：

（5）儒正色而言："死生命也，今日吾族祥斋，不可亏其吊礼。"（宋·李昉等《太平广记》）

（6）书于史册，后世将有讥议，必谓陛下偏于近情，亏圣德之美。（宋·李攸《宋朝事实》）

（7）当凝旒正殿，亏以小事大之仪；及告类圜丘，旷执赞奉琛之义。（宋·李攸《宋朝事实》）

宋代后期，"亏"后接成分扩大。例如：

（8）师曰："亏汝甚么处！"（宋·普济《五灯会元》）

（9）或有会云，东家作驴，西家作马。亏南泉甚处。如是诸家会也，总于佛法有安乐处。南泉迁化向甚处去？（宋·普济《五灯会元》）

同一时期，"亏"还可以出现在句首，后接句子。例如：

（10）我是你的亲妹妹，止有今晚在家中，亏你两口下着得，诸般事儿都不理，关上房门便要睡。（宋·《话本选集》）

例（10）表达了说话人不满的情感，同时代也出现了表达说话人"庆幸"的用法。例如：

（11）亏杀龙图包大尹，始知好官自民安。（宋·《话本选集》）

上述用法在宋代还比较少见。及至元代，表示"庆幸"的"亏"用法较为常见。例如：

（12）当初夫主在时，曾许下这厮，不想遇此一难，亏张生请将军来杀退贼众。（元·王实甫《西厢记杂剧》）

（13）家里只有公婆两口，年纪八十之上，甘旨之奉，亏杀这赵五娘子，把这些衣服首饰之类皆典卖，籴些粮米做饭与公婆吃。（元·高明《琵琶记》）

（14）驾问大臣："此花园亏王荐之修？"近臣奏曰："非干王荐事，乃是逼迫黎民移买栽接，亏杀东都洛阳之民。"（元·佚名《三国志平话》）

（15）中间说起兴哥少年老成，这般大事，亏他独力支持。（《元代话本选集》）

（16）如何亏了王银匠收留；又亏金哥报信，玉堂春私将银两赠我回乡。（《元代话本选集》）

表示"不满"的"亏"用法较为少见。北大语料库中元代用法只见一例。例如：

（17）婆子问道："官人出外好多时了，还不回？亏他撇得大娘下。"（《元代话本选集》）

明代表示"不满"的"亏"用例开始增多。例如：

（18）子服疑之，默取看毕，藏于袖中，呼承曰："国舅好自

在！亏你如何睡得着！"（明·罗贯中《三国演义》）

（19）阚泽听罢，大笑曰："亏汝不惶恐，敢自夸熟读兵书！还不及早收兵回去！"（明·罗贯中《三国演义》）

（20）元帅大怒，骂说道："亏你们还要做游击将军，孟孟浪浪中箭输阵而归，当以失机论，于律该斩。"（明·罗懋登《三宝太监西洋记》）

（21）高声骂道："那骑鹿的草虫，那三头的恶鬼，亏了你们好厚脸皮！"（明·罗懋登《三宝太监西洋记》）

（22）番将怒目直视，说道："亏你也为一国之主，奴颜婢膝，受制于人，反道我陷你以不信不义。"（明·罗懋登《三宝太监西洋记》）

（23）郑十正独自个坐在前轩打盹，沈将仕急摇他醒来道："亏你还睡得着！我们一样到此，李三哥却落在蜜缸里了。"（明·凌濛初《二刻拍案惊奇》）

由独立做谓语，到带名词性短语，再到后接小句，"亏"的句法功能的扩大为"亏"构式的形成提供了句法条件。

（二）主观化的增强

"亏"构式的形成与说话人的主观性有直接的关系，可以说，"亏"构式的形成是主观化的产物。所谓主观性，是指语言的这样一种特性，即在话语中多多少少总是含有说话人"自我"的表现成分。也就是说，说话人在说出一段话的同时表明自己对这段话的立场、态度和感情，从而在话语中留下自我的印记。主观化则是指语言为表现这种主观性而采用相应的结构形式或经历相应的演变过程。（沈家煊，2001a：268）"亏"的语义类型直接受制于说话人的预期心理，而预期心理的有无、正反方向的不同又直接影响说话人对于损益结果的判断，损益结果的不同导致了说话人产生了正面、负面的不同情绪。

"亏"构式的预期类型及语用功能可以整合为表 6.1[①]。

表 6.1　"亏"构式的预期类型及语用功能

分类	预期类型	认知基础	主观心理	语用功能
亏₁	无预期	B 致使 A 受益／避害；B 受损／无损	感激；庆幸	感激；庆幸
亏₂	超预期	Q＝－P；B 积极；A 受益／无损	惊喜；意外	赞赏；讽刺
亏₃	负预期	Q＝－P；B 消极；A 受损	不满	批评；抱怨

四、结语

"亏"构式有三种语用功能：表示感激或庆幸的"亏₁"；表示赞赏或讽刺的"亏₂"；表示批评或抱怨的"亏₃"。"亏"构式语用功能的不同与说话人心理预期的有无及预期方向有关。其中，说话人心理预期的有无决定了"亏₁"和"亏₂"、"亏₃"的不同："亏₁"中，说话人是没有预期的，"亏₂"和"亏₃"的说话人是有预期的。"亏₂"和"亏₃"则是预期的方向不同造成的："亏₂"是反预期的，但现实是积极的；"亏₃"也是反预期，但现实是消极的。

无预期而获利或避害，说话人主观感受是"受益"；有预期而被超越，说话人的主观感受也是"受益"；说话人因此而产生积极评价。有预期而低于预期，说话人的主观感受是"受损"，说话人因此而产生负面评价。"受损"即"亏"，而"亏"和"益"是相反相成的，这是"亏"构式得以形成的语义基础。"亏"构式既可以表达积极类褒义感叹，也可表达消极类贬义感叹，这主要与说话人的主观认识、心理预期和情感倾向等因素有关。

---

① 与原发表文章不同，此处沿用本书排序方式重新进行排序。

第二节　预期对"好好的"相关构式的影响 ①

"好好（的）"特定用法中蕴含着转折意义。《现代汉语词典》及多位学者都认识到这一点。关于转折形成的原因，黑维强（2010）指出"好好"作定语时多表示转折义，转折是因为"好好"的物体的逆向变化与人们的预期相反造成的，同时与单音节形容词重叠以及"具备已然体这一必要条件"有关。桂靖（2017）则认为叙事时间流上的"分段性"是"好好的"具备转折语义的前提条件，同时与汉民族"求稳怕变"的文化心理也有关系。冉晨、张延成（2022）则重点考察了"好好的"从实义形容词到反预期表达手段，再到意外标记的语法化、主观化过程。上述看法有独到之处，但也有些细节值得商榷。其实，"好好的"的转折功能与重叠无关，性质形容词非重叠形式在特定形式中依然可以构成转折，如"小身材，大容量/大智慧"等对举格式，与汉民族"求稳怕变"的文化心理也没有直接关系。我们认为，"好好的"转折功能归根结底是与人们的预期密切相关。本节即进一步分析"好好的"的语义特点及其转折功能产生的原因。

一、转折的句法要求与形式表现

（一）句法要求

据黑维强（2010：162）统计，"好好（儿）的"做谓语的比例为2.14%，做状语的比例为91.53%，做定语的比例为2.53%，做宾语的比例为0.79%，做补语的比例为3%。其中，"好好的"做定语的用例95%以上蕴含转折语义。桂靖（2017：78）认为"好好的"的转折语义并不局限于做定语时才存在，只是做定语时具有转折语义的倾向比较明显，

---

① 本节由周平、刘焱以同名发表于《常熟理工学院学报》2024年第4期。收入本书时有修改。

充当谓语、补语的"好好的"同样也有相当比例的语句具有转折语义，作为铺垫式的分句（即本节下文所说的独立分句——引者注），"好好的"语句全部具有转折语义。桂文扩大了"好好的"的表达转折的范围，但有一点要指出的是，"好好的"本身不具有转折功能，与其具体做什么句法成分关系不大，单纯充当谓语、补语等并不具有转折语义。例如：

（1）说着，他拿起了白牛的耳朵，在自己的脸上拍了几下："好啦，以后我们好好的……"（许保元《小小的心灵》）

（2）她睁开了眼睛，却发现自己和孩子居然还好好的。（张清平《林徽因》）

（3）我在上海长大，那是中国最现代化的城市，你不懂中文照样可以过得好好的。（姚明《我的世界我的梦》）

（4）瑞宣极简单地说："我们老二昨天穿着这件大褂出去的，今儿个早晨有人从墙外把它扔进来，包得好好的。"（老舍《四世同堂》）

转折功能的产生条件之一主要是"好好的"或含有"好好的"的句子必须处在特定的句法环境如复句中。在以下例句中，"好好的"的句法功能各不相同，分别是做谓语（例1、例2）、定语（例3、例4）、补语（例5、例6），以及做独立分句（例7、例8）。

（5）天儿好好的，忽然间一阵大风卷过便开始了电闪雷鸣，大雨滂沱。（1994年《人民日报》）

（6）茅台酒厂好好的，为什么提出"卖"的问题？（2000年《人民日报》）

（7）她觉得刘招华好好的一个人，怎么可能跟冰毒有关呢？（胡玥、李宪辉《女记者与大毒枭刘招华面对面》）

（8）好好的幸福生活不过，何必自找烦恼呢！（闻卓《给老爸老妈的 100 个长寿秘诀》）

（9）孩子也答应得好好的，但当进入注射室，孩子见到大夫拿起针管，又号啕大哭起来，不肯打针了。（方富熹、方格《儿童心理》）

（10）我问过他："爹，我们住得好好的，为什么二伯伯他们一定要卖掉公馆?"（巴金《憩园》）

（11）"二哥，好好的，为什么说傻话? 会吓坏我的，我受不起。"（岑凯伦《蜜糖儿》）

（12）杜林又急又恼的思绪连绵不断，熊兵，好好的，生生作出个热闹镇……（刘兆林《雪国热闹镇》）

转折复句中，"好好的"多作为前一分句出现。"好好的"与后续分句之间也可以不存在语音停顿。例如：

（13）大清早的你胡说什么，好好的怎么会寻死?（苏童《妇女生活》）

（14）方妈妈方爸爸都非常生气，一起叫：好好的你怎么咒起你哥哥来了。（王朔《看上去很美》）

（二）形式表现

转折语义有如下几种表现形式：一是使用表达转折功能的副词或连词，二是使用与上文意义相反或相对的实词，三是使用构式等。

1. 转折副词或转折连词

A. 转折副词或转折连词

后一分句有转折副词或转折连词如"却、但、可是"等出现。例如：

（1）我真不懂，放着好好的小王爷不做，却偏偏要上京来送死，

这是干什么呢?（古龙《陆小凤传奇》）

（2）孩子也答应得好好的,但当进入注射室,孩子见到大夫拿起针管,又号啕大哭起来,不肯打针了。(方富熹、方格《儿童心理学》)

（3）首先,保鲜膜不太容易固定,花样跑之前缠得好好的,可是一运动再加上出汗,保鲜膜就开始打卷。在花样跑过程中,还要不停地去整理身上的保鲜膜,着实费事和闹心。(赵奕然《懒人瘦身法》)

例（1）至例（3）分别通过"却""但""可是"等转折连词传递转折信息。

B. 意外类副词

后一分句出现"居然""竟/竟然""偏/偏偏""谁料"等表示意外类情态的副词。例如:

（1）比如好好的鲑鱼,居然放酱油,居然"黑乎乎",让人一看就"够"。(徐城北《土菜》)

（2）刚才好好的天空,竟飘起细细的雨丝。(岑凯伦《青春偶像》)

（3）令人不解的是,有的人一双手好好的放着不用,偏要用口、用脚、用肩腮去写,这不是哗众取宠又是什么?（1994年《人民日报》）

（4）问他原因,说是早晨还好好的,谁料打了个喷嚏,腰就扭了。（1994年《市场报》）

2. 反义实词

有些时候,句中没有明显的转折副词、连词或意外类副词等,但可以使用与"好好的"分句中意义相反或相对的词语来构成转折。例如：

（1）当他面答应得好好的，结果又捉弄了他。（梁晓声《舟之父》）

（2）我穿得好好的，你何必硬是从我身上剥下来？（徐贵祥《历史的天空》）

（3）让你这么一折腾，好好的一片清静之地，马上被你弄得乌烟瘴气。（格非《江南三部曲》）

（4）这是何苦呢？这是何苦呢？砌得好好的拆什么！你们不心疼你们的劳力，我还心疼我的砖哩。四分钱一口砖你晓不晓？（韩少功《马桥词典》）

（5）我姊姊好好的躲在房里，又要我去瞧他干吗？你做媒就是做媒，何必要支使开我，好让你鬼鬼祟祟的同我妈讲什么条件吗？（苏青《歧路佳人》）

以上例句没有出现转折类词语、意外类副词等，后一分句主要通过使用与前一分句中的反义词来完成转折功能的，如例（1）中的"答应"与"捉弄"、例（2）中的"穿"与"剥"、例（3）中的"清净之地"与"乌烟瘴气"、例（4）中的"砌"与"拆"、例（5）中的"躲"与"瞧"。

3. 转折构式

除了相对固定的转折构式外，还有如下几种构式。

A.（放着）好好的 NP 不 VP，（却）……

（1）放着好好的书不教，却去干这种见不得人的事，将来的出路不怕要发生问题吗？（苏青《歧路佳人》）

（2）放着艺术家不做，放着好好的生活不过，却去做和尚！（韩雪涛《李叔同出家的一点看法》）

（3）"租米？这年头儿谁敢下乡去收租米！不然，好好的五进大厅房不住，我倒来上海打公馆，成天提心吊胆怕绑匪？（茅盾《子夜》）

B. 好好的＋一量＋NP，（却）……

"好好的＋一量＋NP"也可以看作构式，其中"好好的"是不变的成分，"一量＋NP"是变化的成分：量词随着名词的变化而变化。例如：

（1）好好的一个姑娘，看上了一个磨房的磨官，介个年头是啥年头！（萧红《呼兰河传》）

（2）本来嘛，好好的一副可爱的小脸，偏要给她带上一个俗不可耐的泥面具，这真是"莲花镀金"。（冰心《冰心全集》第四卷）

（3）好好的一次毕业旅行，却被自己的一句话 cancel 掉了。（李敖《快意恩仇录》）

有时，这些表示转折的手段可以同时使用。例如：

（4）放着好好的椅子她不坐，偏喜欢往桌子上坐。（李可《杜拉拉升职记》）

（5）好好的一个人，为什么偏偏要去陪母狗吃屎呢？（古龙《陆小凤传奇》）

（6）本来一切都好好的，彼此也非常投缘，甚至连儿女亲家都定下了，谁知天有不测风云，行过半途，竟然杀出一群拦路虎！（琼瑶《鬼丈夫》）

（7）无奈爱管闲事是他们吃苦的根苗，坐在家里好好的，却偏要出来寻导师，听公论了。（鲁迅《华盖集》）

二、"好好的"的语义与判断标准

（一）语义

桂靖（2017: 79）认为："叙事时间流上的'分段性'就是'好好的'具备转折语义的前提条件，也正是其转折语义的成因所在。"这一观点有其合理性。《现代汉语词典》（第 7 版，2016: 519-520）尚未收录"好好的"这一词条，只收录了"好好"一词，但从举例来看，词典默认"好好的"与之等同。《现代汉语词典》关于形容词"好好"的解释只有两条：形容情况正常；完好。根据其释义，我们可以把"好好的"的语义看作"形容情况正常；完好"。当某人或某一事物处于"正常或完好"状态下，则为"好好的"，当"正常或完好"状态被改变或破坏时，则是"-好好的"。由此可知，"好好的"转折功能产生的原因是"好好的"相关主体的动作行为或性质、状态发生了变化。也就是说，转折功能的产生与"好好的""正常或完好"语义有关，也与其后续变化有关：当某人或某事物不再保持正常状态或完好状态时，转折功能就产生了。

桂靖（2017: 79）还指出：时间被划分为两段的情况下，"好好的"的描述直指时间前段；此时它和时间后段就形成了一组潜在的对比，在强调时间前段状态"尽如人意"的同时，也暗示着时间后段的"不如人意"，从而构成转折语义。桂文并据此得出结论："毋庸置疑，形容词'好'的语言色彩是积极的、肯定的、褒义的，这就直接赋予了与它构成转折语义的后续论述在情感上的贬义色彩。"（桂靖，2017: 81）这些说法符合大多数用例的特征，但也有不少例外。事实上，"好好的"修饰的对象也并非都是积极的、肯定的、褒义的，其后续句也并非都是否定的、消极的。例如：

（1）你做贼做得好好的，为什么要改行来卖酒？（古龙《陆小凤传奇》）

（2）玹子冷笑道："好好的人不当，当什么名人！"（宗璞《东藏记》）

（3）你诗写得好好的，这几年怎么又弄起小说、纪实文学、散文随笔，而且一发不可收，怎么解释这种变化？（1994年《报刊精选》）

（4）就这卢楚其，原来的城西电器厂办得好好的，偏要去发展热水器。（1994年《报刊精选》）

（5）四平的女人不解地说："好好的，永生家的送你鱼干吗？"（陈浩泉《选美前后》）

仅用"积极的、肯定的、褒义的"来概括"好好的"语义色彩是不全面的，用"尽如人意"与"不如人意"来说明"好好的"相关主体的前后变化及转折产生的原因尚不够准确。

（二）"正常、完好"的判断标准

那么，根据"好好的"的语义特点，"正常或完好"的判断标准是什么呢？通过语料考察，我们发现起决定作用的是预期。预期包括两个类型：一是汉民族特有的社会固有模式，二是说话人的个人预期。

1. 社会固有模式

社会固有模式是社会成员对特定对象及其所具有属性的固化认识。对汉民族的社会固有模式来说，"正常-异常（变化）"规律是这样的：

完整为正常，破损/消失为异常；

干净为正常，肮脏为异常；

结婚为正常，离婚/单身为异常；

撮合婚姻是正常的，拆散婚姻是异常；

健康为正常，疾病/死亡为异常；

稳定为正常，改变为异常；

如约为正常，毁约为异常；

有功受禄为正常，无功受禄为异常；

……

"正常的"都是"好好的",发生了变化则是"异常"的、不好的。具体表现如下。

A. 完整→残缺或毁坏

"完整"是"好好的","完整"发生了变化则是"残缺"或"毁坏"。例如:

（1）记者来到村民张传林家,只见大门紧锁,但好好的屋顶却被掀走了一大片瓦。（2000年《人民日报》）

（2）有一些大字报,夜里还好好的,早上人们上班一看,一片模糊。（莫怀戚《陪都旧事》）

（3）在流通过程中,人们时常可以发现一些人民币的票面上被写满密密麻麻的数字或不堪入目的话语,好好的人民币被污损得斑驳不堪。（1995年《人民日报》）

B. 健康→生病或死亡

"健康"是正常的、"好好的","健康"发生了变化则是"生病"或"死亡"。例如:

（1）掌教师兄好好的,怎会患上不治之症?（金庸《神雕侠侣》）

（2）死了,死了!好好的一个小孩儿,活活的给我打死了。（金庸《神雕侠侣》）

（3）马建国不相信弟弟的噩耗,便问道:"平安前几天出门还好好的,怎么就死了?"（1994年《报刊精选》）

C. 晴好的天气→非晴天

"晴天"是正常的、"好好的","晴天"发生了变化则是雨雪冰雹等不良天气。例如：

（1）上午上山时天气还是好好的，到了下午，灰暗的天空布满了乌云迷雾，气温一下子就降低了，一场大风暴就要来临。（1994年《报刊精选》）

（2）天儿好好的，忽然间一阵大风卷过便开始了电闪雷鸣，大雨滂沱。（1994年《人民日报》）

（3）沼泽夏日，气候多变，好好的太阳天，眨眼间风起云来，阵雨骤降，令人猝不及防。（叶蔚林《割草的小梅》）

D. 稳定状态→改变

"（工作、生活等）稳定"是"正常"的，调动或辞职等变化是异常的。例如：

（1）雁雁学的是环保，在环保局待得好好的，去经委干什么，简直莫名其妙。（谌容《梦中的河》）

（2）你——在勘探队干得好好的，调 K 市来干什么？（艾米《山楂树之恋》）

（3）这个致庸，生意做得好好的，他非要去江南贩什么茶呀。哎，致广家的，你是这家的当家人，我看这个家不能再让他管了！（朱秀海《乔家大院》）

E. 结婚状态→离婚、独身

"结婚"是正常的，"离婚""独身"则是不正常的。例如：

（1）让我坦白告诉你吧，我原来和秋桐过得好好的，还不是为了你，为了履行跟你的婚约，我只好狠了心把她给撵走，我对她失

信，不守诺言，也是为了你，……（琼瑶《烟锁重楼》）

（2）活得好好的，干吗要离婚？（1994年《市场报》）

（3）好好的一个眉清目秀的姑娘让命运耽误了"个人问题"，这个年龄不找"二婚头"，就得当一辈子尼姑。（孙力、余小惠《都市风流》）

F. 撮合婚姻→拆散婚姻

汉语中有句俗语：宁拆十座庙，不毁一桩婚。这反映了传统文化中对婚姻重要性的认知心理。因此，"撮和婚姻"是正常的，"拆散别人婚姻"是异常的，不管其婚姻状况实际如何。例如：

（1）当然都是你不好啦！人家好好的夫妻，为什么你要去拆散他们？（金庸《天龙八部》）

（2）紫薇听到这儿，也沉不住气了，看着小燕子和永琪，不满地说："你们两个是怎么一回事？一定要把好好的一个大家庭拆散？……"（琼瑶《还珠格格》）

（3）我躺在床上，翻来覆去，替儿子想了好多方案，甚至是采取极端的手法，可我又怕这样一做，好好的一个家拆散了。（朱小红《十二年的生意　头发没愁白　儿子包了二奶　头发愁白了》）

G. 履约→毁约

"一言既出，驷马难追""一诺千金"等成语都反映了汉民族对约定的认知。履行约定是正常的，"毁约"是异常的。例如：

（1）老张说："怎么不要生气，我过去怎么待他，他现在怎么待我？前一个月还说得好好的，要我去当副总经理，怎么一转眼说话就不算数了？"（刘震云《官人》）

（2）童进内心里打了一个问号：怎么朱经理说得好好的，忽然又改变了口气呢？（周而复《上海的早晨》）

（3）范骡子说："叫我看，那姓黄的也不是个正经货！红口白牙说的好好的，睡了一夜，他又变了！"（李佩甫《羊的门》）

H. 经营状态→停业、转卖

对于做生意来说，"营业"是正常的，"停业""转卖"则是不正常的。例如：

（1）电脑卖得好好的，哪根筋出毛病了？瞎起哄。（杨银波《中国的主人》）

（2）起明：等会儿，我问你个问题。这笔钱是不是你卖餐馆的钱？你开得好好的，干吗卖了呢。（曹桂林《北京人在纽约》）

（3）私募基金好好的，为什么停了？（豆豆《遥远的救世主》）

I. 当下状态→突然改变

正在进行的动作行为是正常的，改变或被动改变是异常的。例如：

（1）本来跟踪跟得好好的，突然迎面走来的两个皇家巡警拦住文浩，要查看他的身份证……（张欣《今生有约》）

（2）柔嘉怨道："好好的讲咱们两个人的事，为什么要扯到全船的人，整个人类？"（钱锺书《围城》）

（3）在青岛的时候，他遇到了什么，要踢就踢，要打就打，好好的一棵小树，说拔下来就拔下来。（萧红《马伯乐》）

J. 无功不受禄→无功受禄

"无功不受禄"也是汉民族的固有心理模式，"没有付出"（好好的）

而接受馈赠是异常的。例如：

（1）四平的女人不解地说："好好的，永生家的送你鱼干吗？"（陈浩泉《选美前后》）

（2）舟太太道："她好好的把环子放在你这里做什么？"（张恨水《春明外史》）

（3）我很奇怪，我并没有问爸爸要钱，这也不是他该付我们生活费的时间，好好的为什么要给我一千块钱？（琼瑶《烟雨濛濛》）

K. 正常身材→胖 / 瘦

身体的忽胖忽瘦也是异常的。例如：

（1）你不要自暴自弃嘛，前阵子看你还好好的，怎么一下子胖这么多？! ……（王家卫《重庆森林》）

（2）前阵子看你还好好的，怎么一下子瘦了这么多？（自拟）

以上"好好的"的判断标准都是汉民族社会固有模式，这种形式的"好好的"转折复句占绝大部分。

2. 说话人的个人预期

"好好的"的判断标准也可以是说话人的个人预期。例如：

（1）还李梦，就这李梦，好好的班长不干了，他去团部做公务员！（兰晓龙《士兵突击》）

（2）醒秋好好的在里昂求学，为什么跑到巴黎来呢？更为什么说要回国的话呢？（苏雪林《棘心》）

（3）好好的福佑药房的会计部主任，为啥要参加工会？福佑药房根本没有劳资关系，有事通过学习会解决，参加工会完全没有必

要。（周而复《上海的早晨》）

（4）好好的一个读书女子，填这样伤心已极的词，恐怕将来没有什么好结果。（张恨水《春明外史》）

例（1）说话人成才认为"当班长"比"去团部做公务员"好，例（2）说话人认为"里昂"比"巴黎"好，例（3）说话人认为"不参加工会"比"参加工会"好，例（4）说话人的预期是"读书女子不该填这样伤心已极的词"。以上的判断标准很显然都是说话人的个人预期。最有说服力的是下列例句：

（5）a. 她迷迷糊糊地说："好好的人，为啥不结婚？"（李準《黄河东流去》）

　　　b. 只觉得一个好好的人，无缘无故地订的什么婚？（萧红《马伯乐》）

上例的 a 句和 b 句描述的是两种相反的动作行为，a 句说话人认为"不结婚"是不正常的，而 b 句说话人认为"订婚（意味着以后会结婚）"是不正常的。前者的判断标准是社会固有模式的话，后者的判断标准则是说话人的个人预期标准。以说话人的个人预期标准为依据的"好好的"转折复句数量也不少。

三、异常引发的言语行为

"好好的"转折复句体现的是正常的动作行为、性质状态发生了异常的变化，即黑维强（2010：167）所说的"或不存在了，或不和谐了，或破坏了，诸如此类"，这一变化或不符合包括说话人在内的社会大众的认知心理，或是不符合说话人自己的认知心理。"不合预期"使得说话人对该异常现象产生了不满或惊异等负面的主观情感，从而引发相应的消极言语行为，包括因异常变化而心生不满、遗憾、惋惜、心痛等情感而引发负面评价乃至抱怨、批评、自责等言语行为，因对异常变化感到意外、疑惑、不解而引发质问或控诉等言语行为。

（一）负面评价、抱怨、批评及自责等

说话人因异常情况的发生而感到不满、遗憾、惋惜，引发负面评价、抱怨、批评、自责等言语行为。例如：

（1）我们看到，一些企业本来好好的，不切实际，为争强好胜，扩张无度，最后只有倒闭。（1998年《人民日报》）

（2）还有户外广告，横的竖的、新的破的，什么样都有，好好的建筑也弄得乱七八糟。（2001年新华社《新闻报道》）

（3）淑子抱怨起来，说："刚才天气还好好的，怎么说起风就起风，真是'天有不测风云'啊！"（桑逢康《郭沫若和他的三位夫人》）

（4）玹子冷笑道："好好的人不当，当什么名人！"（宗璞《东藏记》）

（5）"原来是你。这娃儿可是傲风信上所说的玉儿？"目光才落到玄玉身上，他炯然的眼睛冒出一团火焰，"好好的一个人怎么让你弄成这样？"（司徒红《妖灵皇子》）

（6）好好的一个十五本纪念，怎么被我搞得像临别赠言般凄凉？我真是莫名其妙！（湍梓《东瀛恶魔传》）

例（1）、例（2）为负面评价，例（3）如文中所示，为"抱怨"；例（4）、例（5）为批评，例（6）为自责。

（二）质问或控诉

说话人因对异常变化感到意外、疑惑、不解而引发质问、控诉等言语行为。例如：

（1）光子大惑："我走得好好的，不偷不抢，罚我什么钱？"那人说："随地吐痰！"（贾平凹《人极》）

（2）我百思不得其解，小妹在城里干得好好的，为啥还要回乡种田去？！（1998年《人民日报》）

（3）"你，"徐义德盯了守仁一眼，仿佛现在才发觉他坐在床上，不满地说，"你在香港好好的，为啥要回到这个倒霉的上海来？"（周而复《上海的早晨》）

（4）繁：（进来，干哭）冲儿，我的好孩子。刚才还是好好的，你怎么会死，你怎么会死得这样惨？（呆立）（曹禺《雷雨》）

例（1）说话人使用"不偷不抢，罚我什么钱"，而不是"为什么罚钱"，说明说话人不满大于疑问；例（2）句末同时使用的问号和感叹号说明说话人的不满大于疑惑；例（3）句子中出现了"不满"一词，也说明说话人的目的不是疑问。以上三例都是因异常而不满进而引发质问。例（4）"冲儿"已死，繁漪的话是质问，更是控诉。当表达质问或控诉时，后一分句多使用"怎么""为什么""干吗"等疑问词构成疑问句。再如：

（5）丈夫的大哥今年才39岁，春节我们回老家时他还好好的，怎么会突然故去呢？（1995年《人民日报》）

（6）经营得好好的，为什么要停业呢？（1998年《人民日报》）

（7）好好的路不走，乡长上房子干啥？（1995年《人民日报》）

四、结语与余论

（一）结语

"好好的"短语可以作谓语、定语、状语和补语，也可以独立成句；

同时含有"好好的"的句子又可以构成更大的语言单位——复句。当"好好的"分句描述的是已然或正然情景时，该复句往往构成转折关系。转折语义在形式上有各种表现，如使用具有命题意义的实词形式、转折副词或连词、意外类副词、转折构式等。"好好的"分句的意义可概括为，某人或事物原本处于符合社会固有模式或说话人预期的正常状态；其转折后句的句义则可概括为，该人或事物发生了与社会固有模式或说话人的个人预期相反的异常情况。后期的异常变化与预期的正常状态构成了转折关系。不符合预期的异常情况使得言者感到意外、不解甚至不满，由此引发了负面评价、抱怨、批评、自责或者质问甚至控诉等言语表达。

（二）余论

不独"好好的"一个例子，在特定的句法环境中，其他性质形容词或重叠形式也可以构成转折关系。例如：

（1）吃小亏占大便宜。（俗语）

（2）机关虽多，办事迟缓，……视人民如马，因而发生强夺、利诱、贿赂、蔑视国法、狡猾、欺诈的现象。（朱志松《官僚制弊病的根源性分析》）

（3）在短短的几天里，工厂就收到了近三千封来信。（黑维强，2010 例）

（4）长长的回廊上一个人也没有。（胡玥、李宪辉《女记者与大毒枭刘招华面对面》）

这一方面与形容词表示性质或状态的特点有关，也与正常情况下特定性质或状态应该与特定结果相匹配这一社会固有模式或说话者预期有关，当现实变化不符合社会固有模式或说话者预期时，就触发了转折关系的产生。反预期的异常给说话者带来情感上的意外性冲击，从而引起说话者的情感变化，进一步引发不同的负面言语行为。

第七章 反预期复句表达手段研究

反预期也可以利用复句形式来表达，如"不但……，反而"等反递类复句（详见周静、邵敬敏，2010 等）、"说是 S_1，S_2"等转折类复句（刘焱，2010；李治平，2011b；吕为光，2011b；樊中元，2016；邓惠，2018 等）、"按理说……，可是"等让步复句等。本章选取两个个案"尽管……，但是……"和"说是 S_1，S_2"进行专题研究。

第一节 连词"尽管"的语义、功能及演变过程

连词"尽管"的语义特点，目前学界有容认说（吕叔湘，1980/1999）、容认性让步说（郑晓晓，2014）等看法，但这些解释不能说明"尽管"与"即使"、"纵然"、"虽然"的区别。胡建锋、曹童（2014）提出了"反向说"，但其观点"尽管比虽然更加客观、更加委婉"明显与语感不符。至于连词"尽管"演化的原因，学界在演化机制上看法基本一致：认为"尽管"经历了重新分析（李计伟，2007；霍生玉，2010；刘丹，2012 以及李小军、徐静，2017 等）；但关于其演化动因，存在语境沉淀说（霍生玉，2010）、"超预期说"（李小军、徐静，2017；刘丹，2012）、"主观化"（丁健，2011）等不同看法。鉴于上述问题，本文拟对连词"尽管"的语义、功能及语法化作进一步的分析。

一、"尽管"转折功能形成的语义基础

（一）行为结果的凸显

第五章第二节说过，副词"尽管"主要用于请求或允诺言语行为，请求、允诺言语行为的构成性规则保证了该动作行为的实施会获得预期结果的达成。例如：

（1）朱先生仍不进屋，对嘉轩说："把你的牛和马借我用一回。"嘉轩说："这算啥事，你尽管拉去就是了。你用牲口做啥？"朱先生说："你先把犁套好，套两墒犁。"白嘉轩不敢怠慢，引着朱先生进了马号，和鹿三分头动手，给红马和黄牛都套上了犁杖。（陈忠实《白鹿原》）

（2）鹿子霖对又要去县府开会的田福贤说："你走你走，你尽管放心走，误了工程你拿我的脑袋是问。"田福贤才放心地离去。（陈忠实《白鹿原》）

（3）庆瑞看了后成发急的样子，也伸手拉住后成的手道："你师傅素来是这么荒乎其唐的，你应该知道。你尽管专心一志地练你的道法，成功就在目前了。……"（平江不肖生《江湖奇侠传》）

上面都是预期结果达成或即将达成的例子。

（二）结果的反预期

但现实中，某一动作行为的实施并非都会出现预期结果，而可能出现反预期结果。例如：

（1）吃喝完毕，你尽管起身就走，没人会在你后面挥着账单追你。（彼得·梅尔《有关品味》）

（2）你尽管反对这门亲事好了，我压根儿不买你的账！（简·

奥斯汀《理智与情感》)

（3）娜拉：（赌气）好，你尽管告诉他。到后来最倒霉的还是你自己，因为那时候我丈夫会看出你这人多么坏，你的位置一定保不住。（亨利克·易卜生《玩偶之家》）

预期结果达成是人们所期盼的，是正向的、顺理成章的，一般是无标记的，也可以是顺承或因果关系。反预期结果是人们所不希望的，是负向的、转折的、需要标记的。试比较：

（4）因为你努力了，所以成功了。

（5）你尽管努力，但是不会成功。

二者的图式对比如下：

预期结果实现

努力了→成功了

下雨了→不能出去跑步了

他闲着→他可以陪我出去

反预期结果实现

努力了→没有成功

下雨了→出去跑步了

他闲着→不陪我出去

U1　　　U2

试比较预期结果与反预期结果对"尽管"的不同影响：

表 7.1 反预期结果对副词"尽管"的影响

例句	结果类型		衍推
吃饭不付钱	预期结果	会有人挥着账单追你	吃完要付钱
	反预期结果	没有人挥着账单追你	吃完尽管走
你反对我的亲事	预期结果	我会听从	请你不要反对
	反预期结果	我不买你的账	你尽管反对

反预期结果的引入，使得副词"尽管"引导的动作行为句与反预期结果句形成了语义转折关系。

（8）① 您尽管吩咐。

② 您尽管吩咐，我们绝对会去做的。

③ 您尽管吩咐，（但是）我们绝对不会去做的。

④ 您尽管吩咐您的，（但是）我们是绝对不会去做的。（自拟）

例（8）①句"您尽管吩咐"为请求言语行为，单句。②句前一分句"您尽管吩咐"也是请求，但整个句子类型改变了，为顺承复句。③句和④句，受后一分句反预期结果的影响，语义上带有转折关系，可以加上转折连词"但是"。此时，"您尽管吩咐"表面上为请求，实际上也带有"劝止"功能。

二、连词"尽管"的语义

如果说转折是副词"尽管"在特殊语境下的特殊功能的话，那么，预示转折则是连词"尽管"的专职功能了。可以说，"尽管"分句蕴含的预期结果与实际结果的反预期关系是"尽管"复句形成转折关系的根本因素。

连词"尽管"反预期类型有三种：①与说话者的预期相反，②与听话人的预期相反，③与包括听说双方在内的特定言语社会共享的预期相反等三种反预期类型。"尽管"复句的反预期类型也是如此。一是与说话人的预期相反。例如：

（1）尽管《富爸爸，穷爸爸》炒得十分火热，但我总认为是"儿童不宜"。（张平《抉择》）

（2）尽管马拴热心地三一回五一回常往她家里跑，她总是躲着不见面，急得她父亲把她骂过好几回了。（路遥《人生》）

（3）我们尽管不想报仇，但只要我们待在这里，就不能让你害人。（卡尔·麦《藏金潭夺宝》）

二是与听话人的预期相反。例如：

（4）尽管一路上孙少安一再吹嘘他这个弟弟如何有本事，但胡永合连和少平拉两句闲话的兴趣都没有。有个屁本事！有本事还要到煤矿来掏炭？（路遥《平凡的世界》）

（5）后者尽管一肚子不满，却只能乖乖跟着走，然后顺理成章，由政府花钱，他被安置到一个地方，为期长达六十天。（佩勒姆·伍德豪斯《误解》）

（6）正式分组的那晚上，副队长田福高终究是同族人，专意客气上门来把田福堂也请去了。福堂尽管一肚子不舒服，也只好一脸丧气去了饲养室。（路遥《平凡的世界》）

三是与包括听说双方在内的特定言语社会共享的预期相反。例如：

（7）尽管上了年纪，还有大笔年金，他还是闲不住，要上房顶耍弄慢刀。（缪塞《皮埃尔和卡蜜儿》）

（8）尽管10家企业中有6家亏损，但大家仍然各行其是。

（1995年《人民日报》）

（9）两个好朋友一直把话拉到天明。尽管一晚上没睡觉，但他们仍然十分兴奋。（路遥《人生》）

既然"尽管"复句的转折关系是结果的反预期决定的，那么连词"尽管"的核心语义是什么呢？我们认为并非学界所认定的"容认"（"姑且承认"），而是对其后引导成分的"充分肯定"。连词"尽管"沿袭了副词"尽管"的部分语义特征。第五章第二节已概括了副词"尽管"的语义为"无所顾忌、尽情去做某事"，虽然连词"尽管"的意义比副词"尽管"有所虚化，但多多少少还保留了"尽情地、充分地"的意思。这也是霍珀（Hopper，1988）所说的"滞留"（persistence）：一个实义词演变为功能词以后，原来的实词义并未完全丧失，新出现的功能词多少还保留原来实义词的某些特征，这些残存的特征对功能词的用法会施加一定的制约。（吴福祥，2005a：55）连词"尽管"滞留了副词"尽管"的"尽情地、充分地"特征，语法义可以概括为"对其后接成分尽情地承认、充分地肯定"。张斌（2001：294）曾指出："'尽管'的让步意味比'虽然'重一点。""让步意味重一点"主要是"尽管"的"充分肯定"赋予的。徐姝阳（2016：69）也曾有类似的看法："尽管"包含了最大可能的所有情况，而后面的小句表示转折，隐含即使将最大可能的所有情况都考虑进去，也不能出现预期的结果，从而表现出了说话者的遗憾之情，包含了说话者的主观情感。徐文所说的"包含了最大可能的所有情况"，其实也就是"充分肯定"。试比较：

（10）① 我想去，（应该说出来，）但不敢说。

② 虽然我想去，（应该说出来，）但不敢说。

③ 尽管我想去，（我非常想去，更应该说出来，）但不敢说。

例（10）①句为一般转折句，前句"我想去"，"想去"的一般做法是"说出来"，但实际上是"不敢说"，"想"的程度如何不得而知，该句为一般转折复句。②句前句"虽然我想去"，"虽然"是转折标记，标示后句为转折性分句，为听话人节省了理解时间，"想"的程度也未加凸显，语气也没有得到加强，也是一般转折复句。③句"尽管"标示对"想去"的充分肯定，转折性更为强烈，为强转折句。"尽管"转折句与一般转折句的区别如下：

一般转折复句：S$_1$为某一事实或现象，（<u>应该得到</u> X 结果，事实是：没有得到 X 结果），得到了 -X 结果。

尽管转折复句：S$_1$为某一事实或现象，（<u>非常应该</u>得到 X 结果，事实是：S$_1$没有得到 X 结果，）得到了 -X 结果。

"尽管"例句形式上也说明了这一点，"尽管"分句可以多次出现。例如：

（11）尽管旧的社会制度早已改变，尽管"男外女内"的生活模式早已结束。尽管男女平等的观念早已深入人心，尽管妇女不仅在社会上的"顶半边天"而且家里家外撑着"一个天"——但是，传统的力量仍然无所不在，像一张巨大的、无形的网，里里外外都被笼罩住了；整个"新社会"就在这张网里面，男男女女都被罩住了。（BCC《科技文献》）

（12）尽管——我说"尽管"——他有这样极好的天赋，但并不能说他的行为端正，完全无可非议；相反，他曾因为一些充分的理由被判刑入狱。（托马斯·曼《迷失威尼斯》）

（13）尽管 11 月 22 日是星期天，尽管路很远，170 多名"军川人"仍然准时赶到了会场。（1992 年《人民日报》）

"尽管"的重复或强调都说明了说话人对其引导成分的充分肯定。石定栩、周蜜、姚瑶（2017：920）在谈副词"偏偏"的语义时曾说：两个命题在语义上当然构成转折，与其说"偏偏"表示转折，还不如说"偏偏"应该用在转折复句中，语义转折是使用"偏偏"的必要条件。"尽管"用法则不同：连词"尽管"主要用于转折复句中的偏句句首，表达对偏句的充分肯定，"尽管"的存在决定了下文的走向，预示反预期结果即转折的出现。

三、"尽管"分句的位置与功能差异

连词"尽管"引导的分句可以作为前一分句出现，也可以出现在后面，语篇模式可以概括为：①尽管 S_1，S_2；②S_2，尽管 S_1。例如：

（1）我说："尽管一个个村子都成树林子，我一望就能认出你们集庆村，保证错不了。你们村子有特别的标记，老高的三棵银杏树。"（叶圣陶《一个少年的笔记》）

（2）尽管一代一代狗推磨儿似的居心专意供给子弟读书，却终究连在老太爷坟头放一串草炮的机运也不曾有过。（陈忠实《白鹿原》）

（3）现代农民一旦同它的土地和根系分离，将显示更大的自由度和生命活力，这已经在那些农民商人那里得到证实，尽管他们面色黧黑，指甲肮脏，额头上印刻着永恒的风霜。（朱大可《燃烧的迷津》）

（4）于是，由范正祥一人兢兢业业地处理投诉，逐渐变成编辑部人人尽义务，尽管都有自己的本职工作，尽管不列入个人工作成绩考核，尽管这工作又累又琐碎……（1995年《人民日报》）

"尽管"分句在前或在后不影响分句之间的转折关系，但功能有所侧

重："尽管"分句在前时，主要起加重强调作用；"尽管"分句在后出现时，主要起补充事实作用。（张斌，2001：294）有时"尽管"分句更是以加括号形式出现在句中，其补充说明的功能更加清晰化。例如：

（5）另一种是，发现这种情况（尽管事情看来似乎不大），立即如实反映，彻底追究原因，弄个水落石出。（1964 年《人民日报》）

（6）但也正如阿 Q 不是他那个时代的新人一样（尽管他也要求革命），我们也不必把陈奂生当作社会主义时代的新人（尽管他也有某种觉醒）。（1981 年《人民日报》）

（7）让我们向中国的、外国的（尽管他们中有些人的新闻观点与我们不同）所有以身殉职的记者致敬！（1995 年《人民日报》）

胡建锋、曹童（2014：3–4）指出："尽管"所关联小句的条件不影响事件的结果，从信息地位的角度看，这个小句的内容不是说话人要表达的主要信息，"尽管"小句具有类似插入语的功能。我们猜测，"尽管"分句居后的这种用法，与外文的影响有直接关系。为此，我们特别检索了 CCL 语料库的"古汉语"部分，得到"尽管"连词用例共 118 例（重复例句算 1 例），其中居前用法共 117 例，居后用法只有 1 例。例如：

（8）立人尽管也是个名士，不免带三分公子气。（清·曾朴《孽海花》）

（9）尽管他化装学生，如何能逃出屈蠖斋的两眼？（平江不肖生《侠义英雄传》）

居后的 1 例也是误收录，其实是今人栾贵明 1983 年所用：

（10）这很使人怀疑抄辑者是否知道"吕元钧"、"吕净德"和吕

陶是同一个人,尽管写"提要"者知道这一点。(栾贵明《四库辑本别集拾遗》)

"尽管"分句居后这一现象在外文翻译文献中尤为突出。例如:

(11)这些老家伙总是爱搞这些无聊的玩意,尽管一个个看上去倒还是规规矩矩的。(狄更斯《匹克威克外传》)

(12)你真好,跟我说这些话真让我感到高兴,你对威尔和苏埃伦的婚事也跟我的看法一致,尽管许多人并不赞成。(玛格丽特·米切尔《飘》)

(13)"它们跑得真快,"他指的是那些云,"尽管一点风也没有!"(卡尔维诺《马可瓦多》)

除了翻译的文学作品外,"尽管"分句居后的情况多出现在学术性较强的中文科技文献或学术论文中。例如:

(14)而任何文艺家在创作时,脑海里总浮现着一群接受者,从最初的构思到最后完成,始终不断地同想象中的知音交往,尽管文艺家想象中的接受者同事实上的接受对象可能是很不一致的。(左人、苏川《文艺规律与文艺领导》)

(15)戏迷们一遍二遍地去看梅兰芳的《贵妃醉酒》,尽管对这个戏的故事、唱词早已了解。(胡妙胜《戏剧演出符号学引论》)

(16)美国负责采购和技术的国防部副部长保罗·卡明斯基7日在这里举行的记者招待会上说,五角大楼将向美国空军提供近1亿美元,用于保留生产B-2型轰炸机的工业基地,尽管国会尚未就是否仍将B-2轰炸机作为美国空军的主要轰炸机机种作出决定。(1995年《人民日报》)

（17）节日里，部队首长特意给她们每个人发了一个50元钱的"红包"——尽管部队经费不那么充裕。（1995年《人民日报》）

我们检索了1995年《人民日报》，随机选取了前200个"尽管"用例进行统计，统计数据如下：其中居前用法共191例，居后用法共8例，居后加括号用法1例。同时，也随机检索了BCC语料库"文学"库，随机选取了前200个"尽管"用例进行统计，统计数据如下：外国文学用例共145个，居前用法共111例，居后用法共30例，加括号居后用法3例，加括号居中用法1例。具体数据见表7.2。

表7.2　中外"尽管"分句位置对比

	中文		外文	
	数量	占比	数量	占比
总量	200/200		145/200	
居前	191	95.5%	111	76.5%
居后	8	4%	30	20.7%
加括号	1（居后）	0.5%	3（居后）/1（居中）	2.8%

也有人将居后的"尽管"分句加上括号，括号一方面说明居后的"尽管"分句的补充功能，另一方面也反映了这种居后形式不是"尽管"复句的常规形式。例如：

（18）今天的有些读者或者无条件地对于赵惠明抱同情，或者认为这样一个满手血污的特务（尽管是小特务）不该给她以自新之路……（茅盾《腐蚀》）

（19）有些故事平平淡淡，意思不大（尽管他说得神乎其神）。（汪曾祺《故人往事》）

（20）我一般也只是瞅上两眼，并不像有些孩子那么停下来。可是有一回我也挤在围观者中间了。因为席头里伸出的那部分从肤色到穿着（尽管破烂，而且沾着泥巴）都不同寻常。（萧乾《往事三瞥》）

四、连词"尽管"的形成过程

（一）"尽"的语法化过程

根据 BCC 语料库检索结果，春秋战国时期，"尽"为使动动词，意思是"使……尽（全部完了）"，只凸显结果而忽略实施的动作行为。例如：

（1）其学焉者，无不有以知其性分之所固有，职分之所当为，而各俛焉以尽其力。（《大学》）

（2）……其言曰："尽敌而反。"（《国语·晋语一》）

例（1）"尽其力"意思是"把力气 / 力量全部用完"，例（2）"尽敌"意思是"使敌人完了"。至于是如何"尽"的不重要，因而不加说明。

当需要凸显动作的具体动作行为方式时，该动词出现在"尽"后，再后接名词宾语。例如：

（3）尽逐群公子，乃立奚齐焉。（《国语·晋语二》）

（4）大王贤主也，岂尽杀诸侯之使者哉？（《吕氏春秋·行论》）

此时，"尽"与其后动词还可以分析为连动关系："尽"＋"逐"、"尽"＋"杀"，"尽"为结果，其后动词为"尽"的动作行为方式。随着"尽+动词"的高频使用，其后动词行为越来越被凸显，"尽"中心地位减弱，动词性也逐渐减弱，"全部"的范围义逐渐增强，最终虚化为范围副词了。例如：

（5）王出郊，天乃雨，反风，禾则尽起。(《尚书·金縢》)

（6）公孙龙曰："日者大王欲破齐，诸天下之士，其欲破齐者，大王尽养之；知齐之险阻要塞、君臣之际者，大王尽养之；虽知而弗欲破者，大王犹若弗养。"(《吕氏春秋·应言》)

（7）灵公好妇人而丈夫饰者，国人尽服之，公使吏禁之，曰："女子而男子饰者，裂其衣，断其带。"(《晏子春秋·杂篇》)

下列例句更能说明"尽"的范围义。例如：

（8）……人其尽死，而我独存乎！(《庄子·在宥》)

（9）复为羽声慷慨，而士皆瞋目，发尽上指冠。(汉·应劭《风俗通义》)

上述例句中，"尽"的动词性"使完结"义消失，"全部"等范围义增强，前指句首名词的范围，副词化了。"尽"同时还衍生出了副词"完结"义，该义与本节内容无关，故不再详述。

（二）"管"的语法化过程

根据 BCC 语料库检索结果，春秋战国时期，"管"为名词。例如：

（1）四寸之管无当，必不满也。(《商君书·勒令》)

（2）达天下之六节：山国用虎节，土国用人节，泽国用龙节，皆以金为之；道路用旌节，门关用符节，都鄙用管节，皆以竹为之。(《周礼·秋官司寇》)

汉朝《风俗通义》记载："谨按礼乐记：'管，三十六簧也，长四尺二寸。'"汉代，"管"出现了动词的用法。例如：

（3）又颛川泽之利，管山林之饶，荒淫越制，逾侈以相高。（《汉书·食货志》）

（4）一曰尚宫局，管司言，掌宣传奏启；司簿，掌名录计度；司正，掌格式推罚；司闱，掌门阁管籥。（《北史·列传第一》）

（5）浑夫妻同坐，厉色曰："尔管摄职事，无所不从。我请公主，不应，何意？"（《北史·列传第十五》）

此时，"管"为动词"掌管""管理"的意思。隋唐时代，"管"产生了新的意义，有"管理""负责"的意思。例如：

（6）但愿腮上红，莫管颏下白。（唐·刘叉《自古无长生劝姚合酒》）

（7）长安陌上无穷树，唯有垂杨管别离。（唐·刘禹锡《杨柳枝词九首·其八》）

（8）太岁只游桃李径，春风肯管岁寒枝。（唐·卢仝《悲新年》）

该义在宋代使用得更加频繁。由于高频使用，"管"的宾语扩大，由名词宾语泛化为动词或动词性宾语以及小句宾语。"管"也产生了"管理、理会、在乎"的新义。例如：

（9）只管尊高处帝宫，未知门外苦千重。（隋唐五代·《敦煌变文》）

（10）其数人依盐官教问，师云："任你非心非佛，我只管即心即佛。"（隋唐五代·《祖堂集》）

（11）管甚夜深风露冷，人与长瓶共睡。（宋·刘克庄《贺新郎·宋庵·访梅》）

当"管"宾语动词化之后，"管"意义和地位也发生了变化，意义由"负责"变为"持续性做某事"，地位也由动词降格为副词。例如：

（12）气运从来一盛了又一衰，一衰了又一盛，只管恁地循环去，无有衰而不盛者。（宋·朱熹《朱子语类》）

（13）只见郭排军把头只管侧来侧去，口里喃喃地道："作怪！……"（宋话本·《碾玉观音》）

（14）你我两人半世也够吃用了，只管做这没天理的勾当，终须不是个好结果。（宋话本·《错斩崔宁》）

此时还产生了副词"只管"，意为"只是持续性做某事"，"只管"的词汇化使得"尽管"副词化成为可能。下面即谈谈"尽管"的词汇化。

（三）"尽管"的语法化过程

据本书第五章第二节，"尽管"至迟在明代演变为副词，意思是"尽情地做某事"，可用于祈使句中，也可以用于描述句中。例如：

（1）关里面本是没有个能征惯战的大将，专靠着这三个大仙。三个大仙已自腾云去了，国中无主，不问军民人等，只是抱头鼠窜，那个又敢来抵当？尽管南朝三个将国，一直杀到番王殿上。（明·罗懋登《三宝太监西洋记》）

（2）作书人奉劝列位，尽管洒泪，尽管三叹四叹、大叹特叹，都没有什么关系，可千万不能废书。（清·无垢道人《八仙得道传》）

清代，"尽管"产生了连词用法，常与转折连词或副词"却""但"等连用，构成转折复句。例如：

（3）西王母又指着同出来的一大批女子向大司农介绍道："这许

多都是我的女儿。"指着立在最前面的一个说道："这是三小女玉卮娘。"又指着一个说道："这是最小的小女婉罗。"又指着一个说道："这是第二十三个小女瑶姬。"西王母尽管一个一个地指着介绍，但是大司农实在记不得，认不清，只能个个躬身行礼而已。（清·钟毓龙《上古秘史》）

（4）尽管天子神勇英武，但也有力怯的时候。（清·佚名《乾隆南巡记》）

（5）安公子小夫妻，以至那些媳妇妈子丫头们听了，尽管不敢笑，也不由得哄堂大笑起来。（清·文康《侠女奇缘》）

（6）所以范、孟的婚姻尽管成就，却只可望而不可即，始终都不过耽个虚名罢了。（清·无垢道人《八仙得道传》）

此时，"尽管"的意义也发生了变化，由"尽情地做某事"演变为"充分承认某一事实"，例（3）是演变的中间地带，"尽管"可以理解为副词，也可以理解为连词。综上，词性方面，"尽管"经历了下列变化过程：

偏正关系的动词性短语→副词→连词

相应地，在意义方面，"尽管"则经历了这样的变化过程：

全部掌管→尽情地做某事→充分承认某一事实

五、演化机制及动因

（一）由短语到副词——重新分析

"尽管"由状中关系的动词性短语发展为副词再发展为连词，其中经历了两次语法化的过程。

第一次是"尽管"的副词化。主要机制是句法环境的变化。"尽管"

最初组合时为跨层结构——状中性动词性短语，主要作谓语，后接名词宾语；随着使用频率的增加，"尽管"可以后接动词性宾语甚至小句。带动词性宾语或者说居动词前这一位置为"尽管"副词化提供了句法环境。"尽管+N"时，"管"是谓语中心；而在"尽管+V"中，V逐渐成为谓语中心，"尽管"不再是事件中心，句法地位降低，动词性逐渐减弱，修饰功能逐渐增强。随着高频使用，状中结构的边界逐渐消失，最后融合为副词了。其结构关系发生了重新分析（reanalysis）："尽管V"由动宾短语重新分析为偏正短语。

"尽管"重新分析后变为副词，此后，"尽管"进一步演化为连词。

（二）由副词到连词——语境吸收／位置

副词"尽管"演变为连词主要是语境吸收（absorption of context）机制的作用。"尽管"副词化后，主要用于请求或允诺语境。有时候，说话人貌似表达请求或允诺，但也会同时提示请求的预期结果不会实现，相反会出现反预期结果。例如：

（1）周通大怒道："不识抬举的匹夫！尽管放刀过来，我不怕你！"（清·佚名《乾隆南巡记》）

（2）王妈道："这却使不得。那件东西有些古怪，试倒尽管试用，却是看不得的。若是看了，一定要害赤眼风毛病。"（清·唐芸洲《七剑十三侠》）

（3）就是替我们成亲，替我们捐官，我们用的只好算是利钱，何曾动到正本。现在我们用的是自家的钱，用不着你来卖好！甚么

娶亲，甚么捐官，你要不管尽管不管，只要还我们的钱：我们有钱，还怕娶不得亲，捐不得官！（清·李宝嘉《官场现形记》）

这时，"尽管_副V"严格意义上不再是请求，而是威胁或拒绝。如例（1）为威胁，例（2）、例（3）为拒绝。

"尽管_副V"也可以对举使用，前句为动作行为，后句为该动作行为的反预期结果，形成对比语境。例如：

（4）梁双玉道："台面尽管摆着，吃尽管停会子吃。"（清·陆士谔《十尾龟》）

（5）后来李立知道，文绉绉议下去，就议一百年也没有用的，我这里尽管议，他叫陌宽在揭阳岭上尽管开采，废约没有议成。他的矿倒已经开就了。（清·西泠冬青《新水浒》）

（6）智亮尽管问，那小二尽管不答，原来已是吓昏过去了，……（清·佚名《施公案》）

"尽管"长期出现在这种反预期结果语境中，就产生了规约义：要求前后的分句为相反关系。当动作行为为已然时，句子的请求功能消失，"尽管"辅助请求语力的功能也减弱，二者联系松散，"尽管"相对自由，可以脱离状语位置而在句首出现，从而对整句进行充分肯定，以凸显该动作行为结果的反预期强度。例如：

（7）说也奇怪，心里尽管这般想，那知两只脚就如钉在地上一般，再也提不起来。（清·佚名《施公案》）

（8）况是皇亲国戚，尽管他贫到如何田地，一口菜饭，一件布衣，横竖是少不了的。（清·无垢道人《八仙得道传》）

（9）尽管北侠心中难受，脚底下仍然是不让。（清·佚名《小五义》）

这种用法一直沿用到现代汉语。例如：

（10）尽管他下班的时间已经到了，工作却还没有干完。（阿瑟·黑利《大饭店》）

（11）后来，两个人走过来想抢他的东西，尽管他一再高声说他身上没有钱，他们还是不肯罢休。（若泽·萨拉马戈《修道院纪事》）

故反预期是"尽管"转折复句产生的主要语义基础。

六、结语

连词"尽管"的核心语义是"充分肯定"，通过对某一动作作为的充分肯定，与反预期结果形成鲜明对比，达到强转折效果。这也是"尽管……，但是……"的转折语气强于"虽然……，但是……"的主要原因。连词"尽管"引导的分句可以居前，也可以居后。居前为了突出后一分句，居后主要补充事实。居后用法有语体限制，多用于翻译文学作品中，与英文用法的影响有一定关系。

由跨层状中短语到连词，"尽管"经历两个不同的演化过程：副词化过程和连词化过程。副词化的主要机制是重新分析，连词化的主要动因是语境吸收。

第二节　复句"说是 S_1，S_2"研究

近年来，"说是"引起了一些学者的关注，并解决了一些问题，如"说是"的语义类型及功能（樊中元，2016；邓惠，2018 等）；"说是"的词汇化／语法化问题（董秀芳，2004；刘焱，2010；李治平，2011b；

吕为光，2011b；方梅，2018 等）；"说是"的反事实／反叙实性质（李东梅、施春宏，2020；宗守云，2023 等）；等等。本节主要从预期角度出发，探讨"反事实性""说是"的语篇特点及"反事实"的表现。

一、"说是"的共时用法

现代汉语共时平面，"说是"共有如下几种用法：

1. X 说是 Y。例如：

（1）她们可说是"上海小姐"的中流砥柱，是名副其实的"上海小姐"。（王安忆《长恨歌》）

2. S_1，说是 S_2。例如：

（2）我们乡里有句话，说是家鸡打得团团转，野鸡打得满天飞。（池莉《你以为你是谁》）

（3）安顿好行李后，女儿马上伏案复习语文，说是"临阵磨枪，不快也光"。（莫言《会唱歌的墙》）

3. 说是 S_1，但／其实是 S_2。[①] 例如：

（4）看这样干，不像"镇尺"，四方形立柱，规规矩矩，倒像块图章料子。说是"图章"，又不太像，中间还穿了一个孔，而且该刻字的地方又没刻字，不该刻字的地方却刻满了字，四面都有，每面

---

① "说是 S_1，但／其实是 S_2"为转折关系，转折连词可以是"但""却""不过""又"等，或者没有关联词而意义上为转折关系。这里仅列举"但"作为标记。

八个字，分作两行，篆书，带点隶书味儿，心里觉着像汉代的东西，又没有把握。（霍达《穆斯林的葬礼》）

（5）虽然说是"三角地带"，不过如果你想象成正三角形那就伤脑筋了。（村上春树《芝士蛋糕形的我的贫穷》）

4. 说是 S_1，真是 S_1。例如：

（6）既然说是 33 岁，她便是 33 岁。（村上春树《寻羊冒险记》）
（7）既然说是"乱翻"了你的东西，我就翻一下。（茅盾《虹》）

"说是"的上述四种用法中，只有第三种"说是 S_1，但 / 其实是 S_2"符合反叙实的语义要求。吕为光（2011b）、邓惠（2018）所界定的反叙实标记"说是"即为该种用法。而樊中元（2016）所说的非叙实标记"说是"，既包括了第三种反叙实句，还包括了第四种。确切地说，第四种其实是叙实句。本节只讨论第三种反叙实性复句"说是 S_1，但 / 其实是 S_2"。

二、反叙实性复句

"叙实性"与"反叙实性"最早用于动词研究。C. 基帕尔斯基和 P. 基帕尔斯基（Kiparsky. C & Kiparsky. P，1970：143–173）指出英语的谓词有叙实（factive）谓词和非叙实（non-factive）谓词的分别。利奇（1985/1987：427–452）依据谓词对从属述谓结构所规定的性质把谓词分为叙实谓词、非叙实谓词和反叙实谓词三类。后这一思路被引入汉语的动词研究。如沈家煊（1999：140）指出，汉语的"装作、梦想、幻想"等意味着相关的命题不符合事实，有人把它们称为"逆叙实词"（counter factives）。袁毓林（2014：577）指出，动词的叙实性指谓词及其否定式能否推演其宾语所表示的命题是真或是假的能力，并把肯定式预设宾语所表示的命题不是一个事实的动词称为逆叙实词。李新良（2015），李新良、袁毓林（2016）专门研究了汉语叙实动词的叙实性和反叙实动词宾语真假的语法条件及其概念动因，袁毓林、寇鑫（2018）则探讨了名词的叙实性问题，指出"±内容为真""±可实现""±可假造"等特征是区分名词叙实性能力的重要语义要素。

从上述研究可以知道，"反叙实"至少包含两个项：某一命题和某一事实；二者之间的关系是"真假"关系。那么反叙实性复句也应该存在两个项：S_1 和 S_2，S_1 与 S_2 之间为真假（相反）关系，反映在形式则为转折关系。

刘焱（2010）曾描写了"说是"的多种共时用法，只有复句"说是 S_1，但 / 其实 S_2"才属于反叙实性复句。

三、"说是"复句的语义类型

樊中元（2016）认为"说是 X"语篇由三个关联项组成：一是提供 X 信息的命题表达句，也可称为信源句；二是表达非叙实义的"说"句；三是对 X 的进行解释或评价的释评句。樊文对反叙实复句"说是 X"的语篇概括比较准确，但仍存在一些问题。

（一）问题一：X 的隐显

一般情况下，反叙实"说是"复句的语义格局由三个部分组成：X，说是 S_1，S_2。例如：

（1）我正想其他歌曲，两人来到了下水道。说是下水道，其实不过是普普通通的粗水泥管。（村上春树《世界尽头与冷酷仙境》）

但有些时候 X 是不出现的，如在微博上出现的反叙实"说是"复句，X 大多是不出现的。例如：

（2）第一次在网上给 Samara 买衣服，不错没买歪了，还真喜

欢，不过尺寸真的不准确，说是0/3个月，实物看看也就穿一个月！（微博）

（3）关之琳要不要这么不靠谱啊！！说是1:30出发！到现在都没见到人！！（微博）

（4）@西安蒙娜丽莎男友去买鞭炮，老板说是1 000响的，回来一数，就500个炮，男友寻思了一会儿，说：他说的1 000响估计是带回音！（微博）

（二）问题二："释评句"的性质

樊文认为"三是（也就是本文的S_2）对X的进行解释或评价的释评句"，但考察了更多的用例之后，我们发现，S_2的性质并不限于"释评"。例如：

（5）淘宝搜了一下Wildfox的价格，很纳闷有些正品价格怎么那么低？或许人家有折扣，可是这折扣也太低了吧？我的价格说实话是按照美元实际汇率来换算的，说是10%代购费，但实际上10%里面包含了8%的购物税，我只赚2%而已，价格高吗？我只是想先把口碑做出去而已！我只能说我保证正品！（微博）

（6）说是12:30分考试，都过5分钟了，老师自己还没来［汗］。（微博）

（7）近日再次引起热议的万科15平方米超小户型有了新进展。"说是15平方米，其实是20平方米左右。"（微博）

例（5）即如樊文所说的对X的解释，但例（5）至例（7）的S_2不是对X的解释或评价，而是对S_1的反驳。

综上，樊文所说的只是反叙实性复句"说是S_1，但/其实是S_2"的一种。实际上，反叙实性复句"说是S_1，但/其实是S_2"有如下几种类型。

1. 与所言不一 / 相反——"说是 S_1，但 / 其实是 S_2"

S_1 为某人所言，S_2 为某人所行，所行与所言不一致或相反。例如：

（1）说是给我洗衣服的，却从第一次以后再没了第二次。洗得皱巴巴还和我说：这种衣服就这样的。（网络）

（2）这次谈话本来说是一个小时，现在已经占用我两个多小时了。（张洁《无字》）

（3）说是再不干扰吴为，不过说说而已，佟大雷仍然穷追不舍。（张洁《无字》）

人的社会交际行为有两种：言与行。在言行关系上，可以是"言行一致"，如"说到做到""言行不贰""言必信，行必果"；也可以是"言行不一""说一套，做一套""当面一套，背后一套"等。反叙实"说是 X"即为"言行不一"在语言中的反应。

2. 与所名不一 / 相反——"说是 S_1，但 / 其实是 S_2"

S_1 为某人或某物其名，S_2 为其所实，所名与所实不一致或相反。例如：

（1）郑州市区内有个紫荆山。说是山，其实并没山的踪影，30多年前，那地方只有一个土质坚硬且不很高的土丘，土丘周围连同土丘上栽种的和衍生的洋槐树，纵横交柯地生长着，树丛中则多为坟茔，而且不知是何年何月又是哪些人被埋葬在那里。（樊中元，2016 例）

（2）于是我父亲就回到了故乡，说是农民，但又无田可耕。（季羡林《赋得永久的悔》）

（3）那一年北京的杂院里已经盖起了许多的小厨房。说是小厨房，其实有的已不仅是厨房而分明是住房。（刘心武《小墩子》）

名与实（名称与现实）是概念与实在之间也存在两种关系：相符和相反，故存在"名副其实"和"名不副实"两种情况。反叙实"说是 S_1，但／其实是 S_2"可以反映"名""实"的不一致。

3. 预期与现实不一／相反——"说是 S_1，但／其实是 S_2"

S_1 为预期，S_2 为现实，现实与预期不一致或相反。例如：

（1）那用意也许好的，怕米粮涨价；可是这笔钱一来，制成涨价的资本。说是利民，反倒害民，有点看不过去了，火烧出来了，于是大雷大雨一阵……（靳以《大城颂》）

（2）那是在英国的一家大工厂里实习的时候，当时虽然说是"实习"，实际上厂里只安排干些打杂的活，重要的技术岗位都不准靠近。（刘彦林《春风得意》）

理想与现实也存在着相符与相反两种情况，即所谓"心想事成"和"事与愿违"。反叙实"说是 S_1，但／其实是 S_2"可以"名实不一"。

四、语篇关联项之间的关系

反叙实复句"说是 S_1，S_2"的语篇格局是：（W），说是 S_1，S_2。三者之间的语义关系是不一致或相反的。

（一）W 与"说是 S_1"的关系

W 项是"说是 S_1"句的信息来源，"说是 S_1"句式是对 W 项整体或部分的引述，二者存在这样的关系：$S_1 \leqslant W$。例如：

（1）花子母亲觉得很不好意思，脸上好像冒火一般。"打扰您上课，实在对不住！"她道了歉就想把花子带走，老师制止她。"没关系。说是上课，实际上也就是和孩子们一起玩，别计较吧。也给花

子打鼓，已经答应过了嘛。"（川端康成《美好的旅行》）

（2）于是，四个人东南西北地坐下了。说是不会，可一上桌全都会的，从那洗牌摸牌的手势便可看出。（王安忆《长恨歌》）

（3）毛六又转念道，有钱能使鬼推磨，老子有了钱，爱去那儿去那儿，快活日子比春来时树叶儿还多，用得着胡思乱想吗？还是睡罢，寒鸡又啼二遍了。……嗯，不成！刚倒下头又坐了起来，双手抱着膝盖。这三箱银洋到底是怎么个运法儿还没想妥呢！……说是不想不想，又叼起一支烟卷儿，郁郁魇魇的想将起来了。（司马中原《狂风沙》）

该类"说是"复句主要是反言语叙实。有时话语的言者可以作为主语同现。例如：

（4）他边说边取出一大沓钞票，"您看看，整整一百英镑，艾克罗伊德先生昨晚饭前更衣时，当着我的面把钱放进这个盒子里，当然后来再也没人动过"。哈蒙德先生接过钞票数着数着，突然抬起头。"你说是一百英镑，可这里只有六十英镑。"（帕特里克·莫迪亚诺《青春咖啡馆》）

（5）却不料斋木犀吉说起了这段话："呵，我看过你的两篇小说了。你说是一种在女子肌体上穿一件既短又薄贴肉衬衣那样小阻力的文体，可实际你发表的小说不是类似于中世纪斯拉夫骑士有全身甲胄那种阻力的文章吗？"（大江健三郎《日常生活的冒险》）

（6）他质问地说："能不能靠得住呢？王医生说是不怎么痛，可是痛得要命；王医生说一个小时准下来。可是现在已经三十二个钟头了。"（胡也频《牺牲》）

S_1 还可以是对 W 句的某一信息的反叙实说明。例如：

（7）……在饭堂的右面有一口水井。说是水井，其实该说是"雨井"。整个山峰都是石体，不可能打出水来的。陆飞羽只是做了一个井的容器，然后注满水。（奚青《天涯孤旅》）

（8）闻家女主人拿口钢精锅装些米，坐到洋槐树下的小竹椅上……那一年北京的杂院里已经盖起了许多的小厨房。说是小厨房，其实有的已不仅是厨房而分明是住房。（刘心武《小墩子》）

（9）他道了谢，离开了灯光耀眼的公共汽车终点站，三拐两弯，走进一片迷宫似的住宅区。说是迷宫，不是因为它复杂，而是因为它简单，六层高的居民楼，每一幢和每一幢都没有区别。密密麻麻的堆满了乱七八糟的东西的阳台，密密麻麻的闪耀着日光灯的青辉和普通灯泡的黄光的窗子。连每一幢楼的窗口里传出来的声音也是差不多的。（王蒙《夜的眼》）

该类"说是 S_1"主要是对上文 W 中涉及的某一事物或数量等细节重复。如例（7）的"水井"、例（8）的"小厨房"、例（9）的"住宅区"。

这一用法主要出现在情景描写中，意思和"与其说……，不如说……"类似。二者可以互换而不改变语义。例如：

（10）这间双人卧室，与其说是卧室，倒不如说是一个洞穴。（欧文·华莱士《圣地》）

——这间双人卧室，说是卧室，其实就是一个洞穴。

"说是 S_1"引述 W 的目的是为了下一步更正 W 或其中某一信息的不正确或不恰当之处。

（二）"说是 S_1"与 S_2 的关系

"说是 S_1"句引出 W 项或其中的某一信息作为话题，S_2 对该话题的不正确或不恰当之处进行修正。"说是 S_1"与 S_2 之间只能是转折关系，这也是"说是 S_1，S_2"复句反叙实特点决定的。上文说过，反叙实主要有如下几种：一是言行不一或相反引起的转折，二是预期与现实不同或相反引起的转折。

言行不一的情况比较单一，不再赘述。预期与现实存在不同的类型：一是预期与现实数量不一。例如：

（1）枪毙就要开万人大会公审他，公审就须有一个陪审的人。时间正是在秋收前的一个集日，说是万人大会，那一天河滩上最少去了五万人。（阎连科《受活》）

（2）余校长觉得这事有蹊跷，就将邓有米和孙四海叫到一起讨论。说是三个人，其实蓝小梅也在旁边听着。（刘醒龙《天行者》）

例（1）中，名为"万人大会"，但实际上是五万人。例（2）中，名义上是"三个人"，实际上是四个人——蓝小梅也在旁边听着。名与实的数量是不一致的。

二是现实功能与预期功能不一。例如：

（3）再加上一个重孙、一个重外孙，一家七口四代人，住在一个两室一厅的单元房里。说是两室一厅，其实根本就没有什么厅可以接待客人，中间这个六七平方米的厅里居然放着一张双人床！（张平《抉择》）

（4）这么想着，黄宗羲的心就渐渐硬起来，重新把思虑集中到迫在眉睫的各种军务上，并且一直持续到抵达火攻营。火攻营说是个军营，其实更像个大工厂里面的竹棚内，堆满了硫磺、硝石、乌炭和各种竹木材料，还有许多奇形怪状的铁器和工具。（刘斯奋《白门柳》）

上两例中，现实中"名"并不发生真正意义上的变化，但其现实功能与该名称应该具有的功能不一致。如例（3），"客厅"依然是客厅，但实际上"放着一张双人床"，这与客厅的［-居住］［+接待客人］的功能不符。

三是现实与预期相反。与上面不同的是，现实与预期不但不一致，反而是相反的。例如：

（5）描边师奈塞尔正在修补一张图画，说是修补，其实是在破坏。（奥尔罕·帕慕克《我的名字叫红》）

（6）说是修理大成殿，其实就是拆祖庙，听说不几日就要来动手了。（王旭烽《茶人三部曲》）

（7）列宁在这别墅里，说是休养，但是他还是不断地写作，不断地阅读，不断地规划，不断地思索，他用长途电话和书信，和苏联全境和全世界保持着不断的联系。（冰心《冰心全集》第五卷）

例（5）中，信源是"修补"，"修补"的预期结果应该是"越修越好"，而现实是与之相反的"破坏"。例（6）中，信源是"修理"，"修理"的预期结果也应该是"越修越好"，而现实是与之相反的"拆"。再如：

（8）我接着把对父亲的回忆写在这里。仍然是对他抱有强烈不满的事。说是不满，可是反复地考虑父亲引起我不满的言行，倒觉得实际上是含有许多道理的。（大江健三郎《在自己的树下》）

（9）在有月亮的夜晚，就可见到他孤子一身的影子。阿二其实是邬桥的一景，说是不贴，其实贴得很。是邬桥的孤独者。（王安忆《长恨歌》）

（10）"……妹妹，我真真不喜欢重庆的天气！说是不冷，前两天可就非生火不行。"（茅盾《腐蚀》）

例（8）中，"不满"的预期是"不合理"，但现实是"实际上是含有许多道理的"；例（9）中，阿二"孤子一身的影子"与美丽的邬桥应该是"不贴"的，但现实是，在"有月亮的夜晚"却是"贴得很"；例（10）中，"不冷"应该不需要生火的，但现实是"非生火不行"。从上面分析可以看出，S_2 与"说是 S_1"之间的关系应该为否定与被否定的关系，而非樊中元（2016）所说的"B 项是对 X 的阐释和评议成分"。

五、结语

反叙实"说是 S_1，S_2"复句的两个分句之间是修正与被修正关系。该复句是承接上文信息 W，对 W 或其部分信息不认同而产生的。上文 W 是该复句的信息来源，W 可以是动作行为者的话语，也可以是说话者的话语。说话者对信息 W 的整体或局部不认同（所言不实，所名不符，所期未果），故先用"说是 S_1"进行复述，以树立话题靶子，然后引入 S_2 对其进行事实修正或结果否定。

第八章 结 论

预期是人类共有的一种心理和思维现象，在认知中具有重要作用，任何语言都会拥有一定的形式手段将满足预期要求和不满足预期要求的情况加以编码而表达出来。预期范畴可以分为两类：合预期、反预期。合预期的标记形式较少，反预期包含的信息量最大，表达手段也最多。近年来，学界对反预期现象一直关注颇多，但多局限于个案研究，缺乏系统的、自上而下的总体研究。本书以多种语言理论为指导，采用自上而下的研究模式，建立了预期范畴尤其是反预期范畴的语义系统。在此基础上，从反预期范畴的表达手段入手，考察现代汉语反预期范畴的表达特点。本书的主要结论有如下几点。

第一，首先从语言的传递信息功能出发，指出预期是信息传递的一个组成部分。预期是建立在百科知识、惯常经验、社会固有模式和个人对特定事件的了解程度及价值评判等基础之上的，具有相对主观性、变化性、双向性等特征。预期反过来对人的行为包括言语行为有很大的影响，预期的有无、预期的性质直接影响着行为方式和行为结果。预期可以影响语言表达内容及表达方式，预期与现实的契合与违反还会引发说话人不同的情感反应。

第二，对预期范畴进行了下位分类。预期范畴可分为合预期和反预期两大类。其中又根据量的有无进一步分为超预期和负预期两类。

第三，采取了较为宽泛的标准对反预期表达手段进行了归类总结。现代汉语反预期范畴标记表达手段主要有两大类八小类：一类是非语法手段，包括重音、语调、语气等；另一类是语法手段，包括语序、词、短语、构式、复句、话语标记等形式。这些反预期表达手段的基本功能有如下特点：除了部分词汇和短语标记具有概念功能外，多数表达手段仅具有语篇功能和人际功能。

第四，选取了话语标记、词、构式、复句四大类表达手段共 7 个个案进行专门研究。

话语标记以"你不知道"为例。相对于肯定形式"你知道"而言，学界对否定形式的"你不知道"关注较少，但否定形式意义和功能更为重要。否定形式话语标记"你不知道"的语篇模式可以标记为：S_1（？/。）你不知道，S_2。其核心功能是提请听话人注意。用法之一是用于"你—我"互动的对话语境，且出现在交际序列的应答话轮的起始位置；用法之二是出现在对话语境中的独白；用法之三是叙事语体中（较为少见）。"你不知道"话语标记功能是人际互动情境中的主观化和交互主观化的产物，同时与自身的否定形式及所处的敏感位置也有直接关系。互动（关注）功能削弱了否定形式的不礼貌性。至迟在唐代就存在类似"汝不知""NP 有所不知"等互动标记。否定形式"你不知道"与肯定形式"你知道"在语义上存在一定的差别，这是否定成分的语义积淀造成的。此外，否定形式的"你不知道"使用时有语用、语体等方面的要求，不少研究在不同程度上忽略了谈话互动中的语用原则，对话语标记现象全面深入的理解必须建立在严格的语体分类的基础之上。

词类层面以"- 巧"类和副词"尽管"为例。通过语义特征对比的方法，论证了具有［＋巧合］语义特征的三个词"恰巧""偏巧""不巧"在语义辖域、预期的有无和预期类型、事件的积极与消极性质、当事人的主观认识等主观因素方面的异同。对比结果表明："恰巧"对事件结果无预期要求，对信息的性质也无特别要求，故使用范围最广。"偏巧"主要修饰反预期、消极类信息。"不巧"主要修饰反预期、无预期类消极信息。"不巧"负面评价色彩最强，并衍生出了话语标记的用法。

副词"尽管"的研究。现代汉语中，"尽管"有副词和连词两种用法。副词"尽管"有两种不同的语义：一是"无所顾忌地、尽情地做某事"，主要用于描写或叙述语境，V为正然（正在实施）状态，"尽管"为摹状副词。二是请求或允许对方"无所顾忌地、尽情地做某事"，主要用于对话中，凸显说话人的诚意态度，V为未然（未实施、将实施）状态，"尽管"为评注副词。不同的语义有不同的出现语境：叙事、请求和允诺。在不同的语境中，"尽管"呈现出不同的语义特点和功能。副词"尽管"的语义形成与构成成分"尽"的"全量"语义有关，故对其所修饰的动词有语义要求，同时也影响着语篇的构成。由于"尽管"请求语境的影响，该词也浮现了新的预期义：听者会产生"V可以实现"的预期。

构式类以"亏+S"和"好好的"为例。"亏+S"构式有三种语用功能：表示感谢或庆幸的"亏$_1$"；表示赞赏或讽刺的"亏$_2$"；表示批评或抱怨的"亏$_3$"。"亏"构式的语用功能的不同与说话人心理预期的有无及预期方向有关。构式"亏$_1$"中，说话人是没有预期的；构式"亏$_2$"和"亏$_3$"中，说话人是有预期的且现实与说话人的预期相反。说话人的主观预期的有无以及由此产生的损益判断是"亏"构式表达不同语用功能的根本原因。

"好好的"短语可以作谓语、定语、状语和补语，也可以独立成句；同时，含有"好好的"的句子又可以构成更大的语言单位——复句。当"好好的"分句描述的是已然或正然情景时，该复句往往构成转折关系。转折语义在形式上有各种表现，如使用具有命题意义的实词形式、转折副词或连词、意外类副词、转折构式等。"好好的"分句的命题意义可概括为：某人或事物原本处于符合社会固有模式或说话人预期的正常状态；"好好的"的转折后句的句式义则可概括为：该人或事物发生了与社会固有模式或说话人个人预期相反的异常情况。后期的异常变化与预期的正常状态构成了转折关系。异常情况使得言者感到意外、不解，甚至不满，由此引发了负面评价、抱怨、批评或质问甚至控诉等言语行为表达。

复句类表达手段以连词"尽管"和"说是 S_1, S_2"为例。连词"尽管"的语篇模式有两种：① "尽管 S_1, S_2"；② "S_2, 尽管 S_1。"。"尽管"复句的语义可以概括为：现实结果与某一既定事实/状态的预期结果相反。连词"尽管"的功能是对该既成事实的"充分肯定"，引导受众对 S_1 预期实现的期待，但实际结果是"反预期"的，从而造成强烈转折关系。连词的语义形成与副词"尽管"隐含的"预期实现"意义有密切关系。"预期"应该实现而未能实现，甚至反向实现，这是连词"尽管……，但是……"复句形成的语义基础。

"说是 S_1, S_2"复句研究。"说是 S_1, S_2"复句为反叙实性复句，S_1 与 S_2 之间是修正与被修正关系。该复句是对上文信息 W 整体或部分信息不认同而产生的。不认同的原因是对方所言不实、所名不符或所期未果。"说是 S_1"的作用是复述上文中某信息，S_2 对该信息进行事实说明，事实是对预期信息的修正或反转。

参考文献

白梅丽，1987，《现代汉语中"就"和"才"的语义分析》，《中国语文》第 5 期。

北京大学 1955、1957 级语言班，1982，《现代汉语虚词例释》，北京：商务印书馆。

毕晋、肖奚强，2017，《"说好的 X 呢"构式的语义演变与语用价值》，《语文研究》第 2 期。

毕永峨，1989/1994，《"也"在三个话语平面上的体现：多义性或抽象性》，载戴浩一、薛凤生主编《功能主义与汉语语法研究》，北京：北京语言学院出版社。

别晨霞、方绪军，2009，《"动不动"的格式义及语用功能》，《阜阳师范学院学报》第 1 期。

波普尔，1987，《科学知识进化论》，纪树立编译，北京：生活·读书·新知三联书店。

蔡晖，2004，《认知语言学视野中的功能语体分类问题》，《外语学刊》第 6 期。

蔡维天，2007，《重温"为什么问怎么样，怎样问为什么"——谈汉语疑问句和反身句中的内、外状语》，《中国语文》第 3 期。

曹秀玲，2016，《汉语话语标记多视角研究》，北京：中国社会科学出版社。

曹秀玲、辛慧，2012，《话语标记的多源性与非排他性——以汉语超预期话语标记为例》，《语言科学》第 3 期。

曾君、陆方喆，2016，《从反预期标记到话语标记——论"但是"的语用功能及演变》，《语言科学》第 4 期。

常玉钟，1993，《口语习用语功能词典》，北京：北京语言学院出版社。

晁代金，2005，《"巧合"类语气副词研究》，硕士学位论文，广西师范大学。

陈保亚，2015，《从百科知识到语言知识——认知的语言关联及其相对性》，《贵州民族大学学报》（哲学社会科学版）第 2 期。

陈鸿瑶，2015，《副词"也"的反预期功能》，《东北师大学报》（哲学社会科学版）第 2 期。

陈杰一、吴颖，2009，《"也好"的多功能性及重新分析》，《暨南大学文学院学报》第 4 期。

陈立民，2005，《也说"就"和"才"》，《当代语言学》第 1 期。

陈立民、张燕密，2008，《释"还、再、又"》，《语言研究》第 3 期。

陈景元，2016，《网络流行构式"说好的 X 呢"的动态建构》，《新疆大学学报》(哲学·人文社会科学版）第 3 期。

陈前瑞，2005，《"来着"的发展与主观化》，《中国语文》第 4 期。

陈前瑞，2018，《试论"曾"的反预期与经历义的演变关系》，《古汉语研究》第 2 期。

陈荣华，1994，《也谈"幸亏你来了"和"你幸亏来了"》，《汉语学习》第 4 期。

陈若男、刘焱，2023，《也谈"你尽管 X、Y 算我输"构式》，《汉字文化》第 21 期。

陈小荷，1994，《主观量问题初探——兼谈副词"就"、"才"、"都"》，《世界汉语教学》第 4 期。

陈颖，2008，《现代汉语传信范畴研究》，博士学位论文，南京师范大学。

陈颖、陈一，2010，《固化结构"说是"的演化机制及其语用功能》，《世界汉语教学》第 4 期。

陈禹，2018，《作为反意外范畴标记的"还不是"》，《世界汉语教学》第 4 期。

陈禹，2021，《句末"不就 X 了"构式的形义表现与反意外功能——兼论反意外与意外、解-反预期以及反问之关联》，《世界汉语教学》第 1 期。

陈月明，1987，"又"的一种语法意义新解，《语言教学与研究》第 2 期。

陈振宇，2009，《"知道"、"明白"类动词与疑问形式》，《汉语学习》第 4 期。

陈振宇，2019，《预期与意外》，"第十届现代汉语语法国际研讨会"(日本神户）会议论文。

陈振宇、杜克华，2015，《意外范畴：关于感叹、疑问、否定之间的语用迁移的研究》，《当代修辞学》第 5 期。

陈振宇、姜毅宁，2019，《反预期与事实性——以"合理性"语句为例》，《中国语文》第 3 期。

陈振宇、姜毅宁，2023，《预期语篇的复杂性及分析方法》，《长江学术》第 2 期。

陈振宇、邱明波，2010，《反预期语境中的修辞性推测意义——"难道、不会、怕、别"》，《当代修辞学》第 4 期。

陈振宇、王梦颖，2021，《预期的认知模型及有关类型——兼论与"竟然""偏偏"有关的一系列现象》，《语言教学与研究》第 5 期。

陈振宇、王梦颖、姜毅宁，2022，《再说"果然"——与（正）预期标记有关的问题》，《当代修辞学》第 2 期。

陈振宇、甄成，2017，《叙实性的本质——词汇语义还是修辞语用》，《当代修辞学》第 1 期。

陈治安、文旭，2001，《论言语交际中的回声话语》，《解放军外国语学院学报》第 4 期。

程彬、何世英，1986，《试论"尽管"和"即使""不管"的区别》，《曲靖师专学报》（社科版）第 1 期。

储泽祥，2008，《汉语口语里性状程度的后置标记"去了"》，《世界汉语教学》第 3 期。

崔诚恩，2002，《现代汉语情态副词研究》，博士学位论文，中国社会科学院。

崔蕊，2008，《"其实"的主观性和主观化》，《语言科学》第 5 期。

崔希亮，1990，《试论关联形式"连……也 / 都……"的多重语言信息》，《世界汉语教学》第 3 期。

崔希亮，1993，《汉语连字句的语用分析》，《中国语文》第 2 期。

崔永华，1984，《"连……也 / 都……"句式试析》，《语言教学与研究》第 4 期。

崔永华，1997，《不带前提句的"也"字句》，《中国语文》第 1 期。

戴伟·克里斯特尔，2002，《现代语言学词典》(第四版)，沈家煊译，北京：商务印书馆。

戴耀晶，2000，《传疑与传信：汉语疑问句的语义分析——纪念〈马氏文通〉出版 100 周年》，载上海语文学会编《语文论丛》(6)，上海：上海教育出版社。

邓惠，2018，《"说是 X"结构的多角度考察》，硕士学位论文，上海师范大学。

邓霞，2019，《现代汉语预期范畴研究》，博士学位论文，浙江大学。

丁力，2002，《"还 NP 呢"与"到底是 NP 啊"句式在两种不同思维层面中的比较》，《汉中师范学院学报》第 1 期。

丁健，2011，《语法化视角下的双音节副连兼类词》，《汉语学习》第 5 期。

丁薇，2013，《基于概念结构理论的把字句研究与偏误分析》，博士学位论文，苏州大学。

丁雪欢，1994，《"连"字句的逆反性考察》，《语文研究》第 3 期。

丁熠，2010，《"契合"类语气副词研究》，硕士学位论文，上海外国语大学。

董秀芳，2004，《"是"的进一步语法化：由虚词到词内成分》，《当代语言学》第 1 期。

董秀芳，2007，《词汇化与话语标记的形成》，《世界汉语教学》第 1 期。

董正存，2011，《"完结"义动词表周遍义的演变过程》，《语文研究》第 2 期。

杜道流，2003，《现代汉语感叹句研究》，博士学位论文，安徽大学。

杜道流，2004，《与"多（么）、太、好"有关的感叹句》，《语言教学与研究》第 3 期。

樊纲，2013，《经济人生》，北京：东方出版社。

樊青杰，2008，《现代汉语传信范畴研究》，博士学位论文，北京语言大学。

樊青杰、白欣艳，2010，《国外传信范畴研究概况》，《首都外语论坛》第 00 期。

樊中元，2016，《"说是 X"语篇的语义关系及其特征》，《海外华文教育》第 4 期。

饭田真纪，2017，《粤语句末助词"嘅"ge2 的语义和语法化途径》，《中国语文》第 4 期。

范伟，2009，《"偏"和"偏偏"的情态类型及主观性差异》，《南京师大学报》（社会科学版）第 5 期。

范晓蕾，2018a，《再说"差一点"》，《中国语文》第 2 期。

范晓蕾，2018b，《"有点儿"的句法性质和语义功能》，《语言教学与研究》第 2 期。

范晓蕾，2019，《"差一点"的语义特征及其句法后果——兼谈否定、反预期、时体的关联》，《当代语言学》第 2 期。

范振强，2014，《"亏"：视角变换与反语引述引发的语义演变》，《宁夏大学学报》第 4 期。

方红，2003，《"侥幸"类语气副词研究》，硕士学位论文，上海师范大学。

方梅，2005，《认证义谓宾动词的虚化——从谓宾动词到语用标记》，《中国语文》第 6 期。

方梅，2006，《北京话里的"说"的语法化——从言说动词到从句标记》，《中国方言学报》第 1 期。

方梅，2007，《语体动因对句法的塑造》，《修辞学习》第 6 期。

方梅，2012，《会话结构与连词的浮现义》，《中国语文》第 6 期。

方梅，2013，《谈语体特征的句法表现》，《当代修辞学》第 2 期。

方梅，2017，《负面评价表达的规约化》，《中国语文》第 2 期。

方梅，2018，《"说是"的话语功能及相关词汇化问题》，《中国语言学报》第 00 期。

方梅、曹秀玲，2018，《互动语言学与汉语研究》第二辑，北京：社会科学文献出版社。

方梅、乐耀，2017，《规约化与立场表达》，北京：北京大学出版社。

方梅、李先银、谢心阳，2018，《互动语言学与互动视角的汉语研究》，《语言教学与研究》第 3 期。

方清明，2013，《论汉语叙实性语用标记"实际上"——兼与"事实上、其实"比较》，《语言教学与研究》第 4 期。

房红梅，2005，《言据性的系统功能研究》，博士学位论文，复旦大学。

房红梅，2006，《言据性研究述评》，《现代外语》第 2 期。

房红梅、马玉蕾，2008，《言据性·主观性·主观化》，《外语学刊》第 4 期。

冯峰，2014，《现代汉语"亏 S［X（还）Y（呢）］"构式研究》，硕士学位论文，上海财经大学。

冯光武，2004，《汉语语用标记的语义、语用分析》，《现代外语》第 1 期。

冯江鸿，2004，《反问句的语用功能》，上海：上海财经大学出版社。

冯军伟，2012，《认识情态与传信情态》，《云南师范大学学报》（对外汉语教学与研究版）第 4 期。

冯胜利，2010，《论语体的机制及其语法属性》，《中国语文》第 5 期。

冯志纯，1990，《试论转折关系的假设复句——兼谈"尽管"和"即使""不管"的区别》，《语言教学与研究》第 2 期。

干薇、陈振宇，2023，《从"预期"理论看汉语仅差格式》，《汉语学习》第 2 期。

高洁，2013，《"亏"的语法语义及词类归属探析》，《时代文学》第 4 期。

高名凯，1948/1980，《汉语语法论》，北京：商务印书馆。

高书贵，2006，《"幸亏"隐含的转接功能与语义辖域》，《天津大学学报》（社会科学版）第 6 期。

高增霞，2002，《副词"还"的基本义》，《世界汉语教学》第 2 期。

高增霞，2003，《汉语的担心——认识情态词"怕""看"和"别"》，载《语法研究和探索》（十二），北京：商务印书馆。

高增霞，2017，《"放着……不……"的构式化》，《古汉语研究》第 4 期。

古川裕，2006，《关于"要"类词的认知解释——论"要"由动词到连词的语法化途径》，《世界汉语教学》第 1 期。

谷峰，2004，《先秦汉语情态副词研究》，博士学位论文，南开大学。

谷峰，2005，《"你说"的语法化》，《中国语文研究》第 18 期，香港：香港中文大学出版社。

谷峰，2007，《从言说义动词到语气词——说上古汉语"云"的语法化》，《中国语文》第 3 期。

谷峰，2012，《上古汉语语气副词"一（壹）"偏离预期功能的形成》，《语文研究》第 4 期。

谷峰，2014，《汉语反预期标记研究综述》，《汉语学习》第 4 期。

谷帅、任海波，2009，《"正好"与"恰好"的用法考察和对比分析》，《语文应用研究》第 3 期。

顾曰国，1992，《礼貌、语用与文化》，《外语教学与研究》第 4 期。

管志斌，2011，《表责备的反预期构式"早不 VP，晚不 VP"》，《理论界》第 7 期。

管志斌，2012，《"得了"的词汇化和语法化》，《汉语学习》第 2 期。

桂靖，2017，《"好好的"语义分析与文化蕴含》，《广西民族师范学院学报》第 5 期。

桂靖，2014，《"大……的"结构反映的行为规范性》，《语言教学与研究》第 3 期。

桂靖，2017，《"好好的"语义分析与文化蕴含》，《广西民族师范学院学报》第 5 期。

桂诗春，1985，《心理语言学》，上海：上海外语教育出版社。

郭聪，2015，《话语标记"你知道吗""你不知道"用法分析》，《现代语文》第 3 期。

郭方冠，2015，《"恰好"类副词研究》，硕士学位论文，华中师范大学。

郭风岚，2008，《当代北京口语第二人称代词的用法与功能》，《语言教学与研究》第 3 期。

郭继懋，1997a，《反问句的意义与作用》，载邢福义主编《汉语语法特点面面观》，北京：北京语言大学出版社。

郭继懋，1997b，《反问句的语义语用特点》，《中国语文》第 2 期。

郭继懋，2001，《"怎么"的语法意义及"方式""原因"和"情状"的关系》，《汉语学习》第 6 期。

郭锐，1997，《过程和非过程——汉语谓词性成分的两种外在时间类型》，《中国语文》第 2 期。

郭锐，2008，《语义结构和汉语虚词语义分析》，《世界汉语教学》第 4 期。

郭晓麟，2015，《"真是的"负面评价功能探析》，《语言教学与研究》第 1 期。

郭晓麟，2018，《意外：起始义"V 上"的语用意义》，《汉语学习》第 4 期。

郭志良，1999，《现代汉语转折词语研究》，北京：北京语言文化大学出版社。

韩宝育，2002，《语言与人的意义世界》，北京：中国社会科学出版社。

韩宝育，2004，《语义的分析与认知》，北京：中央编译出版社。

韩蕾，2009，《"人称代词+称谓"序列的话题焦点性质》，《汉语学习》第 5 期。

韩蕾、刘焱，2007，《话语标记"别说"》，《宁夏大学学报》(人文社会科学版) 第 4 期。

韩礼德，2000，《功能语法导论》，北京：外语教学与研究出版社。

郝琳，2009，《语用标记语"不是我说你"》，《汉语学习》第 6 期。

郝玲，2013，《表频率副词"时不时"和"动不动"》，《齐齐哈尔大学学报》第 5 期。

郝圆圆，2020，《"契合"类语气副词及其对外汉语教学研究》，硕士学位论文，陕西理工大学。

何兆熊，2000，《新编语用学概要》，上海：上海外语教育出版社。

何自然，1987，《语用学概论》，长沙：湖南教育出版社。

何自然，1997，《语用学与英语学习》，上海：上海外语教育出版社。

何自然、冉永平，2009，《新编语用学概论》，北京：北京大学出版社。

贺凯林，1992，《"怎么"的功能和意义》，《湖南师范大学社会科学学报》第 4 期。

黑维强，2010，《形容词重叠式"好好"作定语的句式语义特征》，《陕西师范大学学报》（哲学社会科学版）第 3 期。

侯国金，2005，《语用习语标记论——间接式推理模式》，《外语研究》第 6 期。

侯瑞芬，2009，《"别说"与"别提"》，《中国语文》第 2 期。

侯学超，1998，《现代汉语虚词词典》，北京：北京大学出版社。

胡承佼，2016a，《"倒好"的话语标记倾向及其具体表现》，《语言教学与研究》第 1 期。

胡承佼，2016b，《"至于"反问句考察》，《语言科学》第 4 期。

胡承佼，2017，《含警醒义成分的"一不 X"的功能表现及发展动因》，《语文研究》第 4 期。

胡承佼，2018，《意外范畴与现代汉语意外范畴的实现形式》，《华文教学与研究》第 1 期。

胡德明，2010，《现代汉语反问句研究》，合肥：安徽人民出版社。

胡德明，2011，《话语标记"谁知"的共时与历时考察》，《语言教学与研究》第 3 期。

胡佳丽，2012，《现代汉语"还 XP 呢"构式研究》，硕士学位论文，上海师范大学。

胡建锋，2007，《现代汉语非预期信息表达研究》，博士学位论文，上海师范大学。

胡建锋，2015，《前景化与"知道吗"的功能》，《语言科学》第 2 期。

胡建锋、曹童，2014，《试析标示反向条件关系的"尽管"》，《池州学院学报》第 5 期。

胡壮麟，1994，《语言的言据性》，《外语教学与研究》第 1 期。

胡壮麟，1995，《汉语的言据性和语篇分析》，《湖北大学学报》第 2 期。

胡壮麟、朱永生、张德禄、李战子，2005，《系统功能语言学概论》，北京：北京大学出版社。

黄丹丹，2010，《话语标记"怎么"》，硕士学位论文，上海财经大学。

黄华新、徐以中（2007），预设的动态性和动态预设观，《浙江大学学报》第 5 期，第 39 页。

黄华新、徐以中，2007，《预设的动态性和动态预设观》，《浙江大学学报》第 5 期。

黄江园，2013，《话语标记语"你不知道"》，硕士学位论文，华中师范大学。

黄佩文，2003，《句式"哪里是 A，分明是 B"》，《汉语学习》第 3 期。

霍生玉，2010，《"不管""尽管"的语法化》，《汉字文化》第 5 期。

季安峰，2009，《汉语预设触发语研究》，博士学位论文，南开大学。

姜其文，2021，《"说好 X 的"构式的违实性与反预期性》，《汉语学习》第 3 期。

姜望琪，2003，《当代语用学》，北京：北京大学出版社。

姜炜、石毓智，2008，《"什么"的否定功用》，《语言科学》第 3 期。

金立鑫、杜家俊，2014，《"就"与"才"主观量对比研究》，《语言科学》第 2 期。

金立鑫、于秀金，2013，《"就／才"句法结构与"了"的兼容性问题》，《汉语学习》第3期。

金蒙，2018，《反预期语气副词"偏偏"和"反倒"篇章功能的比较分析》，《语文学刊》第3期。

金新政、李宗荣，2014，《理论信息学》，武汉：华中科技大学出版社。

金智妍，2011，《现代汉语句末语气词意义研究》，博士学位论文，复旦大学。

柯理思，2003，《从河北冀州方言对现代汉语（V在＋处所）格式的再探讨》，载戴昭铭主编《汉语方言语法研究和探索——首届国际汉语方言语法学术研讨会论文集》，哈尔滨：黑龙江人民出版社。

孔敏静，2021，《复句构式"你尽管X，Y算我输"的整合历程》，《宜春学院学报》第10期。

孔敏静，2022a，《复句构式"你尽管X，Y算我输"的多角度分析》，《厦门城市职业学院学报》第1期。

孔敏静，2022b，《当代汉语强调与夸张类流行构式研究》，硕士学位论文，上海师范大学。

寇鑫、袁毓林，2018，《"给VP"结构的主观性分析》，《语言科学》第1期。

匡鹏飞，2011，《语气副词"明明"的主观性和主观化》，《世界汉语教学》第2期。

蓝纯，1999，《现代汉语预设引发项初探》，《外语研究》第3期。

黎锦熙，1924/1992，《新著国语文法》，北京：商务印书馆。

黎绣花，2012，《"好你个X"的构式分析》，硕士学位论文，华中师范大学。

李斌玉，1999，《"VA了"述补结构再考察》，《山西大学学报》（哲学社会科学版）第3期。

李冰，2009，《"果然"与"果真"的用法考察及对比分析》，《汉语学习》第4期。

李秉震，2009，《两种表非预期结果义结构的比较》，《语言科学》第2期。

李冬梅、施春宏，2020，《跨层词"说是"的多重话语功能及其浮现路径与机制》，《语文研究》第4期。

李宏，1994，《副词"反正"的语义语用分析》，《语言教学与研究》第4期。

李计伟，2007，《关于对外汉语教学的汉语词语语法化研究——以"尽管"和"简直"为例》，《云南师范大学学报》（对外汉语教学与研究版）第1期。

李洁、陈昌来，2017，《谈后附标记语："可好""倒好"——兼论由句法成分到语用标记的诱因和机制》，《当代修辞学》第3期。

李劲荣，2005，《副词"恰恰"的情态意义》，载张谊生编《汉语副词研究论集》，上海：上海三联书店。

李劲荣，2014，《情理之中与预料之外：谈"并"和"又"的语法意义》，《汉语学习》第 4 期。

李晋霞、刘云，2018，《叙事语篇与论证语篇的体貌差异》，《当代修辞学》第 2 期。

李丽娟，2010，《现代汉语中"X 的是"类话语标记研究》，硕士学位论文，华中师范大学。

李明，2004，《从言语到言语行为——试谈一类词义演变》，《中国语文》第 5 期。

李讷、安珊迪、张伯江，1998，《从话语角度论证语气词"的"》，《中国语文》第 2 期。

李强，2021，《"怎么"表达意外：疑问、反问和感叹》，《汉语学报》第 1 期。

李庆生，2001，《论言语行为的可观察性》，《外语教学与研究》第 2 期。

李善熙，2003，《汉语"主观量"的表达研究》，博士学位论文，中国社会科学院。

李位文、潘桂娟，2005，《百科知识以图式形式在话语理解过程中的作用》，《河北北方学校学报》第 1 期。

李文浩，2010，《作为构式的"都 XP 了"及其形成机制》，《语言教学与研究》第 5 期。

李文浩，2016，《也谈同位复指式"人称代词＋一个 NP"的指称性质和语用功能》，《中国语文》第 4 期。

李文明，1994，《语体是言语的风格类型——兼与刘大为先生商榷》，《修辞学习》第 6 期。

李先银，2013，《表达祈使的"去"在对话语境中的主观化与叹词化》，《世界汉语教学》第 2 期。

李先银，2016，《口语对话中的话语否定标记"嗨"考察》，《汉语学习》第 4 期。

李咸菊，2008，《北京口语常用话语标记研究》，博士学位论文，北京语言大学。

李小军，2011a，《表负面评价的语用省略——以构式"（X）真是（的）"和"这/那个＋人名"为例》，《修辞学习》第 4 期。

李小军，2011b，《虚词衍生过程中的语音弱化——以汉语语气词为例》，《语言科学》第 4 期。

李小军，2018，《试论总括向高程度的演变》，《语言科学》第 5 期。

李小军、徐静，2017，《"管"的语义演变及"不管""尽管"的词汇化》，《江西师范大学学报》第 6 期。

李小荣，1994，《对述结式带宾语功能的考察》，《汉语学习》第 5 期。

李晓燕，2019，《现代汉语"尽管"研究》，硕士学位论文，上海财经大学。

李欣夏，2013，《"我＋让/叫＋你＋VP"构式解析》，硕士学位论文，上海师范大学。

李新良，2015，《立足于汉语事实的动词叙实性研究》，《世界汉语教学》第 3 期。

李新良，2016，《疑问句与汉语动词的叙实性》，《语言教学与研究》第 2 期。

李新良，2018，《"感觉"类动词的叙实性及其漂移问题研究》，《语言教学与研究》第 5 期。

李新良、袁毓林，2016，《反叙实动词宾语真假的语法条件及其概念动因》，《当代语言学》第 2 期。

李新良、袁毓林，2017，《"知道"的叙实性及其置信度变异的语法环境》，《中国语文》第 1 期。

李秀明，2006，《汉语元话语标记研究》，博士学位论文，复旦大学。

李秀明，2014，《"反叙实"话语标记初探》，《浙江外国语学院学报》第 4 期。

李雅，2011，《不同任务情景下预期违反的神经机制：一项 ERP 研究》，硕士学位论文，陕西师范大学。

李一平，1996，《"什么"表否定和贬斥的用法》，《河南大学学报》第 3 期。

李勇忠、李春华，2004，《话语标记与语用推理》，《国外外语教学》第 4 期。

李宇凤，2011，《回声性反问标记"谁说"和"难道"》，《汉语学习》第 4 期。

李宇明，1994，《能受"很"修饰的"有＋X"结构》，《云梦学刊》第 1 期。

李宇明，1997，《主观量的成因》，《汉语学习》第 5 期。

李宇明，1999，《数量词语与主观量》，《华中师范大学学报》（人文社会科学版）第 6 期。

李宇明，2000，《汉语量范畴研究》，武汉：华中师范大学出版社。

李宇明，2001，《跋》，载萧国政编《20 世纪现代汉语语法八大家——邢福义选集》，长春：东北师范大学出版社。

李元瑞，2018a，《从因果关系到转折关系——"一不 X 就 Y"表达功用的转化研究》，《新疆大学学报》第 2 期。

李元瑞，2018b，《元话语成分"说好的"探析》，《汉语学习》第 6 期。

李元瑞，2019，《现代汉语新兴超预期构式研究》，博士学位论文，上海师范大学。

李战子，2002，《话语的人际意义研究》，上海：上海外语教育出版社。

李治平，2011a，《"瞧（看）你说的"话语标记分析》，《汉语学习》第 6 期。

李治平，2011b，《"说是"的功能和虚化与对外汉语教学》，《云南师范大学学报》（对外汉语教学版）第 4 期。

李治平，2012，《表态语"也是"的功能类型及其演变历程》，《语言教学与研究》第 6 期。

李忠耀，1999，《语言知识及运用》，重庆：重庆大学出版社。

李宗江，2005，《副词"倒"及相关副词的语义功能和历时演变》，《汉语学报》第 2 期。

李宗江，2008，《表达负面评价的语用标记"问题是"》，《中国语文》第 5 期。

李宗江，2009a，《"看你"类话语标记分析》，《语言科学》第 3 期。

李宗江，2009b，《语用因素对词义演变的影响——从"亏"的词义演变说起》，《浙江大学汉语史研究中心简报》第 3 期。

李宗江，2010，《关于话语标记来源研究的两点看法——从"我说"类话语标记的来源说起》，《世界汉语学习》第 2 期。

李宗江，2013，《几个疑问小句的话语标记功能——兼及对话语标记功能描写的一点看法》，《当代修辞学》第 2 期。

李宗江，2014，《也说话语标记"别说"的来源——再谈话语标记来源的研究》，《世界汉语教学》第 2 期。

李宗江，2015，《近代汉语"意外"类语用标记及其演变》，《汉语史学报》第 15 辑。

李宗江、艾贵金，2016，《近代汉语"释因"类语用标记及其演变》，《语言研究集刊》第 16 辑。

李宗江、王慧兰，2011，《汉语新虚词》，上海：上海教育出版社。

廖秋忠，1986，《现代汉语篇章中的连接成分》，《中国语文》第 6 期。

廖秋忠，1989，《〈语气与情态〉评介》，《国外语言学》第 4 期。

廖秋忠，1992，《廖秋忠文集》，北京：北京语言学院出版社。

刘承峰，2014，《现代汉语量的"主观性"研究》，《华东师范大学学报》（哲学社会科学版）。

刘大为，2004，《意向动词、言说动词与篇章的视域》，《修辞学习》第 6 期。

刘大为，2008，《制造信息差与无疑而问——修辞性疑问的分析框架之一》，《修辞学习》第 6 期。

刘大为，2009，《修辞性疑问：动因与类型——修辞性疑问的分析框架之二》，《修辞学习》第 1 期。

刘丹，2012，《连词"尽管"探源》，《盐城师范学院学报》第 4 期。

刘丹青，2005，《作为典型构式句的非典型"连"字句》，《语言教学与研究》第 4 期。

刘丹青，2012，《实词的叹词化和叹词的去叹词化》，《汉语学习》第 3 期。

刘丹青，2018，《从吴江话的"也讲个 / 嘞"看语法化的库藏制约》，《语言研究》第 2 期。

刘丹青、唐正大，2001，《话题焦点敏感算子"可"的研究》，《世界汉语教学》第 3 期。

刘丹青、徐烈炯，1998，《焦点与背景、话题及汉语"连"字句》，《中国语文》第 4 期。

刘德联、刘晓雨，2004，《中级汉语口语》（第二版），北京：北京大学出版社。

刘德联、刘晓雨，2005，《汉语口语常用句式例解》，北京：北京大学出版社。

刘芳，2009，《分析言说义动词"说"的语法化》，《语文学刊》第 2 期。

刘红妮，2012，《"甚至"的词汇化与多种功能的形成》，《当代语言学》第 3 期。

刘红艳、李治平，2012，《话语标记"你猜怎么着"》，《湖北经济学院学报》第 12 期。

刘慧，2010，《"意外态"语气副词研究》，硕士学位论文，上海师范大学。

刘坚、曹广顺、吴福祥，1995，《论诱发汉语词汇语法化的若干因素》，《中国语文》
　　第 3 期。

刘瑾，2010，《语言表达中的视角问题》，《外语学刊》第 4 期。

刘丽艳，2005a，《口语中的话语标记》，博士学位论文，浙江大学。

刘丽艳，2005b，《作为话语标记语的"不是"》，《语言教学与研究》第 6 期。

刘丽艳，2006，《话语标记"你知道"》，《中国语文》第 5 期。

刘丽艳，2013，《话语斟酌标记"怎么说"及其功能研究》，《宁夏大学学报》第 5 期。

刘龙、蔡永鸿，2014，《金融学概论》，北京：清华大学出版社。

刘平，2008，《现代汉语"不料"复句考察》，《武汉大学学报》（人文科学版）第 6 期。

刘瑞、袁毓林，2022，《对话和叙述语体中反预期信息的类型与差别》，《汉语学习》
　　第 4 期。

刘善涛、李敏，2010，《副词"反正"的产生和发展》，《汉字文化》第 2 期。

刘树晟，2011，《对话语体中"（倒）也是"类应答语研究》，硕士学位论文，南京师
　　范大学。

刘通，2016，《论"原来"的反预期表达功能》，《四川职业技术学院学报》第 5 期。

刘文欣，2010，《现代汉语责训句研究》，博士学位论文，黑龙江大学。

刘晓亮，2011，《"亏 X（还）……（呢）"构式研究》，硕士学位论文，上海财经大学。

刘娅琼，2004，《试析反问句的附加义》，《修辞学习》第 3 期。

刘娅琼、陶红印，2011，《汉语谈话中否定反问句的事理立场功能及类型》，《中国语
　　文》第 2 期。

刘焱，2007a，《"（V）掉"的语义类型与"掉"的虚化》，《中国语文》第 2 期。

刘焱，2007b，《话语标记"别说"》，《宁夏大学学报》第 3 期。

刘焱，2009，《反预期信息标记"别看"》，《汉语学习》第 4 期。

刘焱，2010，《"说是"的功能与虚化》，《宁夏大学学报》第 4 期。

刘焱，2014，《话语标记"怎么说呢"》，《云南师范大学学报》（对外汉语教学与研究
　　版）第 5 期。

刘焱，2019a，《语言的信息传递功能》，《现代语文》第 3 期。

刘焱，2019b，《现代汉语批评性话语标记研究》，上海：上海财经大学出版社。

刘焱，2022，《预期的性质、参照点和作用及表达手段》，《常熟理工学院学报》第 4 期。

刘焱、冯峰、刘晓亮，2019，《预期类型对"亏＋S"构式的语用制约》，《常熟理工学院》第 4 期。

刘焱、黄丹丹，2015，《反预期话语标记"怎么"》，《语言科学》第 2 期。

刘焱、李晓燕，2021，《副词"尽管"的语义、要求及词汇化》，载邵洪亮主编《汉语副词研究论集》（第五辑），上海：上海三联书店。

刘焱、柳秀珍，2016，《话语标记"还说呢"》，《对外汉语研究》第 14 期。

刘焱、任璐，2019，《话语标记"我说"的功能与成因》，《海外语言学》第 1 期。

刘焱、陶红印，2018，《负面认识范畴表达式的语体语用研究："你不知道"及相关方法论问题》，《互动语言学与汉语研究》（第二辑）。

刘焱、杨红，2022，《"恰巧""偏巧""不巧"对比研究》，《河北工业大学学报》（社会科学版）第 2 期。

刘永华、高建平，2007，《汉语口语中的话语标记"别说"》，《语言与翻译》第 2 期。

刘元满，1999，《"太＋形／动"与"了"》，《语言教学与研究》第 1 期。

刘月华、潘文娱、故铧，1983/2001，《实用现代汉语语法》（增订版），北京：商务印书馆。

刘长征，2007，《"（X）整个一（个）Y"格式试析》，《汉语学习》第 1 期。

刘志富，2011，《话语标记语"也是"》，《宁夏大学学报》第 3 期。

刘宗保，2011，《警告义构式"叫／让"句探析》，《汉语学习》第 2 期。

卢福波，2000，《关于"太"字结构的教学与研究》，《世界汉语教学》第 2 期。

卢家楣，1988，《关于情绪发生心理机制的需要——预期假说》，《心理科学通讯》第 4 期。

卢家楣，1998，《教学心理学情感维度上的一种教材处理策略——超出预期》，《心理发展语教育》第 3 期。

卢家楣，2002，《超出预期策略的实验研究》，《心理科学》第 4 期。

卢英顺，2007，《"吧"的语法意义再探》，《世界汉语教学》第 3 期。

鲁承发，2018，《"差一点（没）VP"句式中的交际博弈及其句法效应》，《语言研究》第 2 期。

陆丙甫、应学凤，2013，《节律和形态里的前后不对称》，《中国语文》第 5 期。

陆方喆，2014，《反预期标记的性质、特征及分类》，《云南师范大学学报》（对外汉语教学与研究版）第 6 期。

陆方喆，2017，《现代汉语反预期标记研究》，北京：中国社会科学出版社。

陆方喆、曾君，2019，《反预期标记的形式与功能》，《语言科学》第 1 期。

陆方喆、李晓琪，2013，《"何况"的主观性表达功能——兼析与"况且"的区别》，《汉语学习》第 6 期。

陆方喆、朱斌，2019，《语言中的违预期信息与违预期范畴》，《常熟理工学院学报》第 4 期。

陆俭明，1980，《"更"和"还"》，载《语言学论丛》（第六辑），北京：商务印书馆。

陆俭明，1982，《现代汉语副词独用刍议》，《语言教学与研究》第 2 期。

陆俭明，1990，《"VA 了"述补结构语义分析》，《汉语学习》第 1 期。

陆俭明、马真，2017，《现代汉语虚词散论》（第三版），北京：北京大学出版社。

陆世光，1981，《谈副词的内部分类》，《天津师范学院院报》第 2 期。

罗桂花、廖美珍，2012，《法庭互动中的回声问研究》，《现代外语》第 4 期。

罗黎丽，2018，《表不满的话语标记"（你）还说呢"》，《宜春学院学报》第 2 期。

罗树林，2007，《"竟然"类语气副词语用功能分析》，硕士学位论文，广西师范大学。

罗耀华、牛利，2009，《"再说"的语法化》，《语言教学与研究》第 1 期。

罗主宾，2013，《明清时期语气副词研究》，博士学位论文，湖南师范大学。

吕叔湘，1985，《疑问·否定·肯定》，《中国语文》第 4 期。

吕叔湘，1985/2002，《近代汉语指代词》，又见《吕叔湘文集（第三卷）》，北京：商务印书馆。

吕叔湘，1944/2014，《中国文法要略》，又见《吕叔湘文集（第一卷）》，北京：商务印书馆。

吕叔湘主编，1980/1999，《现代汉语八百词》（增订本），北京：商务印书馆。

吕为光，2011a，《责怪义话语标记"我说什么来着"》，《汉语学报》第 3 期。

吕为光，2011b，《"说是"的语法化》，《语言与翻译》第 3 期。

吕为光，2015，《迟疑功能话语标记"怎么说呢"》，《汉语学报》第 3 期。

马若宏，2013，《"想不 X 都难"及同义构式比较》，硕士学位论文，哈尔滨师范大学。

马爽、李菲，2014，《预期理论的发展及应用》，《财经界》第 9 期。

马伟林，2011，《语篇衔接手段的评价意义》，《当代修辞学》第 4 期。

马真，1994，《关于"反而"的语法意义》，《世界汉语教学》第 1 期。

马真，2001，《表加强否定语气的副词"并"和"又"——兼谈词语使用的语义背景》，《世界汉语教学》第 3 期。

马真，2004，《现代汉语虚词研究方法论》，北京：商务印书馆。

马真、陆俭明，1997，《形容词作结果补语情况考察》，《汉语学习》第 1、4、6 期。

孟琮，1982，《口语"说"字小集》，《中国语文》第 5 期。

孟晓亮、侯敏，2009，《话语标记的语体特征研究及应用》，《中文信息学报》第 4 期。

苗浴光，2006，《意外态语气副词研究》，硕士学位论文，辽宁师范大学。

莫爱屏，2004，《话语标记语的关联认知研究》，《语言与翻译（汉文）》第 3 期。

牟世荣，2014，《副词"倒"的语义语用探析及对外汉语教学策略》，《汉语学习》第 6 期。

聂丹，2009，《"幸亏"类词语与"幸亏"成词的关系》，《贵州师范大学学报》（社会科学版）第 3 期。

牛保义，2005，《国外实据性理论研究》，《当代语言学》第 1 期。

欧倩，2007，《语气副词"明明"的多角度分析》，《四川文理学院学报》第 1 期。

潘桂娟，2008，《回声问句及其语用功能探析》，《燕山大学学报》（社会科学版）第 2 期。

潘汝莘，2014，《反馈与预期差异及情绪对小学生元记忆监控的影响》，硕士学位论文，辽宁师范大学。

潘悟云，2002，《汉语否定词考源——兼论虚词考本字的基本方法》，《中国语文》第 4 期。

潘先军，2013，《"不是我说你"的话语标记化》，《内蒙古师大学报》（哲学社会科学版）第 1 期。

彭国珍，2006，《偏离类动结式的句法特性》，《华中科技大学学报》（社会科学版）第 4 期。

彭可君，1993，《说"怎么"》，《语言教学与研究》第 1 期。

彭水琴、郑娟曼，2022，《预期修正语"那倒是"的序列特征与规约化》，《汉语学习》第 5 期。

彭小川，1999a，《论副词"倒"的语篇功能——兼论对外汉语语篇教学》，《北京大学学报》（哲学社会科学版）第 5 期。

彭小川，1999b，《副词"并"、"又"用于否定形式的语义、语用差异》，《华中师范大学学报》第 2 期。

彭小川、赵敏，2004，《连词"并"用法考察》，《暨南大学学报》（人文科学与社会科学版）第 1 期。

戚文君，2013，《话语标记"怎么"研究》，硕士学位论文，华东师范大学。

齐春红，2006a，《对外汉语教学中的预期副词教学研究》，《云南师范大学学报》（对外汉语教学与教学版）第 3 期。

齐春红，2006b，《现代汉语语气副词研究》，博士学位论文，华中师范大学。

齐沪扬，2002，《语气词与语气系统》，合肥：安徽教育出版社。

齐沪扬，2003，《语气副词的语用功能分析》，《语言教学与研究》第 1 期。

齐沪扬、胡建锋，2006，《试论负预期量信息标记格式"X 是 X"》，《世界汉语教学》第 2 期。

齐沪扬、胡建锋，2010，《试论"不是……吗"反问句的疑问用法》，《上海师范大学学报》第 5 期。

齐沪扬、李文浩，2009，《突显度、主观化与短时义副词"才"》，《语言教学与研究》第 5 期。

祁峰，2011，《"X 的是"：从话语标记到焦点标记》，《汉语学习》第 4 期。

祁峰，2014，《试析与焦点相关的几个概念》，《海外华文教育》第 70 期。

钱冠连，2003，《语言全息论》，北京：商务印书馆。

强星娜，2017，《意外范畴研究述评》，《语言教学与研究》第 6 期。

强星娜，2020，《无定预期、特定预期与反预期情状的多维度考察——以"竟然""偏偏"等为例》，《中国语文》第 6 期。

秦岭，2010，《说"的说"》，《语言文字运用》第 2 期。

邱闯仙，2010，《预期标记"瞧"》，《语文研究》第 2 期。

屈承熹，1991，《汉语副词的篇章功能》，《语言教学与研究》第 2 期。

屈承熹，2006，《汉语篇章语法》，潘文国等译，北京：北京语言大学出版社。

屈承熹、纪宗仁，2005，《汉语认知功能语法》，哈尔滨：黑龙江人民出版社。

冉晨、张延成，2022，《意外标记"好好的"的语义演变与语法化》，《语言研究》第 4 期。

冉永平，2004，《言语交际中"吧"的语用功能及其语境顺应性特征》，《现代外语》第 4 期。

单威，2017，《现代汉语偏离预期表达式研究》，博士学位论文，吉林大学。

单威、邹晓春，2016，《汉语反预期的实现途径与特点研究》，《北方论丛》第 5 期。

邵洪亮、谢文娟，2020，《预期与反预期评注在小句内的兼容模式与功能》，载《汉语教学学刊》（第 1 辑），北京：北京大学出版社。

邵明园，2014，《安多藏语阿柔话的示证范畴》，博士学位论文，南开大学。

邵敬敏，1992，《回声问的形式特点和语用特征分析》，《华东师范大学学报》（哲学社会科学版）第 2 期。

邵敬敏，1995，《"怎么"疑问句的语法意义及功能类型》，载《语法研究和探索》（七），北京：商务印书馆。

邵敬敏，1996，《现代汉语疑问句研究》，上海：华东师范大学出版社。

邵敬敏，2008，《"连 A 也 / 都 B"框式结构及其框式化特点》，《语言科学》第 4 期。

邵敬敏，2012a，《论语气词"啊"在疑问句中的作用暨方法论的反思》，《语言科学》第 6 期。

邵敬敏，2012b，《是非问内部类型的比较以及"疑惑"的细化》，《世界汉语教学》第 3 期。

邵敬敏，2017，《主观性的类型与主观化的途径》，《汉语学报》第 4 期。

邵敬敏、饶春红，1985，《说"又"——兼论副词研究的方法》，《语言教学与研究》第 2 期。

邵敬敏、王玲玲，2016，《"一不小心 X"构式与反预期主观情态》，《语言科学》第 6 期。

邵敬敏、王宜广，2011，《"幸亏"类副词的句法语义、虚化轨迹及其历史层次》，《语言教学与研究》第 4 期。

邵敬敏、朱晓亚，2005，《"好"的话语功能及其虚化轨迹》，《中国语文》第 5 期。

沈家煊，1993，《"语用否定"考察》，《中国语文》第 5 期。

沈家煊，1999，《不对称与标记论》，南昌：江西教育出版社。

沈家煊，2001a，《语言的"主观性"与"主观化"》，《外语教学与研究》第 4 期。

沈家煊，2001b，《跟副词"还"有关的两个句式》，《中国语文》第 6 期。

沈家煊，2003，《复句三域"行、知、言"》，《中国语文》第 3 期。

沈家煊，2004a，《说"不过"》，《清华大学学报》第 5 期。

沈家煊，2004b，《语用原则、语用推理和语义演变》，《外语教学与研究》第 4 期。

沈家煊，2009，《副词和连词的元语用法》，载《对外汉语研究》第 5 期，北京：商务印书馆。

沈家煊、完权，2009，《也谈"之字结构"和"之"字的功能》，《语言研究》第 2 期。

沈建华，2003，《汉语口语习惯用语教程》，北京：北京语言大学出版社。

沈庶英，2000，《谈约量时间词》，《世界汉语教学》第 1 期。

沈阳，1996，《关于"大＋时间词（的）"》，《中国语文》第 4 期。

沈阳、彭国珍，2010，《结果偏离义"VA 了"结构的句法和语义分析》，《汉语学习》第 5 期。

盛益民，2022，《语义范畴的寄生表达——以绍兴方言体标记"上"寄生表达反预期语义为例》，《当代语言学》第 5 期。

施春宏，2004，《汉语句式的标记度及基本语序问题》，《汉语学习》第 2 期。

施春宏，2008，《汉语动结式的句法语义研究》，北京：北京语言大学出版社。

施春宏，2015，《动结式在相关句式群中不对称分布的多重界面互动机制》，《世界汉语教学》第 1 期。

施发勇，2011，《评论附加语"幸亏"研究》，《科技信息》第 27 期。

施玲丽，2014，《连词"别看"研究》，硕士学位论文，浙江师范大学。

石定栩、周蜜、姚瑶，2017，《评价副词与背景命题——"偏偏"的语义与句法特性》，《外语教学与研究》第 6 期。

石飞，2019，《句末"就是了"的话语立场与话语功能》，《汉语学习》第 6 期。

石飞，2019，《言者事理立场表达："再怎么说"的信据性》，《世界汉语教学》第 2 期。

石岩，2015，《反问与反预期》，学士学位论文，复旦大学。

石毓智，2020，《数量语义特征对语法形式的制约》，《外语研究》第 1 期。

史金生，1993，《时间副词"就""再""才"的语义、语法分析》，《逻辑与语言学习》第 3 期。

史金生，2000，《传信语气词"呢"的功能》，《语言研究》特刊。

史金生，2002，《现代汉语副词的语义功能研究》，博士学位论文，南开大学。

史金生，2003，《语气副词的范围、类别和共现顺序》，《中国语文》第 1 期。

史金生，2005，《"又"、"也"的辩驳语用用法及其语法化》，《世界汉语教学》第 4 期。

史金生，2010，《从持续到申明：传信语气词"呢"的功能及其语法化机制》，载《语法研究与探索》（15），北京：商务印书馆。

史金生、孙慧妍，2010，《"但（是）"类转折连词的内部差异及其形成机制》，《语文研究》第 4 期。

宋佳，2018，《假性否定构式"不是 X，（而）是 Y"研究》，硕士学位论文，上海师范大学。

宋玉珂，1983，《现代汉语的对立式》，《天津师大学报》第 3 期。

宋玉柱，1994，《"大"的区别词用法》，《中国语文》第 6 期。

苏小妹，2014，《面子威胁缓和语"不怕你＋V"》，《语言教学与研究》第 6 期。

孙佳，2018，《契合类评注性副词"偏巧"和"不巧"的分布与功用》，《昭通学院学报》第 6 期。

孙佳，2019，《契合类副词"X 巧"的用法考察与功能分析》，硕士学位论文，上海师范大学。

孙楠，2013，《现代汉语转折副词的反预期标记功能研究》，硕士学位论文，南京师范大学。

孙鹏飞，2017，《主观倾向构式"X 还来不及呢"》，《汉语学习》第 6 期。

孙鹏飞，2018，《形容词谓语句相关构式的主要话语功能与语义表达倾向——以"X还来不及呢"和"X 比 Y 都 A"为例》，《语言与翻译》第 2 期。

孙汝建，1998，《语气和语气词研究》，博士学位论文，上海师范大学。

孙雅平，2020，《从语法化"扩展效应"看反预期话语标记的形成——以"不料""谁知"为例》，《语言科学》第 4 期。

太田辰夫，2003，《中国语历史文法》，蒋绍愚、徐昌华译，北京：北京大学出版社。

谭方方，2016，《英汉"转折"与"对比"的关系及其语义地图解释》，《外语与外语教学》第 3 期。

谭方方，2021，《Peterson 意外范畴类型学框架下英汉意外表达比较研究》，《西安外国语大学学报》第 2 期。

谭方方、张谊生，2015，《英汉"转折"与"让步"关系辨析》，《上海师范大学学报》第 6 期。

谭福民，2014，《百科知识语义观视域中的实词义研究》，《外语学刊》第 3 期。

唐丽珍，2001，《再谈"幸亏你来了"和"你幸亏来了"》，《汉语学习》第 1 期。

唐敏，2003，《副词"还"语义网络系统的形成和发展》，硕士学位论文，上海师范大学。

唐敏，2009，《副词"还"的"反预期"语用功能及"反预期"的义源追溯》，《江苏大学学报》第 4 期。

唐敏、齐焕美，2009，《程度副词"还"的主观性》，《泰山学院学报》第 4 期。

唐善生，2016，《"不说"的副词化》，《汉语学习》第 2 期。

唐善生、华丽亚，2011，《"你别说"的演化脉络及修辞分析》，《当代修辞学》第 4 期。

唐曙霞，1995，《试论"A 还不如 B"中的"还"》，《南京大学学报》第 4 期。

唐为群，2006，《副词"原来"的多角度考察》，《长江学术》第 4 期。

唐雪凝、张金圈，2016，《元语否定与"不是我说你"类话语标记的产生机制》，《当代修辞学》第 5 期。

陶红印，1999，《试论语体分类的语法学意义》，《当代语言学》第 3 期。

陶红印，2003，《从语音、语法和话语特征看"知道"格式在谈话中的演化》，《中国语文》第 4 期。

陶红印、刘娅琼，2010a，《从语体差异到语法差异（上）——以自然会话与影视对白中的把字句、被动结构、光杆动词句、否定反问句为例》，《当代修辞学》第 1 期。

陶红印、刘娅琼，2010b，《从语体差异到语法差异（下）——以自然会话与影视对白中的把字句、被动结构、光杆动词句、否定反问句为例》，《当代修辞学》第 2 期。

陶寰、李佳樑，2009，《方言与修辞的研究接面——兼论上海话"伊讲"的修辞动因》，《修辞学习》第 3 期。

田津贺、梁晓玲，2022，《"早着呢"的时间参照和主观视角》，《广州广播电视大学学报》第 2 期。

田娅丽、王磊、高山，2014，《回声话语分类及其语用功能探析》，《黎明职业大学学报》第 2 期。

佟福奇，2015，《论"都＋NP＋了"构式的语义实现》，《云南师范大学学报》（对外汉语教学与研究版）第 6 期。

宛新政，2016，《反预期构式"不 V 不 VQ"》，《阜阳师范学院学报》（社会科学版）第 2 期。

万光荣，2017，《惊讶范畴：类型学研究的新领域》，《语言科学》第 6 期。

万光荣，2019，《惊讶程度的多模态研究》，《湖南师范大学社会科学学报》第 2 期。

万光荣、余承法，2016，《反预期程度的量化研究》，《中南民族大学学报》（人文社会科学版）第 2 期。

汪娇，2020，《语气副词"恰巧""正巧""凑巧""可巧"的对比研究》，硕士学位论文，吉林大学。

汪敏锋，2018，《言者依据和预期信息——谈"吧"的两个语用功能及其形式特征》，《世界汉语教学》第 2 期。

王翠蔚，2009，《"别看 p，q"句式研究》，硕士学位论文，中国人民大学。

王光和，2002，《汉语感叹句形式特点浅析》，《贵州大学学报》（社会科学版）第 5 期。

王还，1956，《"就"与"才"》，《语文学习》第 12 期。

王还，1985，《"把"字句中"把"的宾语》，《中国语文》第 1 期。

王还，1992，《漫谈汉语一些副词》，《语言教学与研究》第 1 期。

王还，1994，《对外汉语教学：汉语内部规律的试金石——以"反而"为例》，《世界汉语教学》第 2 期。

王红旗，1996，《动结式述补结构的语义是什么》，《汉语学习》第 1 期。

王健，2005，《汉语方言中的两种动态范畴》，《方言》第 3 期。

王健，2008，《说"别说"》，《语言教学与研究》第 2 期。

王健，2013，《一些南方方言中来自言说动词的意外范畴标记》，《方言》第 2 期。

王健慈，1997，《汉语评判动词的语义类》，《中国语文》第 6 期。

王静，2010，《我说"我说"》，《湖南城市学院学报》第 3 期。

王君柏，2012，《不确定性情景下的心理预期与行为选择》，北京：知识产权出版社。

王凯，2017，《现代汉语"（X 了）半天"研究》，硕士学位论文，上海财经大学。

王蕾，2018，《测度式"别（是）X"的认知机制研究》，《语言研究》第 2 期。

王敏、杨坤，2010，《交互主观性及其在话语中的体现》，《外语学刊》第 1 期。

王明华，2001，《用在否定词前面的"并"与转折》，《世界汉语教学》第 3 期。

王全智，2005，《可能世界、心理空间与语篇的意义建构》，《外语教学》第 4 期。

王思逸，2018，《"冷不防"与"冷不了"的功能用法及辨析》，《柳州职业技术学院学
报》第 3 期。

王天佑，2012，《汉语取舍范畴研究》，博士学位论文，山东师范大学。

王文博，2003，《预设的认知研究》，《外语教学与研究》第 3 期。

王晓辉、池昌海，2014，《程度评价构式"X 就不用说了"研究》，《世界汉语教学》
第 2 期。

王雁，2009，《论语义表达中的心理预期设想》，《陕西师范大学学报》（哲学社会科学
版）第 38 卷。

王寅，2005，《二山之石，必可攻玉——认知语言学中的 ICM 理论在语义分析中的应
用》，《中国外语》第 2 期。

王寅，2007，《认知语言学》，上海：上海外语教育出版社。

王瑜，2012，《说反预期结构式"亏你＋VP"》，《海外华文教育》第 4 期。

王长武，2016，《现代汉语引述回应格式研究》，博士学位论文，上海师范大学。

王芝清，2009，《"强调"类语气副词与对外汉语教学》，硕士学位论文，内蒙古师范
大学。

王志，2014，《"怎么"在交谈中的一种用法》，《语言研究》第 2 期。

王志英，2014，《反预期构式"不但不 X，反而 Y"》，《理论前沿》第 8 期。

王自强，1998，《现代汉语虚词词典》，上海：上海辞书出版社。

维特根斯坦，2013，《哲学研究》，韩林合译，北京：商务印书馆。

温锁林，2009，《副词"并"的语法意义》，《语文研究》第 3 期。

文全民，2008，《"更"和"还"在肯定与否定比较句中的差异》，《世界汉语教学》第
1 期。

文旭、曾容，2018，《从范畴动态化角度看词汇化与语法化的关系——以汉语"但是"

为例》,《外语教学》第 2 期。

文燕婷,2015,《反预期话语标记研究——以知类、料类、想类为例》,硕士学位论文,上海师范大学。

吴春仙,2001,《"反而"句的语义逻辑分析》,《语言教学与研究》第 4 期。

吴福祥,2004a,《近年来语法化研究的进展》,《外语教学与研究》(外国语文)第 1 期。

吴福祥,2004b,《试说"X 不比 Y·Z"的语用功能》,《中国语文》第 5 期。

吴福祥,2005a,《汉语语法化研究》,北京:商务印书馆。

吴福祥,2005b,《汉语语法化研究的当前课题》,《语言科学》第 3 期。

吴剑锋,2006,《言语行为与现代汉语句类研究》,博士学位论文,华东师范大学。

吴婷燕、赵春利,2018,《情态副词"怪不得"的话语关联与语义情态》,《世界汉语教学》第 3 期。

吴为善,2011,《认知语言学与汉语研究》,上海:复旦大学出版社。

吴为善,2016,《构式语法与汉语构式》,上海:学林出版社。

吴为善、高亚亨,2013,《词语[±积极]语义特征的句法投射及其认知解释》,《对外汉语研究》第 10 期。

吴为善、夏芳芳,2011,《"A 不到哪里去"的构式解析、话语功能及其成因》,《中国语文》第 4 期。

吴瑛健,2013,《否定比较句"A 比 B 还不 C"和"A 还不如 BC"对比研究》,硕士学位论文,哈尔滨师范大学。

吴云芳,2001,《"怎么"和"为什么"》,《语文建设》第 9 期。

吴长安,2007,《"大……的"说略》,《世界汉语教学》第 2 期。

吴中伟,1999,《论"又不 P,~Q"中"又"的意义》,《汉语学习》第 4 期。

武柏索、许维翰、陶宗侃、阎淑卿,1988,《现代汉语常用格式例释》,北京:商务印书馆。

武果,2009,《副词"还"的主观性用法》,《世界汉语教学》第 3 期。

夏金,1994,《"幸亏你来了"与"你幸亏来了"》,《汉语学习》第 1 期。

鲜丽霞,2012,《话语标记"你说"的语境及其功能》,《四川师范大学学报》第 5 期。

鲜丽霞、李月炯,2015,《汉语话语标记研究综述》,《广西师范学院学报》(哲学社会科学版)第 1 期。

现代汉语大词典编委会,2010,《现代汉语大词典》,上海:上海辞书出版社。

肖志红,2014,《论语法化与主观化的关系》,《外语学刊》第 3 期。

肖治野,2009,《"怎么₁"与"怎么₂"的句法语义差异》,《汉语学习》第 2 期。

肖治野、沈家煊，2009，《"了"的行、知、言三域》，《中国语文》第 6 期。

谢白羽，2011，《"还"的主观性及其句法实现》，《汉语学习》第 3 期。

谢世坚，2009，《话语标记研究综述》，《山东外语教学》第 5 期。

谢晓明、肖任飞，2008，《表无条件让步的"说什么"紧缩句》，《语言研究》第 2 期。

谢心阳，2012，《基于理想化认知模型理论的汉语预期类构式研究》，硕士学位论文，
　　上海师范大学。

谢之君、王仙凤，2006，《概念功能、人际功能与汉语小句英译》，《同济大学学报》
　　（社会科学版）第 4 期。

辛斌，1999，《言语行为、交际意图和预示语列》，《外语学刊》第 1 期。

辛慧，2010，《现代汉语意外类篇章连接成分分析》，硕士学位论文，延边大学。

辛永芳，2006，《"多 +V"和"V+ 多"语序的认知解释》，《汉语学习》第 5 期。

邢福义，1984，《说"NP3"句式》，《语文研究》第 3 期。

邢福义，1985，《从"原来"的词性看词的归类问题》，《汉语学习》第 6 期。

邢福义，2001，《汉语复句研究》，北京：商务印书馆。

徐朝红，2017，《让步条件连词到让步连词的语义演变》，《语言科学》第 5 期。

徐晶凝，2008，《现代汉语话语情态研究》，北京：昆仑出版社。

徐默凡，2010，《论否定性行事结构》，《华东师范大学学报》（哲学社会科学版）第 5 期。

徐姝阳，2016，《"尽管""虽然"与"即使"的用法分析》，《现代语文》第 11 期。

徐通锵，1990，《结构的不平衡性和语言演变的原因》，《中国语文》第 1 期。

许凤才，2006，《俄汉语主从复合句的对比研究》，博士学位论文，上海外国语大学。

许家金，2008，《汉语自然会话中话语标记"那（个）"的功能分析》，《语言科学》
　　第 1 期。

许家金，2009，《话语标记的现场即席观》，《外语学刊》第 2 期。

许诺，2015，《谈"已经"的反预期语用功能》，《汉语学习》第 1 期。

闫涛，2002，《话语标记及其语篇功能》，《齐齐哈尔大学学报》第 11 期。

严辰松，2000，《语言如何表达"言之有据"——传信范畴浅说》，《解放军外国语学
　　院学报》第 1 期。

颜红菊，2005，《话语标记的主观性和语法化》，《汉语学习》第 2 期。

颜力涛，2014，《汉语被字句的"偏移义"研究》，博士学位论文，吉林大学。

晏宗杰，2004，《从"V 什么 V"看汉语表达的礼貌级别》，《汉语学习》第 5 期。

杨德峰，2009，《语气副词做状语的位置》，《汉语学习》第 10 期。

杨凤菊，2010，《汉语话轮转换中的人称代词类话语标记分析》，硕士学位论文，东北

师范大学。

杨红，2015，《"恰巧""恰好""恰恰"的句法成分辨析》，《现代语文》第 11 期。

杨红，2017，《"恰巧""不巧""偏巧"对比研究》，硕士学位论文，上海财经大学。

杨开昌，2011，《内蒙古后套话中的语气副词"半天"》，《晋中学院学报》第 4 期。

杨玲，1999，《现代汉语副词"还"的语义与语法分析》，《四川师范大学学报》第 1 期。

杨荣祥，2005，《近代汉语副词研究》，北京：商务印书馆。

杨淑璋，1985，《关于"还"和"再"的区别》，《语言教学与研究》第 3 期。

杨树森，2012，《普通逻辑学》(第 4 版)，合肥：安徽大学出版社。

杨扬、俞理明，2018，《次生叹词"好"反预期标记用法及衔接功能》，《语言科学》第 1 期。

杨亦鸣、徐以中，2004，《副词"幸亏"的语义、语用分析——兼论汉语"幸亏"句相关话题的形成》，《语言研究》第 3 期。

杨玉玲，2004，《说说"还 NP 呢"》，《修辞学习》第 6 期。

姚双云，2010，《连词"结果"的语法化及其语义类型》，《古汉语研究》第 2 期。

姚双云，2012，《"主观视点"理论与汉语语法研究》，《汉语学报》第 2 期。

姚双云，2015，《连词与口语语篇的互动性》，《中国语文》第 4 期。

姚小鹏，2011，《关联副词"多亏"的虚化及其语义分析》，《牡丹江大学学报》第 2 期。

姚瑶、石定栩，2015，《背景命题及其触发机制——从"根本"说起》，《外语教学与研究》第 5 期。

伊斯特凡·凯奇凯斯，2012，《跨文化、百科知识与文化模式》，王小潞译，《浙江大学学报》(人文社会科学版) 第 4 期。

易正中，2013，《反预期构式"哪里是 A，而是 B"》，《云梦学刊》第 2 期。

易正中，2014，《反预期功能句型"亏你 VP"》，《汉语学习》第 3 期。

殷立平、李萌萌，2008，《"亏"、"幸亏"辨析》，《语文学刊》第 14 期。

殷思源，2021，《反预期标记"硬""硬是"语法化的共时推演和对比探究》，《语言教学与研究》第 2 期。

殷树林，2009，《现代汉语反问句研究》，哈尔滨：黑龙江大学出版社。

殷树林，2011，《说话语标记"不是"》，《汉语学习》第 1 期。

殷树林，2012，《现代汉语话语标记研究》，北京：中国社会科学出版社。

殷树林、殷璐璐，2017，《从真实会话语料看"知道"的用法——兼与陶红印先生商榷》，《湖南科技大学学报》(社会科学版) 第 6 期。

殷志平，1995，《"X 比 Y 还 W"的两种功能》，《中国语文》第 2 期。

尹海良，2014，《话语标记"怎么₃"的多角度分析》，《语言教学与研究》第 3 期。

尹洪波，2014，《否定与转折》，《语言研究集刊》(第十三辑)，上海：上海辞书出版社。

尹洪波，2020，《现代汉语转折复句新论》，《汉语学报》第 1 期。

尹世超，2001，《标题语法》，北京：商务印书馆。

于峻嵘，2005，《"幸亏"探源》，《河北师范大学学报》(哲学社会科学版)第 1 期。

余光武、李平川、蔡兵，2011，《试论"大 X 的"的语用功能与语法性质》，《外语研究》第 6 期。

俞理明，2006，《语义标记和汉语构词的不对称现象》，《汉语学习》第 6 期。

俞咏梅，1999，《论"在处所"的语义功能和语序制约原则》，《中国语文》第 1 期。

袁劲，1986，《说"难道"》，《青海师范大学学报》(社会科学版)第 4 期。

袁磊，2014，《"不是 X，而是 Y"句式研究》，硕士学位论文，南京师范大学。

袁毓林，1993，《现代汉语祈使句研究》，北京：北京大学出版社。

袁毓林，2008，《反预期、递进关系和语用尺度的类型——"甚至"和"反而"的语义功能比较》，《当代语言学》第 2 期。

袁毓林，2014，《隐性否定动词的叙实性和极项允准功能》，《语言科学》第 6 期。

袁毓林、寇鑫，2018，《现代汉语名词的叙实性研究》，《语言研究》第 2 期。

原苏荣，2008，《汉语的"哈"与英语的 Eh》，《外国语》第 3 期。

岳辉、郭若祺，2022，《应答语境中"不怎么 A"的主观限量及应答模式》，《语言教学与研究》第 4 期。

乐耀，2006，《从语用认知角度谈"不是＋NP＋VP，＋后续句"》，《暨南大学华文学院学报》第 3 期。

乐耀，2011，《国内传信范畴研究综述》，《汉语学习》第 1 期。

乐耀，2011a，《从"不是我说你"类话语标记的形成看会话中主观性范畴与语用原则的互动》，《世界汉语教学》第 1 期。

乐耀，2013a，《传信范畴作为汉语会话话题生成的一种策略》，《汉语学习》第 6 期。

乐耀，2013b，《汉语认识情态词"应该"用以表达传信意义》，载《语言学论丛》(第 48 辑)，北京：商务印书馆。

乐耀，2013c，《论北京口语中的引述类传信标记"人说"》，《世界汉语教学》第 2 期。

乐耀，2014，《现代汉语传信范畴的性质和概貌》，《语文研究》第 2 期。

云兴华，1994，《太 A 了》，《山东师大学报》第 1 期。

张宝胜，2003，《副词"还"的主观性》，《语言科学》第 5 期。

张宝胜，2007，《"还 XP 呢"的歧义与主观性》，载沈家煊、吴福祥、李宗江主编

《语法化与语法研究》(三),北京:商务印书馆。

张斌,2001,《现代汉语虚词词典》,北京:商务印书馆。

张伯江,1996,《否定的强化》,《汉语学习》第 1 期。

张伯江,1997,《认识观的语法表现》,《国外语言学》第 2 期。

张伯江,2007,《语体差异和语法规律》,《修辞学习》第 2 期。

张伯江、方梅,1996,《汉语功能语法研究》,南昌:江西教育出版社。

张伯江、李珍明,2002,《"是 NP"和"是(一)个 NP"》,《世界汉语教学》第 3 期。

张耕,2022,《现代汉语主观量的表达机制及其实现条件》,《世界汉语教学》第 2 期。

张健军,2013,《关联论视角下的转折复句反预期表达现象分析》,《世界汉语教学》
第 4 期。

张健军,2015,《现代汉语转折范畴的认知语用研究》,博士学位论文,东北师范
大学。

张金圈,2016,《"别看"的连词化及话语标记功能的浮现》,《汉语学习》第 1 期。

张京鱼、刘加宁,2010,《汉语间接否定拒绝句式"又不 / 没有"的语义背景和使用
条件汉语学习》,《汉语学习》第 1 期。

张彤,2015,《现代汉语"代词+(不)知道"类话语标记研究》,硕士学位论文,吉
林大学。

张旺熹、李慧敏,2009,《对话语境与副词"可"的交互主观性》,《语言教学与研
究》第 2 期。

张旺熹、姚京晶,2009,《汉语人称代词类话语标记系统的主观性差异》,《汉语学
习》第 3 期。

张先亮、倪妙静,2015,《试论恍悟义构式"我说呢"》,《世界汉语教学》第 2 期。

张秀松,2008a,《"毕竟"义"到底"句的主观化表达功能》,《语文研究》第 3 期。

张秀松,2008b,《"到底"的共时差异探析》,《世界汉语教学》第 4 期。

张秀松,2017,《"(真)有 PN 的"构式的共时特征与历时形成》,《语言教学与研究》
第 6 期。

张旭,1999,《估价副词"就"和"才"的语用过程分析》,《天津师范大学学报》第
2 期。

张雪平,2008,《"非现实"研究现状及问题思考》,《解放军外国语学院学报》第 5 期。

张雪平,2009,《非现实句和现实句的句法差异》,《语言教学与研究》第 6 期。

张雪平,2010,《假设兼话题标记"X 说"的形成探析》,《汉语学习》第 4 期。

张雪平,2012,《汉语非现实句的语义系统》,《世界汉语教学》第 4 期。

张谊生，1996，《现代汉语预设否定副词的表义特征》，《世界汉语教学》第 2 期。

张谊生，2000a，《现代汉语虚词》，上海：华东师范大学出版社。

张谊生，2000b，《现代汉语副词研究》，上海：学林出版社。

张谊生，2000c，《现代汉语副词的性质、范围与分类》，《语言研究》第 2 期。

张谊生，2000d，《论与汉语副词相关的虚化机制——兼论现代汉语副词的性质、分类
与范围》，《中国语文》第 1 期。

张谊生，2005，《副词"都"的语法化和主观化》，《徐州师范大学学报》(哲学社会科
学版) 第 1 期。

张谊生，2009，《"更"字比较句中多项比较的程序与格式》，《世界汉语教学》第 4 期。

张谊生，2011，《当代流行构式"X 也 Y"研究》，《当代修辞学》第 6 期。

张谊生，2014，《从否定小句到话语标记——否定功能元语化与羡余化的动因探讨》，
载《语言研究集刊》，上海：上海辞书出版社。

张谊生，2015，《从情状描摹到情态评注：副词"生生"再虚化研究》，《语言研究》
第 3 期。

张则顺，2014，《合预期确信标记"当然"》，《世界汉语教学》第 2 期。

张则顺、丁崇明，2009，《"NP＋一个"格式》，《汉语学习》第 2 期。

张治，2008，《主观化标记词"好端端"》，《云南师范大学学报》(对外汉语教学版)
第 6 期。

章凯，2004，《情绪的目标结构变化说与情感管理的发展》，《中央人民大学学报》第
3 期。

赵春利，2014，《关于语义语法的逻辑界定》，《外国语》第 3 期。

赵春利、杨才英，2016，《句末助词"嘛"的认知与情感的关联性研究》，《外国语》
第 5 期。

赵国军，2015，《量的概念与汉语量范畴系统》，《华东师范大学学报》(哲学社会科学
版) 第 3 期。

赵林晓、杨荣祥，2018，《反预期构式"VOV 不 C"的特征、来源与产生机制》，《古
汉语研究》第 3 期。

赵敏，2021，《叹词"啊"的预期性感叹表达》，《宁夏大学学报》(人文社会科学版)
第 2 期。

赵敏，2022，《应答标记"好啊"的预期性及评价立场表达》，《汉语学习》第 5 期。

赵元任，1979，《汉语口语语法》，北京：商务印书馆。

郑怀德、孟庆海，1991，《汉语形容词用法词典》，长沙：湖南出版社。

郑娟曼，2009，《"还 NP 呢"构式分析》，《语言教学与研究》第 2 期。

郑娟曼，2010，《现代汉语贬抑性习语构式研究》，博士学位论文，暨南大学。

郑娟曼，2012a，《从贬抑性习语构式看构式化的机制——以"真是（的）"与"整个一个 X"为例》，《世界汉语教学》第 4 期。

郑娟曼，2012b，《从引述回应式看汉语习语构式的贬抑倾向》，《浙江师范大学学报》（社会科学版）第 3 期。

郑娟曼，2018a，《所言预期与所含预期——"我说呢、我说嘛、我说吧"的用法分析》，《中国语文》第 5 期。

郑娟曼，2018b，《从互动交际看"好吧"的妥协回应功能》，《当代修辞学》第 4 期。

郑娟曼、邵敬敏，2008，《试论"责怪"义标记格式"都是 NP"》，《汉语学习》第 4 期。

郑天刚，2005，《"太 P"短语和程度常态》，《语言教学与研究》第 2 期。

中国社会科学院语言研究所词典编辑室，2016，《现代汉语词典》（第 7 版），北京：商务印书馆。

周毕吉、李莹，2014，《"你不知道"向话语标记的演化》，《汉语学报》第 1 期。

周纯梅、李小军，2019，《程度加深义"更"的来源及演变机制——附论"更"与"还"的语义差异》，《新疆大学学报》第 1 期。

周红，2006，《副词"倒"的预期推断与语法意义——兼谈对外汉语副词教学》，《云南师范大学学报》第 3 期。

周静、邵敬敏，2010，《汉语反递句式的语义信息结构分析》，《宁夏大学学报》（人文社会科学版）第 6 期。

周莉，2013，《"别说"类语用标记来源探讨》，《汉语学报》第 2 期。

周莉、曹玉瑶，2018，《评价构式"V 都 V 了"与"V 就 V 吧"的比较研究》，《语言教学与研究》第 4 期。

周韧，2015，《现实性和非现实性范畴下的汉语副词研究》，《世界汉语教学》第 2 期。

周韧，2022，《概率、预期和管控三项特征下的"恰好、恰恰、恰巧"辨析》，《世界汉语教学》第 2 期。

周守晋，2004，《"主观量"的语义信息特征与"就"、"才"的语义》，《北京大学学报》第 3 期。

周小兵，1990，《汉语"连"字句》，《中国语文》第 4 期。

周小兵，1992，《试析"不太 A"》，载《语法研究和探索》（六），北京：语文出版社。

周兴志，1986，《"果然""竟然"逻辑特性探微——兼谈假说分类》，《新疆师范大学学报》第 2 期。

朱军，2012，《评注性副词"动不动"的用法与来源》，《语言研究》第 4 期。

朱丽萍，2011，《负性刺激的预期对个体情绪和认知的影响》，硕士学位论文，西南
  大学。

朱倩、李小军，2010，《"这（那）＋人名"格式的话语功能》，《广西民族大学学报》
  （哲学社会科学版）第 1 期。

朱永生，2006，《试论现代汉语的言据性》，《现代外语》第 4 期。

庄琪，2011，《"V 就 V 了"构式》，硕士学位论文，浙江师范大学。

宗守云，1995，《"还 N 呢"与"比 N 还 N"格式试析》，《张家口师专学报》第 2 期。

宗守云，2001，《"倒是"转折句的语义模式》，《汉语学习》第 1 期。

宗守云，2009，《试论"不怎么"的语义表现和语用功能》，《广西师范大学学报》（哲
  学社会科学版）第 4 期。

宗守云，2011a，《说说反预期构式"X 不比 Y 还 W"》，《语言研究》第 3 期。

宗守云，2011b，《"X 比 Y 还 W"的构式意义及其与"X 比 Y 更 W"的差异》，《华
  文教学与研究》第 4 期。

宗守云，2015，《晋方言情态动词"待"及其否定关联和意外性质》，《中国语文》第
  4 期。

宗守云，2018a，《张家口方言副词"倒"的多功能性及其内在关联》，《语言研究》第
  1 期。

宗守云，2018b，《张家口晋语方言语法研究》，北京：商务印书馆。

宗守云，2021，《张家口方言涉预期句式"S，是正 V 么"试析》，《河北师范大学学
  报》（哲学社会科学版）第 5 期。

宗守云，2023，《作为离范畴动词和反叙实动词的"说是"》，《世界汉语教学》第 4 期。

宗守云、张素玲，2014，《社会固有模式对构式的影响——以"放着 NP 不 VP"为
  例》，《汉语学报》第 3 期。

邹哲承，2010，《也说"反而"》，《语言研究》第 4 期。

祖人植、任雪梅，1997，《"毕竟"的语篇分析》，《中国语文》第 1 期。

Aikhenvald A.，2010，《〈言据范畴〉介绍》，余光武译，《当代语言学》第 4 期。

Aikhenvald, Alexandra Y, 2004. *Evidentiality*. Oxford: Oxford University Press.

Aikhenvald, Alexandra Y, 2012. *The Essence of Mirativity,* Linguistic Typology 3: 435–
  485.

Allwood，Jens，1978，《语用学概观》，沈家煊译，《国外语言学》第 1 期。

Austin J L, 1962. *How to Do Things with Words?* Oxford: Oxford University Press.

Austin J L，1975，《如何以言行事》，杨玉成译，北京：外语教学与研究出版社。

Biq Y O, 1991. *The multiple uses of the person singular pronoun ni in conversational Mandarin*. Journal of Pragmatics 16.4: 307–321.

Blackmore D, 1987. *Semantic Constraints on Relevance*. Oxford: Blackwell.

Blackmore D, 2002. *Relevance and Linguistic Meaning——The Semantics and Pragmatics of Discourse Markers*. Oxford: Blackwell.

Blakemore, Diane, 1994. *Echo questions: a pragmatic account*. Lingua 94: 197–211.

Brown P, Levinson S C, 1987. *Politeness: Some Universals in Language Usage*. Cambridge: Cambridge University Press.

Bybee J L, Perkins R & Pagliuca W, 1994. *The Evolution of Grammar: Tense, Aspects, and Modality in the Language of the World*. Chicago and London: University of Chicago Press.

Canavan, Alexandra and Zipperlen G, 1996. *CALLFRIEND Mandarin Chinese-Mainland dialect*. Linguistic Data Consortium, Philadelphia.

Chafe, Wallace and Nichols, Johanna (eds.), 1986. *Evidentiality: The Linguistic Coding of Epistemology*. Norwood, NJ: Ablex Publishing Corporation.

Crismore A, 1989. *Talking with Readers: Metadiscourse as Rhetorical Act*. New York: Peter Lang.

Deborah S, 1987. *Discourse markers*. Cambridge: Cambridge University Press.

Delancey S, 2009. *Mirativity: The grammatical marking of unexpected information*. Linguistic Typology. 1(1): 33–52.

Goffman, Erving, 1967. *Interaction Ritual: Essay on Face to Face Behavior*. New York: Doubleday Anchor.

Goldberg, Adele E., 1995. *Constructions: A Construction Grammar Approach to Argument Structure*. Chicago: University of Chicago Press.

Gu Y, 1999. *Towards a Model of Situated Discourse Analysis*. In K.Turner (ed.). The Interface Between Semantics and Pragmatics. Amsterdam: Elsevier Science.

Halliday M A K, 1985/1994/2004. *An Introduction to Functional Grammar*, Edward Arnold.

Heine, Bernd, Claudi U & Hunnemeyer F, 1991. *Grammaticalization: A Conceptual Framework*. Chicago: University of Chicago Press.

Heritage J, 2012. *Epistemics in action: Action formation and territories of knowledge.* Research on Language & Social Interaction 45(1): 1–29.

Hopper P J, 1988. Some Heuristic of Grammaticallyzation. Paper presented at *the Symposium on Grammaticalization.*

Jasínskaja K, 2012. *Correction by adversative and additive markers.* Lingua.15: 1899–1918.

Kiparsky, Paul and Carol Kiparsky. 1970. Fact, In M. Bierwisch and K. Heiclolph(eds.), Progress in Linguistics, The Hague: Mouton. 143–173.

Lakoff G, 1987. *Woman, Fire, and Dangerous Things: what Categories Reveal about the Mind.* Chicago: University of Chicago Press.

Leech G, 1983. *Principles and Pragmatics.* London: Longman.

Leech, Geoffrey. 1983. Semantics, 2nd edn. Penguin Books.［李瑞华等译，1987,《语义学》，上海：上海外语教育出版社。］

Lerner G, 1996. *On the place of linguistic resources in the organization of talk-in-interaction: 'Second person' reference in multi-party conversation.* Pragmatics 6(3): 281–294.

Levinson S. C., 1986,《语用学论题之———预设》，沈家煊译,《国外语言学》第 1 期。

Li and Thompson, 1982. *Mandarin Chinese.* Berkeley: University of California Press.

Li, Charles N and Thompson, Sandra A, 1989. *Mandarin Chinese−A Functional Reference Grammar.* Berkeley Los Angeles London: University of California Press.

Longacre R, 1983. *The Grammar of Discourse.* New York: Plenum.

Lyons J, 1977. *Semantics. Volume 2,* Cambridge: Cambridge University Press.

Matthews S, 1998. *Evidentiality and Mirativity in Cantonese: wo5, wo4, wo3!* Unpublished Ms., University of Hong Kong.

Noh, Eun-Ju, 2000. *Metarepresentation A Relevance-Theory Approach.* Amsterdam/ Philadelphia: John Benjamins Publishing Co.

Peterson T, 2013. *Rethinking mirativity: The expression and implication of surprise.* http://semantic-sar-chive.net/Archive/2FkYTg4O/Rethinking_Mirativity.pdf.

Peterson T, 2015. *Mirativity as surprise: evidentiality, information, and deixis.* Journal of Psycholinguistic Research 45(6): 1327–1357.

R.R.K. 哈特曼，F.C. 斯托克，1981,《语言与语言学词典》，黄长著等译，上海：上海辞书出版社。

Schegloff, Emanuel A. 1996. *Turn Organization: One Direction for Inquiry into Grammar and Interaction*. Interaction and Grammar (Elinor Ochs, Emanuel Schegloff & Sandra A. Thompson). Cambridge: Cambridge University Press.

Schegloff, Emanuel A. & Gene H. Lerner. 2009. *Beginning to respond: Well-prefaced responses to wh-questions*. Research on Language and Social Interaction 42(2).

Schiffrin, Deborah, 1987. *Discourse Markers*. Cambridge: Cambridge University Press.

Scott, Delancey, 1997. *Mirativity: The grammatical marking of information*, Linguistic Typology 1: 33–52.

Scott, Delancey, 2001. *The mirative and evidentiality*, Journal of pragmatics 33(3): 369–382.

Searle J R, 1969. *Speech Acts*. Cambridge: Cambridge University Press.

Searle J R, 1976/1979. *A classification of illocutionary acts*. Language in society 5, Expression and Meaning: Studies in the Theory of Speech Acts, Cambridge: Cambridge University Press.

Searle J R, 1979. *Meaning and Expression*. Cambridge: Cambridge University Press.

Searle R, 2001,《言语行为：语言哲学论》, 北京：外语教学与研究出版社。

Thompson, S A, 1972. *Instead of and rather than Clauses in English*. Journal of Linguistics 8: 237–249.

Traugott & Dasher, 2002. *Regularity in Semantic Change*. Cambridge University Press.

Traugott E C, 1999. *The rhetoric of counter-expectation in semantic change; a study in subjectification*. in Andrews Black & Peter Koch (eds.) Historical Semantics and Cognition. Berlin; New York; Mouton de Gruyter.

Trent N, 1997. *Linguistic Coding of Evidentiality in Japanese Spoken Discourse and Politeness*. Ph.D dissertation. The University of Texas at Austin.

Verschueren J, 1999. *Understanding Pragmatics*. London: Edward Arnold.

Wilson D & Sperber D, 1986. *An outline of relevance theory*. In Encontro de linguistas: Actas. Braga, Portugal: University of Minho.

Yang J M, Yuan J J, & Li H, 2010. *Emotional expectations influence neural sensitivity to fearful faces in humans: An event-related potential study*. Science China-Life Sciences, 53(11): 1361–1368.

后　记

本书是在本人主持的国家社科基金项目"现代汉语反预期范畴研究"（项目编号：15BYY148）最终成果的基础上修改而成。

本书得以出版，是与很多专家、学者的支持分不开的。在此出版之际，谨向各位表示衷心感谢。首先感谢复旦大学刘大为教授，感谢刘大为教授多年来对我工作上的支持和学术上的指导。最初，在项目申请过程中，刘大为教授给了我很好的指导，建议高屋建瓴，使得申请书增色不少。在此向刘大为教授表示诚挚的感谢！

同时也衷心感谢上海师范大学张谊生教授。每次遇到学术问题，我都会向张老师请教。张老师总是不吝赐教，迅速回复，意见中肯，有时还会附上我需要的或遗漏的文献。张老师的认真与高产永远值得我学习。

在项目申请和写作过程中，还得到了很多专家、学者的指导，如上海师范大学宗守云教授，曾任教于上海交通大学、现任教于常熟理工学院王健教授，华东师范大学徐默凡教授，等等。他们的意见也是该选题顺利立项的保证之一。结项时，匿名评审专家也给出了一些中肯的意见或建议，本次出版参考了专家们的建议并进行了相应的修改，在此一并表示感谢！

书中部分章节已在不同学术刊物上公开发表，其中部分发表作品为联合署名。本次收录已征得合作者授权。在此也衷心感谢第四章第二节的合作者——美国加利福尼亚大学洛杉矶分校陶红印教授给了我到加州大学访学的机会，让我开拓了学术视野，同时也领略了加州的美景。感谢我的硕士研究生杨红、冯峰、刘晓亮、李晓燕、周平在合作中做出的贡献。

本书得到了国家社科基金项目（项目编号：15BYY148）的资助，同时也得到了上海财经大学"中央高校双一流引导专项资金"和"中央高校基本科研业务费"资助，上海财经大学国际文化交流学院也提供了"学术著作出版资助"资金支持，在此一并表示感谢！感谢广西师范大学出版社刘孝霞老师的倾力支持和耐心解答。感谢编辑老师的细心与耐心，发现了很多问题，使得本书更加完善。

由于各种原因，本书可能还存有疏漏之处，敬请各位专家、学者批评指正。

刘　焱

2024 年 12 月 18 日

图书在版编目(CIP)数据

现代汉语反预期范畴及其表达 / 刘焱著. -- 桂林：广
西师范大学出版社，2025. 3. -- ISBN 978-7-5598-7952-3

Ⅰ. H109.4

中国国家版本馆 CIP 数据核字第 2025TB8816 号

现代汉语反预期范畴及其表达
XIANDAI HANYU FANYUQI FANCHOU JIQI BIAODA

出 品 人：刘广汉
策划编辑：刘孝霞
责任编辑：吕解颐
装帧设计：李婷婷

广西师范大学出版社出版发行

（广西桂林市五里店路9号　　　邮政编码：541004）
（网址：http://www.bbtpress.com）

出版人：黄轩庄

全国新华书店经销

销售热线：021 - 65200318　021 - 31260822 - 898

山东韵杰文化科技有限公司印刷

（山东省淄博市桓台县桓台大道西首　邮政编码：256401）

开本：690 mm × 960 mm　　1/16

印张：20.75　　　　　　字数：271 千

2025 年 3 月第 1 版　　　2025 年 3 月第 1 次印刷

定价：78.00 元

如发现印装质量问题，影响阅读，请与出版社发行部门联系调换。